EM BUSCA DO PRATO PERFEITO

ANTHONY BOURDAIN

Em busca do prato perfeito

Um cozinheiro em viagem

Tradução
Luiz Henrique Horta

COMPANHIA DE MESA

Copyright © 2001 by Anthony Bourdain

Companhia de Mesa é um selo da Editora Schwarcz S.A.

*Grafia atualizada segundo o Acordo Ortográfico da Língua Portuguesa de 1990,
que entrou em vigor no Brasil em 2009.*

Título original
A Cook's Tour — In Search of the Perfect Meal

Capa
Elisa von Randow

Foto de capa
sorendls/ iStock

Preparação
Eliane de Abreu Santoro

Revisão
Isabel Jorge Cury
Beatriz de Freitas Moreira
Geuid Dib Jardim

Dados Internacionais de Catalogação na Publicação (CIP)
(Câmara Brasileira do Livro, SP, Brasil)

Bourdain, Anthony, 1956-2018
   Em busca do prato perfeito : Um cozinheiro em viagem /
Anthony Bourdain ; tradução Luiz Henrique Horta. — 1ª ed. —
São Paulo : Companhia de Mesa, 2023.

   Título original: A Cook's Tour: In Search of the Perfect Meal.
   ISBN 978-65-86384-19-2

   1. Culinária 2. Gastronomia 3. Viagens I. Título.

23-166268   CDD-641.5

Índice para catálogo sistemático:
1. Culinária 641.5
Eliane de Freitas Leite – Bibliotecária – CRB 8/8415

Todos os direitos desta edição reservados à
EDITORA SCHWARCZ S.A.
Rua Bandeira Paulista, 702, cj. 32
04532-002 — São Paulo — SP
Telefone: (11) 3707-3500
www.companhiadasletras.com.br
instagram.com/companhiademesa

Sumário

Querida Nancy 7
Introdução 9

De onde vem a comida 25
Outra vez na praia 42
A ferida 70
Meninos para um lado, meninas para o outro 86
Como beber vodca 102
Uma coisa muito especial 127
A estrada da morte 163
Tóquio revisitada 173
O caminho para Pailin 203
A Inglaterra está pegando fogo 235
De onde vêm os cozinheiros 253
Charlie vai surfar? 276
A Costa Oeste 291
O reino do Haggis 318
Forte, fortíssimo 329
A perfeição 343

Querida Nancy,

Estou tão longe de você quanto jamais estive; estou num hotel (no único, para ser exato) de Pailin, uma estrebaria miserável no noroeste do Camboja, lar daqueles sacanas nada adoráveis do Khmer Vermelho. Imagine só: uma cama côncava de solteiro, uma TV com defeito que mostra imagens chuviscadas de lutas de boxe tailandês, chão de azulejos, que seguem até a metade da parede, e um ralo no meio do chão, parecendo que foi tudo planejado para ser mandado para o esgoto de forma rápida e eficaz. Há uma única lâmpada, uma cômoda empenada e um pente de plástico de cortesia, já com cabelos de outra pessoa nele. Apesar da aparência ascética de limpeza no design, estilo lava-rápido, há manchas suspeitas e desanimadoras nas paredes. Mais ou menos no terço superior de uma delas, há o que parecem ser pegadas de sangue e — como digo isto? — borrifos arteriais. Como foram parar lá no alto, não faço ideia. A parede da frente tem marcas igualmente sinistras, de uma substância mais opaca, sugerindo dispersão vertical, de cima para baixo. Depois de ter visto o banheiro não posso reprovar ninguém por isso.

Ninguém sorri nesta cidade, só olham você com pura hostilidade. As roupas da moda são os restos surrados de uniformes militares. Há uma sala de karaokê no saguão, ao lado do tradicional pictograma exibindo um AK-47 cortado por uma tarja vermelha (PROIBIDO O USO DE ARMAS AUTOMÁTICAS NO SAGUÃO). "Karaokê" deve querer dizer que as mulheres do tamanho de búfalos rondando o balcão da portaria, junto com suas crianças, estão disponíveis para diversões sexuais. A que tem melhor aparência é páreo duro para Hideki Irabu (vendemos aquele pé-frio para Toronto, não? Ou terá sido para Montreal?). O meu intérprete, que praticamente não abriu a boca desde que entramos no território do Khmer Vermelho, disse que na última vez em que esteve aqui, durante o mais recente golpe de Estado, apanhou uma terrível infecção de pele. Pretende, pelo menos é o que ele diz, dormir de pé... E só agora me avisa...

Você poderia já ir marcando uma consulta médica para mim, para quando voltar? Acho que um check-up iria bem, só por garantia. Tive contato com água, até mesmo bebi água, daquele tipo que os guias de viagem e as advertências a viajantes dizem ser um perigo. Sem mencionar o que comi, cujo manuseio era... digamos... na melhor das hipóteses... inapropriado. Parasitose hepática tem cura? Acho que contra isso não fui vacinado.

Sinto saudade de você, do gato, da minha cama, dos Simpsons às sete e às onze. Adoraria tomar uma cerveja, pedir uma pizza, iscas de fígado do Barney Greengrass, usar banheiros com privadas e chuveiros separados... Ligo assim que voltar para Phnom Penh ou para Battambang.

Te amo.

Tony

Introdução

Cá estou, sentado de pernas cruzadas com Charlie, no meio do mato, enfiado no delta do Mekong, bebendo uísque vietnamita falsificado numa garrafa plástica de refrigerante. Está um breu, a única luz vem de uma lâmpada mantida por um gerador. Debaixo de uma lona metida a barraca, numa confusão de pilhas de sacos de fertilizante e de arroz, amontoados no chão duro da selva, o jantar acaba de ser servido: uma simples refeição de camponês, pato assado no barro, sopa de pato e umbigo de bananeira, salada e melão amargo recheado. Meu anfitrião, afetuosamente chamado de "tio Hai", está sentado à minha esquerda, sua mão direita apertando meu joelho. De vez em quando ele dá uma beliscada, só para ter certeza de que ainda estou aqui e de que estou me divertindo.

Estou me divertindo. Nunca me diverti tanto. Tenho à frente um homem de 95 anos de idade com um olho vazado e sem dentes, de pijama preto e chinelos de dedo, erguendo brindes com copinhos do intoxicante uísque de arroz feito em casa e me desafiando a outro trago. Ele é um herói de guerra, disseram. En-

9

frentou os japoneses, os franceses, lutou na "Guerra Americana". Nos saudamos respeitosamente e engolimos outra dose.

O problema é que, aparentemente, todo mundo neste jantar foi herói de guerra. O delta era uma incubadora, um ninho de atividade vietcongue durante a temporada do meu país por aqui, e todos, um por um, querem tomar *uma* comigo. O vovô, esse na minha frente, com as pernas cruzadas sob o corpo como se ainda tivesse dezesseis anos, já levantou o copo em minha direção seis vezes, fixando a mira com seu olho bom, antes de virar na garganta outro tiro alcoólico.

Quase ao mesmo tempo alguém puxa a minha manga: "Por favor, meu senhor… este cavalheiro aqui… também foi um grande herói de guerra. Ele também quer beber com o senhor".

Olho para a outra ponta do cobertor que faz as vezes de toalha de piquenique. Vejo um cara durão, nos seus quarenta anos, pescoço e braços musculosos. Ele me olha na cara, nada tímido o tal sujeito… Sorrindo, mas não o sorriso amigável e caloroso que o vovô vinha me dirigindo. Um sorriso que diz "matei alguns da sua espécie, sabe? Agora vamos ver quanto você consegue beber".

"Estou bem aqui, fique frio", digo, tentando não enrolar a língua. "Venha me pegar." E dou a minha pior encarada, caprichando no estilo presidiário barra-pesada, enquanto enxugo outro copo do que, cada vez mais, parece formaldeído.

Três oficiais do partido comunista, do Comitê Popular de Can Tho, comendo salada com pauzinhos, observam interessados o americano bobão, que veio de tão longe — de avião, carro e *sampan* — comer pato assado com uma família de plantadores de arroz, enquanto ele bebe sua enésima dose da noite e, preocupado, olha em torno para todos os heróis de guerra esperando a vez. Há uns 25 homens amontoados pela área, de cócoras, catando bocados de pato com seus pauzinhos e me vigiando. As mulheres servem os pratos, saindo da escuridão com mais comida, mais bebida e algumas palavrinhas de advertência.

"Não deixem que ele destrinche o pato!", imagino que digam. "Ele é americano! Muito estúpido e desajeitado! Na América tudo já vem destrinchado! Ele não saberá o que fazer! Vai se cortar, o imbecil, e nos envergonhar!" Uma bandeja de papelão chega com uma pequena faca de trinchar e outro pato fumegante: cabeça, pés, bico e entranhas intactos. Posiciono a coisa o melhor que consigo, queimando os dedos, brigo um pouco com ela por alguns segundos, sem muito jeito, mas consigo remover as coxas, o peito e as asas à maneira clássica francesa. Racho o crânio do bicho, para meu amigo Philippe comer os miolos (ele é francês, gosta dessas coisas), e ofereço o primeiro pedaço de peito ao anfitrião, tio Hai.

A plateia gosta e bate palmas. Atrás de mim crianças correm, brincando no escuro. Eram apenas algumas poucas, mas, com a novidade se espalhando — de que há um visitante americano com um amigo francês —, seu número inchou, assim como o de comensais. Foram chegando a noite inteira das fazendas vizinhas. Em grupos de dois ou três, vindo pelo rio, remando seus barquinhos e parando no minúsculo ancoradouro de tio Hai. Desceram em fila indiana pela margem de barro batido, o caminho estreito que serve tanto de via pela floresta como de dique, parte de um intrincado sistema centenário de irrigação, que serpenteia por quilômetros. De vez em quando uma criança aparece do meu lado e me cutuca, ou toca minha mão, espantada pela cor da minha pele ou com os pelos nos braços. Há um ar de confusão e espanto em sua cara, talvez pelo desafio de mexer com o Grande Americano Selvagem, que um dia bombardeou sua aldeia e que agora volta em paz para comer e beber com esses heróis da pátria. Pouco antes, eu tivera meu momento de Sally Struthers, no melhor estilo "save the children", posando para uma foto com vinte crianças e depois fugindo de brincadeira pela clareira, deixando que me caçassem com um monte de falsos movimentos de artes marciais, sendo capturado e amarrado com cipó, tudo isso acompanhado de muitos guinchos de alegria.

O pato está meio duro e com gosto de fumaça da palha queimada usada para assá-lo. O uísque do Mekong vai descendo como desentupidor de pia. Estou um pouco preocupado com o que vai acontecer quando todo esse álcool fizer efeito. Como vou voltar naquele barquinho precário e desequilibrado, rio abaixo no meio da noite, na escuridão absoluta da selva, desembarcar (se puder manter a verticalidade), cruzar uma pinguela de bambu até uma vila adormecida da Idade da Pedra, para finalmente, num carro apertado, com os membros do comitê, tentar acertar uma trilha no mato, cheia de curvas e de pontes de madeira balançantes, até a autoestrada número 1 em direção a Can Tho, e tudo isso sem explodir o estômago nos três companheiros do Comitê Popular?

Não quero desgraçar minha espécie. Não quero que meus gentis anfitriões me vejam tropeçar e cair. Nem ser levado dessa refeição numa maca, a cabeça pendendo para fora, derramando bílis na água escura. Tenho que provar uma coisa: perdemos a guerra e, antes de perdê-la, bombardeamos, minamos, desfolhamos as árvores sem razão alguma, escapulindo como se tivesse sido apenas um terrível mal-entendido, mas, porra!, ainda sabemos beber tão bem quanto eles, certo?

Olhando de novo para o vovô, que está enchendo seu copinho outra vez enquanto um menino engatinha até seu colo, já não sinto tanta firmeza. Foda-se. Estou me divertindo. Sorrio para ele e levanto meu copo. Gosto dele. Gosto desse pessoal. Nunca tinha encontrado gente tão bacana, antes de ter vindo para a Ásia. Comida, diversão e amigos, como nunca experimentara. Pelos padrões vietnamitas, gente festeira — afetuosa, generosa, gentil e respeitosa —, muito engraçada também, sincera na hospitalidade e no orgulho. Não quero ir embora, quero ficar a noite inteira.

Um dos heróis mais jovens se levanta de repente e, quando começa a cantar, todos param de falar. Acompanhado por um violão batucado, vai cantando, com as palmas das mãos unidas como numa oração, olhando sobre nossas cabeças, como se o seu público estivesse na selva. É lindo, uma evocação de som meloso e cativante, que faz o jovem herói parecer angelical à luz fraca da lâmpada solitária. Ninguém dá um pio enquanto ele canta; sussurro para o meu intérprete:

"O que ele está cantando?"

"É uma canção patriótica, sobre o povo desta aldeia, os fazendeiros e suas famílias, que esconderam soldados e os protegeram durante a Guerra Americana. Sobre as dificuldades que enfrentaram e sua coragem."

"Ah", respondo.

Sei que a canção é basicamente sobre matar americanos — e nem faz tanto tempo assim —, mas estou tão encantado, fascinado e lisonjeado pelo carinho que recebi nas últimas horas que nada importa. Tio Hai me dá outra beliscadinha no joelho. O velho da frente sorri e me mostra seu copo vazio, chama um jovem para enchê-lo, faz um gesto indicando que devo fazer o mesmo. Uma lua inchada aparece entre nuvens esgarçadas, dependurada sobre as árvores do outro lado do rio. Mais convidados vão chegando, posso ouvi-los de longe; suas sandálias ou pés descalços rufam suavemente no chão duro, surgindo da escuridão e tomando seu lugar na cabana.

Eu queria a refeição perfeita.

Para ser totalmente sincero, queria também o coronel Walter E. Kurtz, lorde Jim, Lawrence da Arábia, Kim Philby, o cônsul honorário, Fowler, Tony Po, B. Traven, Christopher Walken... Queria achar, melhor, queria ser um desses heróis ou vilões ambíguos, saídos de Graham Greene, Joseph Conrad, Francis Coppola e Michael Cimino. Vaguear pelo mundo numa roupa surrada de aventureiro, me metendo em encrencas.

Queria aventuras, subir o rio Nung até o coração das trevas no Camboja. Cavalgar o deserto em lombo de camelo, para todo lado só areia e dunas, comer com as mãos um pernil inteiro de carneiro. Bater a neve das minhas botas num cabaré da *mafiya*, versão russa do crime organizado. Brincar com armas automáticas em Phnom Penh, reencontrar o passado numa colônia de pescadores de ostras do sul da França, entrar numa *pulquería* encardida, iluminada por neon, no interior do México. Atravessar a toda a velocidade barreiras policiais no meio da noite, usando pacotes de Marlboro para subornar milicos raivosos... Sentir medo, excitação, êxtase. Queria adrenalina — o tipo de calafrio melodramático que sempre desejei desde a infância, aquelas aventuras que encontrei criança nos meus gibis de Tintim. Queria ver o mundo e que ele fosse igual aos filmes.

Imaturo? Aloprado? Romântico? Ingênuo?

Sou!

E daí? Já tinha marcado um belo gol com o relato — ofensivo e cheio de testosterona — da minha carreira no mundo dos restaurantes, que surpreendentemente não mofou nas prateleiras. Estava pagando em dia os aluguéis pela primeira vez na vida. Finalmente eu tinha — incrível! — plano de saúde, dinheiro no banco e a boa vontade do editor. Depois de uns meses propagandeando o livro no mundo de fala inglesa, dando a mesma entrevista de três minutos, chata e repetida, já tinha deixado de ser uma coisa útil no dia a dia da minha cozinha. Meus cozinheiros começaram a me chamar de "pinchay famoso" e a me gozar quando aparecia sufocado em maquiagem de TV noutra reportagem alardeando os "perigos do molho *hollandaise*" e advertindo o público sobre o "peixe das segundas-feiras". Algo tinha que ser feito. Uma ideia para um novo livro, de preferência aproveitando o cheiro ainda fresco do outro. Posso adorar cozinhar e a vida de chef profissional, mas não quero mais me ver aos 45, 46, despejando brunches em cafés do West Village até meus joelhos sumirem e meu cérebro virar uma massa disforme.

"O que você acha?", perguntei ao editor. "Viajo pelo mundo, fazendo o que tiver vontade. Fico em hotéis caros e em pensões vagabundas. Como de tudo, comida maravilhosa, exótica, apavorante, fazendo coisas legais, como as que a gente vê no cinema, e procurando a refeição perfeita. Que tal?"

Parecia um plano bacana, não? Peneirar o mundo atrás da combinação perfeita entre comida e lugar. Rio acima no Sudeste Asiático para comer cobra e ninhos de aves; depois, La Teste e um prato de *soupe de poisson*. Escalar as alturas da nova alta cozinha, o French Laundry em Napa Valley, nunca comi lá! Aquele cara, o Arzak, na Espanha, os cozinheiros só falam nele. Olho, presto atenção e no final, quem sabe, não acho a refeição mais perfeita do mundo? Na minha opinião, é claro. E depois escrevo sobre ela.

Estava cansado de saber que a melhor refeição do mundo, a perfeita, raramente é sofisticada ou cara. Sabia que fatores importantes entram no processo de fazer a mágica acontecer na mesa, fatores outros que não a técnica ou os ingredientes raros. O contexto e a memória exercem um papel fundamental em todas as grandes refeições de nossa vida. Quer dizer, olha só: você está comendo um simples churrasco debaixo de uma palmeira; com areia nos dedos dos pés, samba tocando baixinho ao fundo, as ondas lambendo delicadamente a praia, logo ali; uma brisa fresca ameniza o suor no seu pescoço e olhando para o outro lado da mesa, através do monte de cervejas jamaicanas Red Stripes vazias, você vê a expressão sonhadora no rosto de sua companhia e percebe que no máximo em meia hora estará fazendo sexo sobre brancos lençóis limpinhos de hotel, e então aquela coxa de frango grelhada ganha um sabor incrível.

Converso muito com meus colegas sobre essas forças misteriosas. Nada melhor para ilustrá-las do que a brincadeira da última refeição. "Amanhã de manhã, você estará na cadeira elétrica. Vão amarrar você, ligar a coisa e fritar sua bunda até seus olhos estalarem como McNuggets. Mas você ainda tem uma refeição. O que pediria para jantar?" Quando se brinca disso com chefs, quero dizer bons chefs, as respostas são invariavelmente simples.

Um amigo respondeu: "Costeletas grelhadas".

"Uma fatia de foie gras na chapa", disse outro.

"*Linguine al pomodoro*, como o da minha mãe", outro.

"Sanduíche de bolo de carne", respondeu alguém, tremendo de prazer, "mas não conte para ninguém", acrescentou.

Jamais encontrei quem dissesse: "O menu de degustação do restaurante do Ducasse". Ninguém nem mesmo se imagina de paletó e gravata, com a camisa engomada e sentado educadamente na cadeira de um quatro-estrelas, quando pensa na melhor refeição. Por isso eu não estaria procurando a mistura exata de talento, habilidade, técnica, ingredientes de primeira e genialidade artística — embora, vez por outra, não pretendesse dispensá-la por completo. Há outras forças envolvidas nas alegrias de uma grande refeição. Bons cristais, iluminação para dar clima, molhos aplicados decorativamente, bela porcelana, serviço atencioso, um vinho espetacular, sei muito bem como tudo isso seduz e encanta. Ainda que nem sempre possa utilizar todos esses elementos, tenho plena consciência deles. Conheço bem o jogo entre comida e serviço, o efeito de lâmpadas cor de pêssego de baixa luminosidade, o som dos sapatos bem engraxados do *sommelier* atravessando o salão. Esse negócio de comida como espetáculo foi o que eu e meus companheiros fizemos a vida toda.

Sei disso tanto quanto conheço as forças que atuam na cozinha: gravidade, perecimento, coagulação, fermentação, emulsão, oxidação, redução, caramelização. Prefiro nem pensar nelas. Queria me desligar da rede de fios que mantêm meu sistema nervoso em alerta num restaurante cheio, monitorando os assistentes em seus postos, vigiando a panela fervente, o serviço do bar, o frigir do meu peixe na frigideira da cozinha.

Eu queria mágica. Quando é que comida é mágica? Quais os denominadores comuns? Se brota de uma visão pessoal, brilhante e obsessiva, a comida pode adquirir alguns aspectos místicos. No seu auge os chefs gostam de se comparar a alquimistas, e muitos deles, principalmente os franceses, têm uma longa e gloriosa tradição de transformar metal vulgar em ouro. Pois o que é um simples pedaço de tripa ou de carne com osso senão metal barato? E o que é ossobuco ou um *daube* de carne à provençal — com cada sabor e textura extraídos com talento por mãos hábeis — senão puro ouro? E não apenas mágica para quem come, mas para o chef também. Olhar para aquele pedaço duro e desprezível de carne crua grudada num osso indo para o forno, boiando num vinho tinto sem grandes qualidades, e vê-lo aos poucos se tornar cheiroso e saboroso, transformando-se, em poucas horas — com o molho reduzido —, numa equilibrada e surpreendente mistura, isso é coisa de bruxa.

A compreensão desse processo elevou os franceses (e os italianos) à liderança da cozinha clássica. É por isso que os amamos, mesmo quando os odiamos. Poucas pessoas normais gostam de música pop francesa — nem mesmo os franceses —, mas eles sabem exatamente o que fazer com cada pedacinho, raspa e resto de carne, pele, entranha, cada caule de vegetal, cabeça de peixe e ossos. Todos eles cresceram ouvindo um importante preceito: *aproveite tudo!* (e bem.)

Por quê? Por que eles e não nós?

A resposta está em outras partes do mundo, Vietnã, Portugal, México ou Marrocos: porque eles precisavam. Na França dos séculos XVIII e XIX, como em boa parte do mundo atual, aproveitar as partes desprezíveis dos alimentos não era uma opção, mas uma necessidade.

Se não descobrissem o que fazer com a cabeça do vitelo, os pés do porco, os caracóis, o pão velho e todos aqueles cortes baratos e aparas de carne, eles passariam fome, quebrariam, não teriam como usufruir do bom e do melhor em ocasiões especiais. Molhos, marinadas, cozimento lento, salsicharia, *quenelles*, presunto curado, peixe salgado, confit eram invenções e estratégias da necessidade e fruto de experimentação sem fim. Coq au vin? Ave grande demais, velha e dura, marinada em vinho tinto e cozida por tempo suficiente para ser mastigável. *Pot-au-feu?* Vegetais baratos, raízes, cozidos com língua, rabo e ossos. Patê? Restos e aparas, gordura, moídos e temperados, decorados até que alguém aceitasse colocá-los na boca. *Confit de canard?* Não tenho geladeira nem congelador e aquelas malditas coxas de pato estão querendo apodrecer... Aqueles franceses espertos e pães-duros batalharam anos e anos para descobrir como tudo o que aparecia, nadava, pulava, se dependurava, tudo o que crescia do solo, brotava no muro, surgia no vinhedo ou sob o esterco podia ser transformado em algo comestível, agradável, até mesmo mágico.

Muito tempo depois da geladeira, enquanto os americanos comiam peitos de frango branquelos, vendidos envoltos em plástico, e negavam até a simples existência de miúdos e coxas, agarradíssimos na certeza de que só filé-mignon, alcatra e contrafilé eram carne e o resto era hambúrguer, os franceses continuavam como se nada tivesse acontecido, apreciando a carcaça inteira do animal, pois aprenderam a gostar de pés e focinho. Tinham conseguido achar algo de bom em cada pedacinho — desde que bem preparado — e, como em muitas culturas do planeta, aprendido a valorizar, estimar, festejar a comida simples do homem comum, a comida do passado. A manipulação, antes algo necessário para a transformação do impensável em comestível, havia edificado toda uma culinária, um modo de vida, uma filosofia. E a mágica era um pilar do processo, valiosa arma no arsenal do cozinheiro, mesmo de um que lidasse com trufas de 2 mil dólares o quilo e pedações de foie gras.

Respeito aos ingredientes já não é uma necessidade econômica em boa parte do mundo; é prazer, a ser experimentado e desfrutado quando se deseja. Quando tudo está no lugar, uma *tête de veau* bem-feita pode se transformar não só em algo a ser saboreado pela desafiadora e, ao mesmo tempo, simples combinação de sabores e texturas, mas também nos levar a tempos e lugares remotos, graças ao assombroso poder da memória dos sentidos.

Pense na última vez em que a comida o arrebatou. Você era uma criança, havia passado mal a semana toda e, quando seu apetite começou a voltar, depois de uma caminhada úmida da escola para casa debaixo de chuva, sua mãe esperava você com um prato de minestrone quentinho e feito em casa. Talvez fosse só uma lata de sopa de creme de tomate Campbell's com bolacha e um queijo quente, mas você sabe do que estou falando.

A primeira vez em que saboreou champanhe nos lábios de uma mulher… batatas fritas em Paris, na sua viagem de adolescente mochileiro… O dinheiro quase todo gasto em haxixe em Amsterdam, e aquele steak borrachudo era a primeira refeição nutritiva em dias… um único morango selvagem, mas tão saboroso que sua cabeça quase explodiu… a lasanha da vovó… o primeiro gole de cerveja geladinha, escondido, numa noite de verão, as mãos fedendo a vaga-lumes amassados… restos de arroz chinês frio, porque sua namorada tinha só isso na geladeira… mariscos no vapor, pingando manteiga derretida, nas primeiras férias familiares na costa de Nova Jersey… arroz-doce do Fort Lee Diner… comida cantonesa ruim, quando a China ainda era exótica e maravilhosa e você achava biscoitos da sorte o máximo… cachorros-quentes de águas turvas… bolinhas de caviar lambidas num mamilo…

Deixando o saudosismo de lado, não se pode descartar a qualidade dos ingredientes. Sempre lembraremos nosso primeiro pedaço verdadeiro de peixe fresco, a primeira prova de fino beluga, um encontro surpreendente com trufas, ervilhas frescas direto da horta, um *côte de bœuf* lindamente marmorizado, a iniciação aos cogumelos morel frescos, ou coisas que você nem suspeitava existir, como um pedaço de atum cru *o-toro* ou ovas de ouriço-do-mar. Queria ter mais lembranças assim. Novas memórias. Eu sabia que o tempo estava se esgotando — com 44 anos eu não tinha ido a nenhum lugar. Como cozinheiro de linha estava me tornando vagaroso, um pouco ranzinza. Quando minha praça na cozinha transbordava de pedidos, quando as comandas por vezes se acumulavam, eu começava a pensar numa conspiração. Os garçons estavam me sacaneando! Sobrecarregando o papai com tarefas para vê-lo suar um pouco. Estão ouvindo como seus joelhos estalam quando ele se abaixa? Vejam como ele rosna e xinga baixinho! Está perdendo o controle! Meus *carnales* mexicanos sempre lá, obedientes, suportando montanhas de pedidos, mas eu começava a questionar aquilo tudo. A tarefa interminável de enviar comida aos montes para a Grande Mandíbula Anônima que esperava no salão. Alimentar a impiedosa multidão diária, de novo, de novo e de novo. Deteste admitir, mas até minha precisão estava falhando. E, quando isso acontece, você só serve para a fábrica de sabão (ou para o emprego de consultor). A epifania veio numa noite, no Les Halles; depois de ter gritado "Ataquem a mesa oito", fui gentilmente corrigido pelo meu assistente bengalês, Mohammed, com a voz cheia de cuidado e compaixão: "Não, chef. É mesa sete". Quase chorei. Meus olhos marearam de verdade. Eu estava pifando.

Para o inferno tudo isso! Vou sair pelo mundo, experimentando todo tipo de comida. Sem medo, em busca da magia — Vietnã, Camboja, Portugal, México, Marrocos e onde mais me der na telha. Não deixarei de experimentar nada. Bem, só uma coisa: "Se eu souber que você andou provando miolos de macaquinhos simpáticos e ainda vivos, é o divórcio!", tinha me avisado Nancy, minha mulher, já bastante descontente por eu deixá-la para sair por aí. "E evite cães e gatos. Ainda lhe resta alguma consciência, né?"

Tudo bem. A curiosidade de provar dos tais macacos não superava o fator crueldade na minha escala de valores (fora o risco de uma bactéria espongiforme de um símio qualquer). E nem sei se um tal prato poderia ser chamado de refeição.

Mas eu queria rever o Japão, da maneira correta, provando do *fugu* venenoso de que ouvira falar. Na França, comeria uma ostra fresquinha, tirada do mar nos mesmos criadouros em que, quando criança, comera minha primeira ostra. E ver se ainda me restava algum encantamento. Queria saber se minhas concepções sobre memória e contexto estavam corretas. Iria ao México rural, à pequena cidade no estado de Puebla, de onde vieram todos os meus cozinheiros, para ver suas mães cozinhando e descobrir por que eles são tão bons no que fazem, encontrar suas origens.

Quando contei esses planos a José, meu patrão do Les Halles, dizendo que ele ia precisar de um novo *chef de cuisine* enquanto eu perambulava pelo globo, não houve pranto nem ranger de dentes. Nada no estilo do que, em segredo, eu estivera esperando, algo como "Oh, meu Deus! Como vamos fazer sem você?". As primeiras palavras saídas da boca de José foram: "Ah, então vá a Portugal. Vou telefonar para minha mãe e pedir que comece a cevar um porco". Zerei a agenda e comecei os preparativos.

SINCERIDADE TOTAL

Antes de mais nada, tenho de admitir que há algo nessa empreitada que me deixou num conflito, até envergonhado, eu diria. Relutante, confesso. Preferiria mentir. Mas você vai acabar descobrindo de alguma forma, portanto é melhor eu entregar logo: em todas as viagens que se seguem, sempre haverá por perto pelo menos dois caras com câmeras digitais, usando fones de ouvido, monitorando e gravando cada palavra, xingamento ou arroto saído da minha boca. Quando ia ao banheiro, precisava me lembrar de desligar o microfone minúsculo ligado ao transmissor na minha cintura. Como se percebe, vendi a alma ao diabo.

"Nós vamos seguir você", avisara o simpático produtor da televisão. "Nada de iluminação artificial, microfones potentes ou roteiro. Seja você mesmo, vamos nos manter totalmente invisíveis."

"Vai ser bom para o livro", reforçou meu editor.

"Gravaremos vinte e dois programas", disse a rede Food Network — que Deus tenha piedade de mim!

O.k., eles facilitaram as coisas. Na Rússia, por exemplo, para conseguir acesso a um cabaré da *mafiya*, ajudou bastante ter produtores da New York Times Television negociando. As palavras "New York Times" abrem portas, especialmente em países comunistas como o Vietnã ou ditaduras como o Camboja. Portas que de outra forma permaneceriam fechadas.

Mas quer saber a verdade sobre esse negócio de fazer televisão? Um programa improvisado, do tipo *cinéma vérité*, sobre viagens e comidas, tudo inventado na hora, conforme as coisas vão acontecendo, e com você fazendo o que lhe vem à cabeça e esperando que as câmeras registrem tudo? Mesmo num programa desse tipo os microfones estão lá, balançando e batendo na sua cabeça, como num documentário B qualquer. E você pensa que tem controle, que vai mostrar só o joelhinho, talvez um ângulo ousado da virilha, mas as câmeras registram tudo e, no final, lá está você, rolando num carpete imundo e sendo bolinado por um time inteiro de futebol. Não há escapatória.

É como naquela piada: "Já ficou claro que você é uma prostituta, só falta acertar o preço". Vendi o rabo; quando assinei na linha pontilhada, acabou-se a virgindade, a relutância. A integridade (nem sei mais do que se trata) sumiu de vez. O que significa que, quando eles gritam "Pare!", você para, esteja onde estiver, e espera para acender o cigarro, entrar no restaurante ou para saltar no rio, só para que eles possam fazer a tomada correta. E se mandarem você entrar de novo no restaurante, apertar a mão do dono e dizer que delícia é estar ali comendo cabeça de peixe, coisa que já fez cinco minutos atrás, quando estava sendo espontâneo de verdade... você TEM de fazer de novo.

Já me diverti muito esculhambando os programas da Food Network e de suas estrelas, Emeril e Bobby. Puxa, eu odiava os programas deles. E agora também eu me passava para o outro lado, obscuro, da telinha. Assistindo a Emeril jogar frases de efeito para sua plateia cativa, que reage como foquinhas amestradas, começo a simpatizar com o cara. Agora sei como acontece. A alma é vendida aos poucos, leva tempo. Primeiro é o simples programa de viagens ("bom para o livro"). Em seguida, eu sei, estarei sendo massageado a seco por um ex-astro de luta livre no canal erótico.

Não pense você que não gostei da minha equipe de gravação. Gente muito legal. Acostumados a gravar documentários em emergências hospitalares, UTIS e ambulâncias, antes de embarcarem no meu projeto, eles eram craques em ficar fora do caminho em cozinhas lotadas e em se comportar bem na presença de portadores de facas. Comeram a mesma comida que eu, ficaram hospedados nos mesmos hotéis que eu — lugares às vezes bem imundos. Enfrentaram campos minados e estradas esburacadas para conseguir as melhores tomadas. Mantiveram-se agarrados a mim, mesmo quando eu mexia irresponsavelmente com armas automáticas e explosivos potentes. Congelaram quando eu congelei, sofreram os efeitos das mesmas drogas contra a malária, enfrentaram as mesmas intoxicações alimentares, os mesmos insetos e os mesmos vegetarianos. Quando desafiados para uma disputa de quem bebia mais tequila, não deixaram a peteca cair. De vez em quando rastejávamos de mal-estar, vomitávamos em qualquer buraco, juntos. Fomos embebidos em sangue, testemunhamos o estupro de porcos por punhos humanos, o corte de gargantas, a engorda forçada de animais, e eles gravaram. Conseguiram até filmar um dia inteiro na cozinha de Gordon Ramsay, sem machucar ninguém. Tudo isso, mantendo o bom humor. Portanto, quando você me pegar reclamando da solidão, do tanto que estou apavorado e doente, em algum bordel esquecido do Camboja, saiba que a equipe de TV está lá, algumas portas adiante no corredor. Isso muda tudo.

Confissão feita, preciso acrescentar que escrever este livro foi a aventura da minha vida. Cozinhar profissionalmente é dureza. Em comparação, viajar pelo mundo, escrevendo, comendo e fazendo um programa de televisão, é mais fácil. Muito mais do que fazer brunches.

De onde vem a comida

"O porco está engordando. A cada segundo...", disse José alguns meses atrás. No exato momento em que informei meu patrão sobre os planos da viagem gastronômica ao redor do mundo, o destino de outra criatura viva foi selado, no outro lado do Atlântico. Homem de palavra, José telefonou para sua mãe em Portugal, dando início à engorda do bicho.

Já tinha ouvido falar nesse negócio de cevar o porco. Sempre que José me ouvia alardear que eu era um dos últimos adeptos da velha escola da charcutaria francesa, tentando fazer o cliente experimentar pés, focinho ou miúdos em geral, ele falava no porco. Chefs adoram esse assunto, motivar as pessoas a comer algo que, antes, julgavam repugnante ou horrível. Talvez seja um capricho de nossos egos essa mania de vender tais pratos, ou amor genuíno pela comida autêntica, simples, rústica, de brasserie francesa (a verdadeira, não essa coisa enfeitada e cheia de truques que passa por autêntica). Dá uma felicidade e um orgulho danados ver o cliente chupando o tutano de um osso de vitela, mastigando pés de porco, mergulhando numa rabada ou escavando a cabeça do bicho por umas carninhas. A vida adquire um propósito, como se tivéssemos feito algo útil naquele dia, trazendo beleza, esperança e conhecimento à sala de jantar, uma homenagem silenciosa a todos nós e a nossa profissão.

"Primeiro, cevamos o porco… por cerca de seis meses. Até o ponto certo. Então já é inverno — tem que ser no inverno, bem frio — e matamos o animal. Cozinhamos o coração e o lombo para os açougueiros. E comemos. Comemos tudo o mais. Fazemos presunto, embutidos, cozidos, estufados, sopa. Usamos — José sublinha bem esta parte — cada pedacinho."

"Uma festança", exclama Armando, o exuberante e fanfarrão garçom português, membro de destaque de nossa brigada no Les Halles.

"Você entende disso?", pergunto cético. Gosto do Armando, grande profissional, mas o que ele diz nem sempre bate com a verdade. Adora quando senhoras do interior vêm até o restaurante para pedir um autógrafo no meu livro. Ele se esgueira até elas e sussurra, em tom de confidência: "A senhora sabe, é claro, que o chef é gay. Meu companheiro de muitos anos… um homem maravilhoso. Maravilhoso!". Eis o que é diversão para o Armando.

"Claro", responde ele. "Todo mundo faz o mesmo na minha cidade. Uma vez por ano. É tradição muito antiga, que vem da Idade Média."

"Come-se tudo?"

"Tudo. O sangue. As tripas. Orelhas. Tudinho. É delicioso." Estava com uma expressão de prazer imenso no rosto, recordando. "Espera aí! Nem tudo. A bexiga, não. Essa a gente sopra até encher, e faz uma bola de futebol para as crianças."

"Que história é essa de bola de futebol?" — pergunto a Davi, também português, administrador da adega e um amigo muito próximo. Ele dá de ombros, sem querer contradizer o compatriota.

"No norte é assim, já ouvi dizer."

"Você já viu?"

Ele faz que sim e me dá uma olhada do tipo "você não sabe onde está se metendo". "É uma sangueira, e o porco grita muito, quando... entende?... quando matam ele. *Muito* barulho."

"Dá para ouvir os guinchos na cidade vizinha", Armando acrescenta, rindo maldosamente.

"É mesmo? Então vou trazer a bexiga para você" — afirmo, decidido a ir mesmo até Portugal, participar do assassinato medieval de um porco. Pela descrição de José, parecia muito legal. Um bando de gente do campo, festejando, bebendo, matando coisas e as comendo. Seu entusiasmo era autêntico e me contagiou. Eu estava nessa.

Uma coisa preciso explicar sobre nós, chefs. Em toda a minha carreira profissional, fui como Michael Corleone em *O poderoso chefão II*, ordenando assassinatos por telefone, com um simples olhar ou um meneio de cabeça. Quando preciso de carne, faço uma ligação, ou dou uma olhada para meu subchef, o açougueiro ou o salsicheiro, e eles fazem a ligação. Do outro lado da linha estarão minhas versões de Rocco, Al Neary ou Luca Brazzi, que executam a operação ou passam a ordem adiante. Cedo ou tarde, em algum lugar — no Meio-Oeste, no norte do estado de Nova York, na zona rural da Pensilvânia ou até mesmo bem mais longe, como na Escócia —, algo morre. Entretanto, o que chega até minha cozinha não é o corpo ainda quente e sangrando da vítima, de olhos abertos e me acusando: "Por que eu, Tony? Por que eu?"; essa parte eu não vejo. A única prova de meus crimes são as caixas plásticas, relativamente antissépticas, contendo o que é, sem dúvida, carne. Nunca fui obrigado a olhar uma vítima nos olhos, muito menos enquanto ela era morta, esquartejada e limpa. Até ir parar naquela fazenda no norte de Portugal. Achei justo que tivesse de testemunhar a faca entrando, pois sempre tinha sido eloquente, para dizer o mínimo, em minha defesa de carne, miúdos, gordura animal, na minha querela com os vegetarianos. Vamos ver de que se trata, aprender, de fato, de onde vem a comida.

Quando a gente visita um país estrangeiro, é sempre uma tremenda vantagem ser hóspede de alguém do lugar, sobretudo quando se está tão mal-informado e despreparado como eu estava em relação a Portugal. Isso possibilita ir direto ao melhor, desfrutar de um contato mais íntimo, experimentar o lugar quase como um nativo, uma perspectiva privilegiada. E José Meirelles faz as palavras *foodie* e *gourmet* soarem ridículas e inadequadas. José vem de uma família numerosa, que, como esse seu filho pródigo, ama comida. Partiu para Nova York, tornou-se cozinheiro, chef e, depois, teve um sucesso espetacular no ramo dos restaurantes. José fica totalmente à vontade comendo no Ducasse, trocando receitas com Boulud, cozinhando na Fundação James Beard ou experimentando restaurantes badalados em Manhattan. Mas você tem de vê-lo à mesa com a família, comendo bucho recheado, para descobri-lo feliz e entrosado de verdade. Do meu ponto de vista privilegiado no Les Halles, sempre me intrigou o olhar de pura alegria de José, adentrando a cozinha como uma ceifadeira (deixando uma bagunça monumental para trás) e reunindo às pressas os ingredientes para um cassoulet ao estilo português: uma pilha de *boudin noir*, chouriço, pés, bochecha, focinho e barrigada de porco, tudo cozido com feijão-branco numa travessa de barro refratário coberta com massa. Eu ficava desconcertado e admirado pela sua insistência em só comprar bacalhau salgado para nossa *brandade de morue* na região de Ironbound, em Newark, porque lá há grande concentração de portugueses e eles é que sabem dessas coisas. Sua obsessão por bacalhau fresco de altíssima qualidade (eu nunca tinha visto José gritar, até o dia em que o peixeiro nos mandou um bacalhau que ele julgou de má qualidade), seu amor por atum em azeite de oliva fino, anchovas brancas, sal marinho caro, couve picada bem fininho, paio e sementes de cominho vindas da Kalustyan, frescas, extremamente frescas, e caras como o diabo — tudo isso fazia disparar o custo da comida cada vez que ele punha os pés na soleira da porta. Insistia em que os produtos tinham de ser de uma brasserie francesa, sem concessões, e eu nem imaginava o que fazer com aquilo tudo. De repente, batia nele a compulsão de telefonar para o D'Artagnan, no meio da noite, e encomendar leitões inteiros de criação ao ar livre. Nos primeiros meses trabalhando com esse sujeito, eu ficava muito irritado. O que fazer com toda aquela geleia de marmelo e aqueles estranhos queijos de leite de cabra? Que diabo vem a ser cerveja Super Bock? José entrava nesses estados de fuga e, quando eu menos esperava, estava tropeçando em baldes e baldes de línguas de bacalhau dessalgando bem no meu caminho. Dá para imaginar como é difícil vender línguas de bacalhau em Park Avenue?

E não parava de falar no abate de porcos — como se fosse a Copa do Mundo, a final do campeonato de futebol americano, do de beisebol e um show dos Beatles reunidos, tudo isso num único pacote. Tive de levar a sério esse entusiasmo. Não só porque José era o patrão, mas também porque, no meio da parafernália gastronômica portuguesa, apareciam quitutes que até eu sabia serem deliciosos. Comidas que pude identificar e compreender como parte de uma tradição gloriosa de excessos, estilo francês: aspargos brancos frescos, trufas da estação, melões de Cavaillon, morels frescos, enguiazinhas translúcidas, lebres selvagens da Escócia, queijos franceses gosmentos, escorridos e fedorentos, *turbots* e linguados de Dover fresquíssimos, tirados do Canal fazia menos de 24 horas e despachados por via aérea (classe executiva, a julgar pelo preço) para minha cozinha. Eu tinha provas suficientes de que José sabia comer muito bem. Se ele afirmava que matar e comer um porco inteiro era algo imperdível, eu acreditava. Impossível não ficar salivando de fome depois de um bate-papo com ele.

Assim, foi com uma mistura de excitação, curiosidade e receio que, numa manhã gelada e enevoada, acordei em Portugal e olhei pela janela, encontrando uma paisagem ordenada de videiras e mais videiras desfolhadas e a fumaça de chaminés distantes subindo em direção ao céu cinzento que cobria o vale. Estava hospedado numa quinta do século XVII (uma casa particular transformada em hospedaria), a um quilômetro da fazenda dos Meirelles. Situava-se numa estradinha sinuosa, depois de um caramanchão, cercada de campos, montanhas, laranjeiras, uma paisagem que devia ser a mesma fazia quatrocentos anos. Três moças se ocupavam dos poucos hóspedes. Havia uma capela e uma cozinha campestre imensa e escura, com o fogão a lenha sempre aceso e uma mesa longa. A larga chaminé coberta, escurecida pelo uso, escoava quase toda a fumaça. O cheiro predominante em Portugal, logo percebi, é o de madeira queimada. A única fonte de calor na casa ampla, inclusive no meu quarto, vinha de lareiras. Quando da minha chegada, tarde da noite no dia anterior, a lareira do meu quarto estava acesa, gerando uma agradável área de calor, suficiente para tirar a roupa e pular na cama de dossel. Além da fazenda, a família de José possui uma casa na vizinha Amarante e outra no Porto.

Assim que cheguei, deu para perceber a quantidade de delícias que há para comer em Portugal. Comi cabeça de merluza, cabrito assado no forno de lenha (a porta selada com gesso; antes usavam esterco de vaca), um incrível arroz de polvo e, claro, bacalhau, bacalhau e bacalhau. Eu tinha passado uma noite numa torre de castelo, no alto de uma montanha na região do Douro, acordara no meio de uma chuva torrencial e descera às pressas (antes que as estradas inundassem) até a quinta lá embaixo, onde comi lombo de porco assado, batatas coradas na gordura e queijo azeitão. Visitara também as feiras livres do Porto, onde encontrei mulheres de pescadores cujos talentos para falar obscenidades poriam no chinelo qualquer cozinheiro que conheço. Enquanto José traduzia o vaivém da conversa entre elas e os clientes, surpreendia-me que senhoras de 65 anos, com aparência de Martha Washington, pudessem me deixar vermelho de vergonha.

No dia da matança, dirigimos até a fazenda dos Meirelles, uma casa de pedra e granito, com os quartos na parte de cima, a cozinha e a sala de jantar embaixo e uma despensa para carnes adjacente. Do outro lado da estradinha de terra ficavam os cercados dos animais, o defumadouro e um celeiro de tamanho respeitável. O pai e o primo de José plantavam as uvas para o vinho e criavam galinhas, perus, gansos e porcos. Uns poucos hectares de videiras e faixas de terra de uso variado se espalhavam por delicadas ondulações, tudo em meio a montes e montanhas cobertos de árvores, com pedacinhos de torres de igreja e fumaça de chaminés visíveis entre as folhas e ramas.

Chegamos de manhã bem cedo, mas já havia um grupo grande reunido. O irmão de José, Francisco, seu outro irmão, também chamado Francisco (lembram-se da cena do casamento em *Os bons companheiros*, em que todo mundo se chama Petey, Paul ou Marie?), sua mãe e seu pai, parentes diversos, trabalhadores do campo, mulheres e crianças, muitos já ocupados nos preparativos para dois dias intensos cozinhando e comendo. De pé, junto do celeiro, estavam três assassinos de aluguel, matadores e açougueiros itinerantes que, aparentemente, tiram uma folga do trabalho diário para praticar sua habilidade muito solicitada de matar porcos e destrinchá-los. Formavam um grupo simpático: um velho de bochechas rosadas, vestindo colete e camisa de mangas curtas, com um chapéu preto de aba e um bigode bem aparado; e seus dois jovens companheiros, usando suéteres e botas impermeáveis. Tinham uma aparência inofensiva e amigável. Apertaram minha mão e tomamos um cálice de vinho verde juntos, um vinho de baixa fermentação feito ali mesmo.

O primo Francisco posicionou uma série de rojões e fogos de artifício na terra em frente à casa e detonou-os um a um. As explosões ecoaram pelo vale, anunciando a todos a matança iminente e a refeição que se seguiria.

"É uma advertência aos vegetarianos?", perguntei.

"Ninguém é vegetariano em Portugal", José respondeu.

O homem de bigode que julguei ser o chefe dos assassinos, pois empunhava o facão — uma lâmina de aparência sinistra, com uma fenda no meio e cabo de madeira —, começou a se aproximar do celeiro. Todos seguiram em procissão, uma expressão nem de alegria nem de tristeza nos rostos. Só o semblante de José era legível. Ele estava de olho em mim, com um sorriso irônico, provavelmente curioso para ver como eu reagiria.

No finalzinho do celeiro, uma porta baixa abria para um cercado forrado de palha. Um porco enorme, de aparência agressiva, grunhiu e se agitou ao ser observado pela multidão. Quando os três carrascos se juntaram a ele no espaço exíguo, nenhum com comida nas mãos, o porco pareceu entender que algo ruim estava para acontecer. Então começou a se debater e a guinchar numa altura tremenda.

Isso já me deixou bem desconfortável. Sou o culpado, pensei. O porco foi engordado cuidadosamente por seis meses, os capangas contratados, e tudo por minha causa. Talvez, se à sugestão da festa sangrenta, eu tivesse respondido a José "Não, acho que não… fica para a próxima…", o destino do Porcão seria outro. Ou não? Por que eu estava tão melindroso? O destino dele estava selado desde que nascera. Afinal, porco não dá leite! Ninguém vai manter um porco como mascote. E estou em Portugal, ora bolas! Esse porcão já nasceu com vocação para couro e bacon.

Ainda assim, era o meu porco. Eu me sentia responsável. Para um sujeito que passara os últimos 28 anos servindo animais mortos e rangendo os dentes para vegetarianos, eu estava tendo problemas demais em seguir o programa. Tinha de aguentar, segurar a onda. Já tinha muito do que me sentir culpado na vida. Aquela era só uma culpazinha a mais.

Foram necessários quatro homens fortes, treinados, para dominar o bicho, arrastá-lo e jogá-lo de lado numa carroça pesada de madeira. Nada fácil. Com o peso de dois homens em cima dele e outro segurando-lhe as patas traseiras, foi possível ao homem da faca segurar a cabeça do porco, inclinar-se e enterrar a lâmina inteira no tórax do animal, pouco acima do coração. O porco entrou em desespero. Os gritos vibraram nas obturações dos meus dentes e atravessaram o vale. Com uma quantidade inacreditável de sangue quente jorrando para todo lado, o bicho urrando em agonia e lutando conseguiu rolar da carroça, chutando várias vezes a virilha de um de seus torturadores. Perdia muito sangue, mas lutava bravamente, os quatro homens tentando controlar as patas que chutavam, o abdômen em convulsões e os cabeceios ensanguentados.

Finalmente, conseguiram dominar o pobre animal e recolocá-lo na carroça; o homem do bigode manuseava a faca como se fosse um desentupidor de pia. Os movimentos do porco foram diminuindo, mas os grunhidos, os chiados, a respiração arfante e os gorgolejos continuaram... e continuaram... o peito do bicho subindo e descendo ruidosamente... continuaram e continuaram... pelo que me pareceu uma puta eternidade.

Como acontece em momentos extremos, vou me lembrar para sempre de detalhes pequenos e sem importância: a inexpressividade no rosto das crianças, a total ausência de sentimento. Eram crianças de fazenda, tinham visto aquilo inúmeras vezes. Acostumadas às marés da vida — vermelhas de sangue, algumas vezes. Suas carinhas dificilmente poderiam ser descritas como interessadas. Um ônibus que passasse ou uma carrocinha de sorvete teriam tido mais efeito. Também me lembrarei para sempre do único pingo de sangue na testa do chefe dos assassinos. Ficou lá o resto do dia, logo acima do rosto sorridente e corado, que em tudo poderia ser descrito como o de um simpático vovô, não fosse o detalhe destoante do sangue. Imagine você assistindo à TV e sua tia Minnie servindo um pratinho de cookies, com um colar de molares humanos em volta do pescoço. Algo assim. E nunca vou esquecer o clima de "a vida continua" que acompanhou todo o processo, enquanto o peito do porco subia e descia e o sangue escorria ruidoso para um balde de metal. Uma cozinheira veio correndo apanhá-lo, assim que o sangue parou de pingar, e levou-o para a cozinha, morte e matança constituindo apenas mais um dos afazeres domésticos. Outras mulheres caminhavam apressadas de um lado para o outro, carregando vasilhas. A comida estava sendo preparada. Nunca vou me esquecer da satisfação de José, sua cara de orgulho, como que dizendo "É aqui que a coisa começa; agora você já sabe de onde vem a comida".

Claro que ele tinha razão. Mesmo que eu tivesse presenciado apenas a inseminação de um puro-sangue, uma vaca sendo ordenhada, um novilho marcado a ferro ou um bezerro castrado, teria me sentido igualmente mal, porque sou um tonto da cidade, completamente ignorante dos fatos e confortável nessa ignorância. Aquilo foi como ver ao vivo as coisas que aparecem no Discovery Channel (logo depois que eu mudo de canal).

A carroça puxada a cavalo levou o porco morto para uma área mais ampla atrás do celeiro. Lá, ele foi envolto em longos feixes de palha ardente, o que queimou seus pelos, um processo demorado que deixou manchas escuras em sua pele grossa. Depois, foi esfregado e lavado com cortiça, esfregado de novo e então — outro breve, mas igualmente horripilante, "momento Kodak".

Eu fumava e tentava aparentar calma, como se nada daquilo tivesse me alterado. O porco foi posicionado com a cabeça afastada, pernas traseiras e bunda viradas na minha direção. Alan, um dos caras da equipe de tv, estava ao meu lado gravando a cena, enquanto os homens lavavam e secavam a outra ponta do porco. De repente, sem aviso algum, um deles deu a volta até nós e, diante das partes do bicho desagradavelmente expostas, enfiou o braço até o cotovelo no reto do animal, retirando-o a seguir com um punhado de merda fumegante de porco na mão, que ele jogou no chão sem nenhuma cerimônia, num *ploft* sonoro, antes de repetir o processo.

Alan, profissional como ninguém, veterano de documentários em prontos-socorros de hospitais, nem piscou. Continuou gravando. Bom, acho que nunca se sabe de que tipo de material se vai necessitar na ilha de edição, mas tive dificuldade em imaginar a cena de *fisting* suíno sendo transmitida pelo Food Network.

E Alan continuou gravando quando o homem cortou um naco perianal, puxou meio metro de intestino e amarrou com um nó firme. O único comentário sussurrado que ouvi de Alan foi: "Beleza, isso que é show". Quando me viu olhando para ele, acrescentou, dando tapinhas na câmera: "Ouro, ouro em vídeo, isso está me cheirando a um Emmy".

"É tv a cabo...", comentei.

"Um prêmio Ace, então. Quero agradecer à Academia..."

O porco foi levado de volta para o celeiro, amarrado com as pernas abertas e a carcaça foi dependurada num caibro elevado, com muito esforço e grunhidos da parte dos carniceiros. A barriga estava aberta do escroto até a garganta. O dorso, dos dois lados da coluna, tinha sido cortado para dessangrar. E as entranhas, ainda quentes, foram gentilmente extraídas do abdômen e colocadas sobre uma larga folha de compensado, para a triagem. Deus me perdoe, mas ajudei, enfiando a mão na cavidade morna, retirando coração, pulmões, tripa, intestinos, fígado e rins, deixando-os deslizar úmidos para a tábua.

Você viu *A volta dos mortos-vivos*? Na versão original, em preto e branco? Lembra dos zumbis mexendo com órgãos recém-tirados dos corpos, lambendo-os com sofreguidão, numa orgia insuportável de chupadas e gemidos? Foi a cena de que me lembrei, quando nos metemos a pegar coração, fígado e lombo para uso imediato, reservando os intestinos grosso e delgado para serem lavados e separando tripas, rins, pulmões e... a bexiga. Exatamente como Armando tinha dito, a bexiga foi mesmo inflada, atada numa das pontas e dependurada no defumadouro para enrijecer um pouco.

Os intestinos seguiram para um tanque enorme, onde uma mulher de avental iria lavá-los por algumas horas, por dentro e por fora. Serviria depois para fazer linguiça e embutidos. A cavidade do corpo, agora vazia e branquinha, foi lavada com vinho tinto para impedir a proliferação de bactérias, e minha vítima, deixada lá, dependurada, para passar a noite no celeiro gelado, com uma gamela debaixo.

Hora de comer.

Uma toalha foi estendida sobre uma pequena mesa no celeiro, uns poucos metros distante do recém-defunto, homens e mulheres trouxeram um lanche para os carniceiros e seus ajudantes. O chefe dos assassinos materializou uma surrada sanfona e começou a tocar e a cantar em português. Serviram vinho verde. Uma espécie de fritada, com ovos, paio e cebolas, apareceu. Havia uma vasilha de feijões, parecidos com favas, mas cor de grão-de-bico; era preciso tirar a pele antes de jogá-los na boca. Tudo isso acompanhado por iscas de fígado grelhadas, azeitonas e queijo de cabra. Um grupo seleto de familiares e matadores de porcos se juntou para comer; lá fora, caía uma chuva fina. O velho com sua sanfona — a gota de sangue ainda na testa — deu início a um discurso melodioso, que só poderia ser definido como um rap português de celeiro, homenagem ao porco. A letra muda conforme a ocasião, para refletir as características individuais do porco da vez, celebrando sua transformação de animal doméstico em almoço e desafiando os presentes a somarem seus próprios versos.

Como não me lembro da letra exata, tal como traduzida por José, dou uma versão de como eram, mais ou menos, os primeiros versos:

> *O porco era grandalhão,*
> *como morrer não queria,*
> *muito se debatia,*
> *foi assim que no meu olho*
> *caiu sangue do seu coração.*

Depois de olhar em volta, o velho continuou tocando, lançando novos versos para a multidão:

> *Estou de ajuda necessitado,*
> *Sozinho não prossigo,*
> *Se algum desgraçado*
> *Me ajudar, eu consigo.*

E, de fato, um de seus ajudantes resolveu completar:

> *Esse bicho não era fácil,*
> *De colhão não era fraco,*
> *Quando Luís meteu a faca,*
> *Ele me chutou o saco.*

A cantoria durou um bom tempo, acompanhada de muita comida e bebida. Eu até tentei comer pouco, mas isso é bastante difícil em Portugal.

Poucas horas depois já nos reuníamos em volta de duas mesas grandes na casa da fazenda, para um suculento almoço de caldo verde. Muito diferente da encorpada sopa de batatas, couve, feijão e linguiça de que me lembrava dos tempos de Cape Cod. "Aquilo é de gente dos Açores", disse José. A sopa de agora era um caldo delicado de couve, paio, batatas e caldo de carne, as batatas cozidas até quase a liquefação, a couve picada fininho. Não se viam nacos boiando e o sabor era mais sutil.

Havia umas trinta pessoas amontoadas no salão de paredes de pedra da fazenda, entre familiares diversos, amigos, empregados e vizinhos. A cada minuto, como que guiados por sinais telepáticos, chegavam mais comensais: o padre da família, o prefeito da cidade, crianças, muitos trazendo mais comida — doces, bagaceira, pães, o sólido, saboroso e nutritivo pão preto de Portugal. Comemos iscas grelhadas de coração e fígado, um gratinado de batatas e bacalhau, o lombo assado e fatiado de nossa vítima, e grelos salteados (um vegetal parecido com brócolis). Tudo acompanhado por vinho, vinho e mais vinho, o tinto do pai de José somando-se ao débil vinho verde, além de uma aguardente local tão poderosa que era como beber combustível de foguete. Em seguida veio um pudim inacreditavelmente saboroso, feito com açúcar, gemas, gordura de porco clarificada e um pão de ló de laranja. Cambaleei para longe da mesa depois de horas, sentindo-me como Elvis em Las Vegas: gordo, drogado e na maior viagem.

Nas mesas, o pessoal mal tinha terminado de comer e já planejava a próxima refeição. Os portugueses, se você ainda não percebeu, gostam de comer. Adoram. "É por isso que quase não tomamos café da manhã em Portugal", brincou José. A palavra *esbelto* não faz muito sentido ali, nem como descrição, nem como meta desejável. Ninguém se envergonha de repetir.

Poucas horas depois, na casa dos pais de José, eu já estava em pleno jantar, na companhia de mais membros da numerosa família Meirelles. Começamos com amêndoas da fazenda, recém-tostadas, cebolinhas picantes, minissardinhas fritas, azeitonas marinadas e picles variados; e passamos rapidamente para rojões com batatas e sarrabulho, uma sopa incrível de pão, caldo, cominho fresco, pedaços de carne de porco e sangue. O sangue tinha sido cozido em fogo baixo por muito tempo, até formar uma massa gelatinosa, mais ou menos como *boudin*, com textura de pudim granuloso. Misturado na sopa, era fabuloso. Entendi enfim por que José insistia em engrossar o nosso coq au vin com sangue fresco de porco. Depois, veio confit de porco com batatas. Comemos ainda alheiras e bucho recheado. Eu estava adorando tudo, e contando com o auxílio de uma maca para me levar para a cama, no final.

No dia seguinte, nova reunião para o almoço, na fazenda. Mas antes havia trabalho a fazer. O porco foi destrinchado, as pernas separadas para fazer presunto curado. Esfregamos sal marinho nelas, pimenta-do-reino, alho, e as embalamos numa caixa na despensa, cobertas com mais sal. O corte central do peito — *poitrine* — foi colocado sobre o sal, para uma cura mais ligeira. Os presuntos seriam retirados em um mês, dependurados, defumados e postos para secar. A carne foi cortada em pedaços grandes para um tipo de embutido, pequenos para outro, e dependurada no defumadouro. Enquanto partíamos o porco, a mãe de José rondava as proximidades, selecionando as partes necessárias para o almoço.

O prato foi um cozido, a versão portuguesa do *pot-au-feu*: repolho, cenouras, nabos, cozidos junto com o focinho, os pés e a cabeça em confit. José fez questão de que eu recebesse uma porção generosa de cada ingrediente, e devo confessar: nunca tinha experimentado gordura de porco mais saborosa. Como de costume, violou-se a regra da dupla-fécula. Arroz e batata apareceram lado a lado. A sobremesa foi algo chamado "toucinho do céu", feito, para variar, com mais gemas de ovos, açúcar e amêndoas moídas. Pensei que ia explodir. Quando fui convidado pelos garotos da fazenda para uma pelada com a bexiga, eles me derrotaram fácil, fácil. Eu mal conseguia me mexer.

O jantar foi dobradinha com feijão-branco. Em geral, não gosto muito de dobradinha. Cheira a cachorro molhado. Mas a versão da mãe de José, picante, profusamente adornada com cominho fresco, era deliciosa. Curti cada pedaço, enquanto José me ensinava como esmigalhar o denso pão caseiro sobre o prato, adicionar um pouco de azeite de oliva e misturar cada pinguinho de molho ao que ainda me restava de comida, formando uma delícia de pasta, saborosa e untuosa, antes de mandar tudo boca adentro.

Em Portugal, aprendi muito sobre meu patrão e comi pratos muito bons. Aprendi também que posso olhar a comida bem nos olhos antes de comê-la. E extraí dessa experiência, espero, um respeito bem maior por aquilo que chamamos de "ingredientes". Confirmei minha predileção por porco, banha de porco e porco curado. Vou desperdiçar menos de agora em diante. Devo isso àquele porco. Sei agora o que custa uma costeleta — o ser vivente que precisou ser morto para que a tivéssemos. Aprendi a gostar de dobradinha e não há mais nenhuma parte da anatomia animal que me cause desconforto, embora não vá com certeza ficar chutando bexigas pelo Riverside Park. E vi que em Portugal eles nunca se privam do que julgam ser bom. Já tem mais de um século que não é necessário conservar bacalhau em sal, mas eles ainda o fazem e adoram. Porque é bom. Se você zoar com o José dizendo "Mas é sempre bacalhau e porco, porco e bacalhau, gemas de ovos, bacalhau, porco e... mais bacalhau", ele vai erguer a sobrancelha e dizer sorrindo: "Ah, é? E daí? O que tem de errado nisso?".

Portugal foi o início, foi onde comecei a perceber o que está faltando na experiência alimentar do americano médio. Grandes grupos de pessoas comendo juntas. O elemento família. A aparente crueldade de viver próximo ao que se come. A teimosa resistência a mudanças, se tais mudanças vierem à custa de pratos tradicionais apreciados. Ainda veria muito disso, e em lugares bem mais distantes que Portugal.

E eu tinha presenciado a morte de um animal. Algo que mexeu comigo, pois não me senti nada bem; ao contrário, foi extremamente desagradável, me fez sentir culpa e um pouco de vergonha. Tive pena daquele porco, imaginando o medo, a dor, o pânico. Mas ele tinha um sabor delicioso. Só desperdiçamos uns poucos gramas de seu peso total.

Da próxima vez vai ser mais fácil.

Outra vez na praia

Chris, meu irmão caçula, é completamente diferente de mim, em tudo. Enquanto passei toda a vida num esquema da mão para a boca, contando os dias entre um contracheque e o outro, deixando a diversão rolar solta, pouco me lixando, um riponga que envelhecia rápido, atualmente na meia-idade, Chris sempre foi o cara responsável, o bom filho. Nunca fumou maconha. Nem usou droga alguma, com certeza. Os cabelos dele nunca foram curtos ou compridos demais. Formou-se numa faculdade de elite e — se conheço bem o sujeito — com distinção. Nunca o vi bêbado de dar vexame nem descontrolado. Sempre poupou dinheiro e continua poupando; nunca caiu na farra com carros velozes ou mulheres. Nem, como eu, enfiou dinheiro em parafernálias high-tech de aparência bacana, sedutoras nas fotos dos catálogos, quando se está meio alto. Tem uma casa em Westchester, linda mulher e filhos adoráveis, duas crianças brilhantes e educadas. Se não guia um Volvo, deveria. Seu emprego, pelo que consigo entender, é de especialista em câmbio num banco. Acho que ele voa de um lado para outro e dá conselhos a investidores europeus, asiáticos e sul-americanos sobre quando vender dólares e comprar ienes, quando trocar os euros por *baht* ou *dong* ou dracmas. Se existe um traço maligno nele, nunca descobri. E olha que procurei a vida toda.

Chris não tem razão alguma para gostar de mim. Quando criança, eu mandava nele o tempo todo; numa explosão de ciúme e raiva, tentei até matá-lo a pancadas (por sorte, para ambos, a arma usada foi um balão), jogava nele a culpa por todas as sacanagens que eu fazia, e depois assistia feliz ao interrogatório e à surra que ele levava. Além disso, Chris foi testemunha forçada de meu interminável psicodrama na mesa de jantar, quando eu chegava sempre atrasado, chapado, briguento, um irmão mais velho de cabelos até os ombros, mal-humorado e violento, um peste que acreditava que Abbie Hoffman e Eldridge Cleaver bem que tinham razão e julgava que os pais eram joguetes do fascismo, instrumentos do tacão imperialista, os responsáveis pelo acesso barrado às drogas psicodélicas, ao amor livre e às trepadas com garotas hippies — coisas que eu estaria curtindo aos montes, não tivesse doze anos de idade e morasse com eles. Às brigas, à gritaria, aos ruidosos tormentos, a todas as dores que sofri e provoquei na minha tenra adolescência ele assistiu. E isso deve ter ferrado legal com ele. Havia o lado bom, é claro. Eu ensinei o paspalho a ler quando ainda estava no jardim de infância. E não contei para ninguém quando, um dia, ele finalmente se encheu e me deu uma cacetada na cabeça com a trava de ferro da janela.

Acho que alguma boa lembrança de mim ele deve ter guardado, os verões que passávamos juntos na França quando garotos, por exemplo. Lá, na maioria das vezes, só tínhamos um ao outro para falar inglês. Ficávamos juntos o tempo inteiro, explorando a cidadezinha de La Teste, passávamos horas brincando com soldadinhos de plástico verde, no quintal da casa da minha tia. Trocávamos *bandes desinées*, Tintim, Lucky Luke, Astérix.

Soltávamos traques e bombas e, quando o tédio era demais, pentelhávamos a coitada da minha mãe. Surpreendentemente — ou não — fomos nos tornando muito próximos ao longo dos anos. Assim, quando sugeri uma viagem pelos cenários do passado, Chris nem hesitou.

"Vamos", respondeu. Provavelmente foi a maior loucura que já cometeu na vida.

O plano era deixar para trás nossos entes queridos e irmos, só nós dois, em busca da França de nossa juventude. Visitar a casa em La Teste. Comer nos mesmos lugares de antes e na vizinha Arcachon. Chegar com o dia ainda clareando aos criadouros de ostras da baía onde saboreei minha primeira e importantíssima ostra, experimentando a primeira epifania real da minha vida relacionada a comida (Chris, na verdade, só agora comeu e apreciou os bivalves). Escalar de novo as dunas de Pyla, nos entupirmos de tortas doces (sem ter de pedir permissão), beber quanto bordeaux quiséssemos, comprar montes de bombinhas para jogar nos fortins alemães da praia, onde brincávamos na infância. Quem iria atrapalhar nossa diversão agora? Quem poderia nos deter?

Iríamos nos empanturrar de *saucissons à l'ail*, *soupe de poisson*, de xícaras imensas de chocolate quente com baguetes amanteigadas, e beberíamos quantas Kronenbourgs, La Belles e Stellas aguentássemos. Eu estava com 44 anos; Chris, com 42. Dessa vez, éramos adultos: um respeitado analista de câmbio e um autor best-seller. Nossa mãe morava em Nova York e já tinha desistido de corrigir o comportamento dos filhos fazia décadas. Nosso pai, que nunca fora de fato um disciplinador, tinha morrido nos anos 1980. Podíamos fazer o que desse vontade, livres para voltar a ser criança. Eram a maneira e o local perfeitos, pensei, para buscar também a refeição perfeita, repisando antigas pegadas deixadas nas praias do sudoeste da França.

Nosso encontro foi em Saint-Jean-de-Luz, Chris vindo da

Suíça e eu de Portugal. Alugamos um carro e guiamos até Arcachon, parando apenas para os *gaufres* — waffles quentes cobertos de açúcar de confeiteiro, que eram nossa tentação depois da praia. Só que agora podíamos comer todos que desejássemos. O sudoeste é muito plano, quilômetros e quilômetros de pinheiros, plantados um século atrás para secar as várzeas infestadas de mosquitos e para deter o avanço das dunas, que de outra forma teriam enterrado tudo em areia. Não há muito para ver, mas ficamos contentes em reconhecer nomes familiares nas placas, sentir novamente o cheiro de diesel francês e por estarmos nos aproximando cada vez mais de um lugar que não visitávamos juntos fazia mais de 28 anos.

Chegamos de noite a Arcachon, cidade costeira de veraneio, vizinha à minúscula vila de pescadores de ostras: La Teste-de-Buch. Era janeiro, tão fora de temporada quanto possível. Frio, vento, uma chuva gelada e penetrante, de congelar os ossos. Quando planejei a busca do passado, com todas as suas excitantes implicações sentimentais e intelectuais, desconsiderei assuntos tão terrenos como temperatura e índice pluviométrico, bem como o fato de que iríamos gelar nossas bundas numa cidade de praia fechada e quase fantasma. Fomos para um hotel estilo mansão mal-assombrada, escuro, com papel de parede de chintz e paredes finas como papelão. Uma espécie de celeiro à beira-mar, entulhado de cacarecos, vitrais pseudodecô, luminárias Tiffany falsas, esculturinhas austro-húngaras, mobília rococó, carpetes mofados e nem sombra de outros hóspedes. Imagine Norman Bates gerindo um "ninho de amor" numa velha estrada abandonada nas montanhas, e já dá para ter uma ideia. *Deprimente* não basta para descrevê-lo. A vista da janela do meu quarto era um pátio de concreto seguido de uma piscina forrada de blocos de folhas mortas boiando. Ao longe, o golfo de Biscaia se estendia cinza e monótono, uns poucos barcos de pescadores deslizando na água, a praia deserta, a não ser por algumas gaivotas, e as luzes tremelicantes de Cap Ferret na escuridão ao fundo.

Dormi muito mal na primeira noite, sonhando com minha tia, *tante* Jeanne, ralhando comigo por atirar bombinhas do lado de fora da casa: "*Défendu! Prison!*", guinchava. Até meus sonhos pareciam impregnados pelo cheiro de mofo das cadeiras estofadas e pelo decaído papel de parede cor-de-rosa.

Chris acordou com cara animada e cheio de entusiasmo. Eu não. Recusei o café da manhã no hotel, imaginando quanto tempo fazia que aquele lugar não via hóspedes e se os últimos tinham sobrevivido. Corremos para a estação e embarcamos no curto trajeto até La Teste. Podia não ser verão e podíamos não ser mais que dois panacas adultos agasalhados até o pescoço, mas quando descemos do trem éramos duas crianças novamente. Não tínhamos dito uma única palavra no percurso, só sorrido, uma canhestra inabilidade de expressar com palavras o que estávamos sentindo. De pé na plataforma, me senti realmente como se fosse 1966. O poste telefônico que eu escalei durante a Fête du Port, para ganhar uma barra de chocolate, estava no mesmo lugar, no centro da praça da estação. O porto, com seus atracadores vergados e velhos *pinasses*, os botes de ostras, os sobrados de estuque e blocos de escória, com suas bases de tijolos vermelhos, tudo mantinha a mesma aparência.

Caminhamos lado a lado por ruas vazias, sob um céu cinza, fazendo o possível para ignorar a chuva fina e regular. "É nesta direção", Chris falou num quase sussurro, "depois dos bombeiros e da gendarmeria."

"Nem acredito que estou aqui", respondi, "nem acredito."

Achamos a rua Jules Favre do mesmo jeito que a havíamos deixado, uma quadra, outra e… nossa casa. Ou o que tinha sido nossa casa. A entrada estava mudada. Sendo inverno, não havia roseiras floridas atrás das sebes. A pequena construção de madeira à direita, onde meu pai posara criança para uma foto, de boina e calças curtas, e onde meu irmão e eu também posamos (com o mesmo e odiado traje), ainda estava lá. Mas o portão no qual nos encostamos para tentar fazer a foto mais legal, ou menos ridícula, tinha sumido. A casa do vizinho, monsieur Saint-Jour, o pescador de ostras, fora demolida, e uma outra construída no local. Mas a casa iniciada pelo meu tio Gustav, pouco antes de sua morte, estava intacta (lembro-me de ajudá-lo com os tijolos). Detrás de uma cerca nova de madeira pintada de branco e de sebes muito bem aparadas erguia-se nossa velha casa de verão. Houve um momento de silêncio enquanto Chris e eu bisbilhotávamos por sobre o portão.

"Ali era meu quarto", Chris apontou para uma janela do piso superior.

"O meu era do outro lado do corredor", sussurrei.

"Claro, o seu era melhor."

"Sou mais velho."

"*Tante* Jeanne e *oncle* Gustav moravam embaixo, ali."

"Por que estamos sussurrando?", resmunguei.

"Devemos bater na porta?"

"Vá você. Seu francês é melhor. Quero ver o quintal."

Meu irmão se aproximou hesitante da porta e tocou a campainha. Logo apareceu o proprietário atual, um velho baixinho, nada intrigado pela aparição de dois enormes americanos com caras de patetas, cercados por uma equipe de TV, em pleno inverno. Depois de um rápido diálogo com meu irmão, ele permitiu que déssemos uma olhada na propriedade. Por um portão lateral nos levou até o velho pátio e ao jardim, onde brincamos muitas vezes: caçando lagartos, exterminando caracóis, reencenando o dia D com nossos soldadinhos. Debaixo de um telhado estava a mesa onde *tante* Jeanne nos servia salada de tomate, omeletes de batata, mariscos no vapor, linguado na manteiga, *haricots verts* macios, grandes canecas de chocolate quente e Bananya. A bomba de água manual tinha desaparecido, e o velho poço, de onde vinha a água, estava tapado. Do pote de cerâmica rachado nem se fala, sumira para sempre. Tínhamos de enchê-lo para ir visitar a latrina do lado de fora da casa; a latrina ainda estava de pé, assim como a vala de compostagem que ficava atrás. Ao lado, o solitário banheiro ao estilo americano, que minha mãe insistira em construir. Único no sudoeste da França. E em seguida a cozinha de peixe, ao ar livre, e o depósito, onde eu escondia minhas Kronenbourgs e cigarros, aos doze anos de idade. O arco de pedra e a porta de madeira de lei ainda estavam lá, conduzindo a uma viela nos fundos. Virando ali, logo em frente, a garagem, onde meu tio guardava um Citroën modelo sedã, dos anos 1930, sustentado sobre tijolos, e onde ficava sua adega. Quase tudo permanecera igual. O jardim era só grama agora.

"Será que ainda há soldados de plástico enterrados por aí?", perguntei.

"Sem dúvida", Chris respondeu, "um batalhão pelo menos."

Não entramos, teria sido demasiado... esquisito. Tenho pesadelos frequentes sobre voltar a nossa casa de Nova Jersey e encontrar estranhos dormindo na minha cama. Não queria ter a experiência real.

"Estou meio agitado... e meio decepcionado também", confessei, enquanto partíamos devagar.

"É... eu também", respondeu Chris. "Vamos comer um *pain raisin* na boulangerie da esquina. Deve estar lá ainda."

Mas ainda faltava uma coisa para encerrar nossa visita. Fazendo pose, tiramos uma foto, mais ou menos no mesmo lugar de quando éramos crianças, muitos verões passados. Sem boinas, graças a Deus, e, por sorte, já crescidos o bastante para usar calças compridas.

Le stade municipal (o estádio), onde víamos os jovens da

cidade perseguir touros e os touros perseguirem os jovens, e *la forêt* (a floresta), onde vivia um temível eremita, tinham se tornado projetos imobiliários. Os condomínios para férias, com seus nomes de veraneio, como Le Week-end e La Folie, estavam vazios, trancados e tristes.

Caminhamos pelo meio da rua Jules Favre, viramos numa esquina e encontramos ainda aberta e em pleno funcionamento a boulangerie. Com nossos "Bonjour, madame" de praxe, entramos e fomos recebidos pelo cálido e adocicado aroma de brioches e baguetes assando. Compramos um pacote de *pain raisin* — os pãezinhos de passas que comíamos com frequência — e também uma baguete, um croissant e um brioche, doidos para prová-los logo e ver se conservavam o mesmo sabor.

"Igual", exclamou Chris, exultante.

Eu não estava tão animado, algo me continha, as coisas ainda guardavam a mesma aparência e o mesmo gosto, a padaria cheirava como sempre, 28 anos depois, mas faltava alguma coisa.

Antes, havia um pequeno café de esquina chamado Café Central. Era nossa escolha obrigatória para comer, naquelas noites em que minha mãe estava sem vontade de cozinhar ou em que não chegávamos a uma conclusão sobre aonde ir ou o que comer. Era uma espelunca comum, com teto de gesso e paredes caiadas de branco, pôsteres de futebol, uns poucos pescadores como fregueses, bebendo *vin ordinaire* no salão apertado. Eu tinha lembranças afetuosas, talvez exageradas, da sua *soupe de poisson* marrom-escura, sua *bavette à l'échalote* (fraldinha com chalotas) acompanhada de fritas meio murchas mas saborosas.

Agora se chamava Le Bistrot e fora visivelmente reformado. Passou a ter toalhas de mesa, iluminação de velas, pinturas emolduradas de botes de ostras, paredes em tons pastel, mobília que não rangia. Mas a sopa de peixe era a mesma: escura, com pedaços de peixe e ossos moídos, cheiro de açafrão, alho e anis; e, exatamente como eu me lembrava, vinha acompanhada por croûtons fritos, queijo gruyère ralado e uma cumbuca pequena de *rouille*, maionese de pimentão e alho. Deliciosa. Meu primeiro reencontro, depois de quase trinta anos, com a sopa que me inspirara seriamente a seguir a carreira de cozinheiro profissional. Como jovem chef, eu me esforçara muito por recriá-la diversas vezes perseguindo a receita, experimentando ingredientes, repetindo procedimentos e alterando quantidades, até que consegui acertar. O fato é que, por mais maravilhosa que ela ainda seja, hoje a minha é melhor. Uso lagosta. Asso as conchas e guarneço com pedaços de carne de caranguejo, fazendo uma versão mais encorpada e luxuosa. O sabor pode ter sido igual, mas foi como rever uma ex-namorada e perguntar que diabos eu vira nela antes. Tudo muda.

Buscando desesperadamente uma epifania, pedi ostras — que não podiam ser melhores —, um prato de *rouget* (ou trilha, o magro e ossudo mas delicioso peixe do Mediterrâneo), sardinhas fritas, um *magret de canard* (peito de pato) grelhado na chapa, com molho de pimentas verdes, e uma *bavette*, para arredondar a conta.

Mas não estava funcionando. Não que eu não estivesse feliz. Era ótimo sentar àquela mesa francesa outra vez, rever meu irmão e comer com ele, vê-lo se divertindo muito, saboreando a normalidade e o prazer da situação. Comparado às minhas aventuras em geral, aquilo era louvável. Meigo. Sentimental. Ninguém ia sair machucado. Desperdício, desapontamento, excessos, as marcas habituais de minhas empreitadas anteriores, estavam totalmente ausentes dessa vez. Por que então eu não estava curtindo tanto? Comecei a me sentir danificado. Avariado. Como se algum órgão essencial — talvez o coração — tivesse encolhido e morrido junto com todos aqueles neurônios e pedaços de pulmão, corpo e alma parecendo um gigantesco hotel de Atlantic City, um daqueles elefantes brancos que vão fechando pouco a pouco, uma ala, depois outra, um andar, até restarem só a fachada e o saguão.

Saímos do jantar caminhando pelo porto. "Está vendo aquele cais lá?", perguntei a Chris, apontando para uma estrutura de madeira meio arruinada, afundando na água. "Lembro de ter me sentado ali quando tinha quinze anos. Sam, Jeffrey e Nancy, todos os meus amigos da época estavam em Provincetown naquele verão. E eu preso aqui. Nossa! Eu me sentia péssimo, um garoto amargo e solitário. Nunca consegui nem mesmo que me batessem uma punheta nesta merda de cidade."

"Isso foi mais tarde, no último ano em que estivemos aqui. Quando éramos crianças era divertido, não era?"

"Acho que sim. Não tenho certeza. Ainda estou puto com aquelas boinas e calças curtas. Deus do céu! Que sacanagem com um menino…"

Chris começou a se preocupar. "Calma, já passou, esquece."

"Se encontrar um telefone, vou ligar para a mãe e acertar umas contas com ela… aquelas calças… e aproveitar para resolver o assunto do Pucci também. Será que ele tinha mesmo de ser sacrificado? Tenho minhas dúvidas, se você quer saber. E que diabo de nome para um cachorro, Puccini? Devia haver uma lei contra esses nomes engraçadinhos. E nada de bolinhas de chocolate. Lembra? Todos os meus amigos comendo Cocoa Puffs, Trix e Lucky Charm, o quanto quisessem. E eu? 'Muito doce… Faz mal para os dentes'."

Com o irmão mais velho beirando um ataque psicótico, Chris decidiu fazer o possível para tirar a nuvem negra de cima de mim. "Relaxe, acho que você está mesmo é precisando de um drinque. Caramba, Tony! Deixa de bobagem, agora você pode comer quan tos doces quiser! Passamos por um *supermarché* em Arcachon; podemos voltar lá e comprar uma caixa grande agora mesmo."

"Tudo bem", respondi, voltando ao presente, "acho que na verdade tenho saudade do papai."

"Eu também."

Tomamos o rumo da duna de Pyla, a maior duna de areia da Europa, passeio favorito de outrora. Era fácil enfrentar a subida íngreme com pernas jovens, mas, agora, meu irmão e eu arrastávamos ofegantes nossas botas, enterradas na areia fofa, parando a cada metro para recuperar o fôlego, em meio ao vento e ao frio. Pyla é um monte gigantesco de areia, da altura de um arranha-céu e com quilômetros de extensão, erguendo-se sobre o golfo de Biscaia de um lado e despejando-se sobre uma floresta de pinheiros do outro. Havia fortificações, guaritas e ninhos de metralhadora no alto, mas quando enfim conseguimos chegar até lá, parecia que tudo já tinha desaparecido na areia havia tempos. Ficamos de pé, Chris e eu, com uma nuvem fina de areia soprando pela superfície da duna e entre nossos dentes; olhávamos a água cinza-azulada, os intermináveis pinheiros e arbustos, ansiando por… alguma coisa.

Nosso pai também tinha ido ali quando criança. No hotel, meu irmão havia me mostrado um velho slide em 3D, colorido à mão, tirado provavelmente nos anos 1930 pelo meu tio. Nele aparece o jovem Pierre Bourdain, com oito ou nove anos de idade, bronzeado pelo sol, em pose triunfante sobre a duna, com certeza antegozando a melhor parte da visita a Pyla: a descida pela encosta, em corrida cada vez mais veloz, impulso e gravidade acelerando as pernas, até o tombo de cara no chão, e tudo terminava em uma bola de areia rolando loucamente, sem controle, até lá embaixo. Os pais, preocupados, estariam esperando por ele — como os nossos, anos depois — com o prêmio: um *gaufre* na barraquinha ali perto. Pelo menos foi como imaginei a cena.

"Vamos, Chris!", eu disse, correndo em direção ao precipício. "Aposto que chego primeiro..." Fazendo o maior esforço para acreditar ter ainda dez anos, me lancei no espaço, mergulhei e corri o mais que pude, até cair e rolar. Chris vinha logo atrás.

Não havia nenhuma barraquinha de waffles lá embaixo. Nem sombra de *gaufres*. Só dois mochileiros confusos, com confortáveis botas escandinavas de alpinista, olhando surpresos dois babacas americanos de meia-idade rolarem até seus pés. As barracas de suvenires também estavam fechadas. Nem um Pschitt, uma Orangina, uma Bananya, nem mesmo um *citron pressé* para matar a sede. Silêncio gelado, a não ser pelo farfalhar de alguns pinheiros.

O que é uma ostra senão a comida perfeita? Não precisa de preparo algum, nem de cozimento. Cozinhá-la seria um ultraje. Ela vem com seu próprio molho. Está viva até segundos antes de desaparecer na nossa garganta, e assim sabemos — ou deveríamos saber — que está fresca. No prato, tem a mesma aparência de quando foi criada por Deus: crua, sem enfeites. Um pingo de limão, ou talvez um pouco de molho *mignonette* (vinagre de vinho tinto, pimenta-do-reino quebradinha, umas chalotas picadas bem finas), eis o insulto máximo que se pode cometer contra essa magnífica criatura. É comida, a mais primeva e gloriosa, intocada pelo tempo ou pelo homem. Uma coisa viva, degustada como alimento e como prazer, da mesma forma que nossos antepassados primitivos a consumiam. E as ostras têm, para mim pelo menos, a atração mística adicional de suscitar uma lembrança — a de ter sido a primeira comida a mudar minha vida. Culpo minha primeira ostra por tudo o que fiz em seguida, minha carreira de chef, minha busca por emoções, todos os exageros grotescos em nome do prazer. Tudo culpa daquela ostra. No bom sentido, é claro.

Eram cinco e meia da manhã quando Chris e eu entramos no barco de ostras, com Jerome e Dominique, dois *pêcheurs des huitres* locais. Sua embarcação não era a precária *pinasse* de minha infância. Aqueles dias desapareceram para sempre, explicou Dominique. As *pinasses* que sobraram eram usadas para passeios, levando turistas em piqueniques de um dia. O barco atual era comprido, achatado, sem amuradas — mais apropriado para carregar redes de ostras —, com casa de navegação e um guincho.

Estava uma escuridão profunda na baía quando partimos, Chris e eu nos segurando na cabine de comando, Dominique pilotando, Jerome de navegador. Avançamos cautelosamente até o meio da baía, com o sol começando aos poucos a se anunciar, o céu ficando roxo e negro, entremeado por raios dourados.

As coisas tinham mudado bastante na baía desde a última vez em que eu visitara a minúscula fazenda de ostras de nosso vizinho, monsieur Saint-Jour, em 1965. Naquela época, tivemos de esperar até que a maré baixasse e o barco tocasse o fundo da baía. Uma cerca tosca, feita à mão, delimitava a propriedade. As ostras se espalhavam diretamente no fundo, eram varridas, catadas e escolhidas ali mesmo.

Poucos anos antes, contou Dominique, as ostras tinham morrido, todas elas. A baía foi então repovoada com sementes "japonesas", que se adaptaram bem. Mas não era a primeira vez que acontecia. Originalmente havia ostras nativas na região. Quando elas desapareceram, ostras "portuguesas" caíram ao mar num naufrágio e foram estimuladas a proliferar, com sucesso. Em 1970 morreram misteriosamente. Mas agora tudo estava bem melhor, pois as ostras jovens dali eram exportadas para a Bretanha e várias outras partes, devido às condições de criação favoráveis. Em contrapartida, o número de pescadores independentes, como meu antigo vizinho, tinha diminuído consideravelmente, com umas poucas empresas de porte maior abarcando áreas mais amplas. As temidas leis de regulamentação da União Europeia — que vêm varrendo a produção artesanal e independente por todo o continente — tornaram muito mais difícil a sobrevivência de barcos de um ou dois pescadores.

As fazendas de ostras também pareciam diferentes. Já não é preciso esperar a maré descer totalmente. As ostras agora são selecionadas por tamanho e idade em sacos de rede de trama variada, em plataformas elevadas, pouco abaixo da superfície da água. A rede permite que a água e os nutrientes fluam através das ostras, mantendo a maioria dos predadores afastados. Erguidas do leito do mar e mantidas nesses sacos, é menos provável que sejam danificadas ou rompidas, embora ainda haja uma enorme perda de 25% a 30% de ostras descartadas como imprestáveis.

Dominique encostou o barco ao longo de algumas dezenas de metros de engradados e logo os dois calçaram botas até a cintura e desceram na água gelada. Estavam em mangas de camisa e com luvas de borracha (que logo se encheram de água), parecendo imunes ao frio. Enquanto amontoavam no convés sacos pesadíssimos e gotejantes de pontudos moluscos, fumavam e conversavam banalidades, sem nenhuma pressa aparente de terminar e sair dali. As ostras que eles carregavam eram bem jovens; seriam levadas para a cabana na praia, reclassificadas, reensacadas e, no dia seguinte, devolvidas à água.

Chris e eu estávamos entocados em impermeáveis pesados, suéteres sobrepostos, cachecóis e ceroulas grossas enquanto os dois pescadores falavam alegremente sobre comida: lampreia bordalesa (fora de época agora), entrecôte bordalês (sempre disponível, embora o tutano para o molho fosse cada vez mais difícil de conseguir, tendo de ser comprado da Holanda por causa da doença da vaca louca). Falaram também de foie gras e de suas preferências no quesito ostras. Jerome tinha parentes em San Francisco e experimentara ostras da Costa Oeste lá, mas não as tinha em muita alta conta.

Empilharam sacos úmidos no convés por uma hora mais ou menos, bem apertados e ajeitados, e foram nos mostrar onde as sementes eram desenvolvidas, ali perto. Essa parte do processo não mudara nada. As larvas das ostras, antes de a concha estar totalmente formada, são bastante vulneráveis. Há muito, muito tempo, os pescadores descobriram que essas larvas ficam bem se grudadas na superfície curva de telhas de barro (depois de um processo de purificação com areia desinfetada), dependurando- -se na parte de dentro. As telhas podem ser empilhadas e reempilhadas com facilidade e, no momento certo, raspadas.

A propósito, as ostras são bissexuais, e numa escala jamais sonhada nem mesmo por atores carreiristas. Na realidade mudam de sexo a cada ano; portanto, dizer a uma delas "vá se foder" não ofende em nada. Os machos de um ano qualquer espalham seu esperma para todos os lados na água, uma fértil nuvem ubíqua que engravida todas as fêmeas naquele ano. Imagine a piscina de um clube bastante liberal dos anos 1970. Está vendo aquele gorducho com correntes de ouro no pescoço e rabo de cavalo, lá do outro lado? Ele vai engravidar você. Ou talvez o sósia de Guccione ali no trampolim. E não há como descobrir qual deles será.

Carregados com uns cem quilos de ostras jovens, voltamos ao porto. Dominique e Jerome estão fumando cigarros enrolados por eles mesmos e continuam conversando sobre comida. De volta à cabana, demonstraram o equipamento de limpar ostras, que retirava os sedimentos externos, e o de triagem automática — um arranjo em várias camadas de peneiras, sacolejando sobre uma esteira transportadora e produzindo barulho e vibração infernais, enquanto chacoalhavam as ostras. Havia um tanque de estocagem e limpeza, onde as ostras eram imersas em água pura, filtrada da baía — seus nutrientes permaneciam intactos, mas as impurezas e o limo eram retirados —, ideal para eliminar as impurezas internas. Com o dia de trabalho cumprido, pudemos entrar na cabana para uma prova do produto, umas poucas dúzias de ostras frescas de Arcachon, com uma garrafa de um vinho bordeaux branco seco. Eram oito da manhã.

Em meu livro anterior, descrevi minha experiência seminal com ostras, a minha primeira, provada no *pinasse* de monsieur Saint-Jour. Nunca me esquecerei daquele momento: a concha feia, apavorante, desproporcional, na mão calosa de meu vizinho; o modo como ele a rompeu para mim, ainda pingando a água da baía; a maneira como a luz incidiu sobre a carne pálida cinza-azulada, pulsando; o interior de madrepérola da concha como uma caixinha de joias — a promessa de aventura, liberdade, sexo e de uma felicidade inaudita.

Eu esperava que tudo isso reaflorasse no momento em que engolisse uma das preciosas ostras de Dominique e Jerome. Sabia que estava arriscando bastante, que estava forçando a barra. Era uma ideia tão risível quanto comprar para a namorada não apenas flores, joias, perfume e bombons, mas também o biquíni de Ursula Andress em *007 contra o satânico dr. No* e dizer com todas as letras que é para ser a trepada da sua vida. Dificilmente os acontecimentos corresponderão a sua expectativa. Nem sei o que eu queria: engolir a ostra, desmaiar, cair no chão, começar a chorar de alegria... não sei. Ou melhor, sei, sim. Queria a maldita refeição perfeita. E jurava que seria aquela. Mas minha ostra fresca, recém-retirada da baía, 28 anos depois da primeira, surtiu esse efeito? Ela me transportou para uma versão culinária dos Campos Elíseos, como esperava? Foi a refeição perfeita que eu tanto procurava?

Não. Não mesmo. Nada a ver com as ostras, que tinham o mesmo gosto de antes, marinho, na temperatura certa (ao contrário do que se pensa nos Estados Unidos, as ostras não devem ser enterradas em gelo por horas e servidas em uma temperatura demasiado baixa; pode ser que isso torne mais fácil abri-las, mas diminui o sabor). Eram ostras deliciosas, de qualidade, talvez as melhores. Meu irmão estava ali ao lado, como antes, e eu tinha recriado da melhor maneira possível todos os fatores presentes na cena da juventude. E ainda assim, outra vez, me senti privado da sensação pura de prazer; algo continuava faltando. Entendi que não estava lá por isso, que todo o projeto era uma desculpa, uma pista falsa, e que não era a refeição perfeita que eu estava procurando nas águas de Arcachon, nas ruas vazias de La Teste, no jardim maltratado do número 5 da rua Jules Favre ou na ventania do topo de uma duna em pleno janeiro.

Meu pai, para mim, era um homem misterioso. Ele provavelmente teria adorado ouvir isso, já que se considerava, acho, um homem comum, descomplicado. Embora caloroso, sentimental e apaixonado quando se tratava de literatura, arte, cinema e, em especial, música, suas considerações eram profundas, tão profundas que sempre desconfiei que elas ocultavam sua natureza verdadeira, a de um romântico secretamente desiludido. Uma pessoa tímida, com poucos amigos, que evitava confrontos e grupos maiores de pessoas, detestava terno e gravata, um homem despretensioso, que achava engraçadas a afetação e a hipocrisia e tinha um sentido afiado para o absurdo e a ironia — meu pai encontrava um prazer infantil nas coisas mais simples. Adorava aqueles filmes sobre meninos franceses na escola — lembro-me, em particular, de *Zero de conduta* e *Os incompreendidos*. As crianças mentirosas e dissimuladas, quase delinquentes, personagens de ambos os filmes, provavelmente chegavam bem perto do que ele tinha sido na mesma idade. Apesar de ter sido criado por sua mãe francesa viúva no mesmo bairro em que moro atualmente, não sei quase nada sobre sua vida ali. Não consigo vê-lo brincando com amiguinhos em Riverside Park, bem embaixo da minha janela, como deve ter feito. Nem imaginá-lo saindo do apartamento na avenida Claremont com uma pilha de livros escolares debaixo do braço. Nem na Escola McBurney, de uniforme, gravata e paletó. Tenho ainda um de seus livros de escola: *Emil et les détectives*, em francês, com nazistas abobados e aviões de bombardeio Stuka desenhados por ele nas margens. Era o livro que ele costumava ler para mim, na versão inglesa, assim como lia também *Pequena casa na pradaria*, *Dr. Dolittle* e *Ursinho Pooh*. As vozes que ele fazia para o Bisonho, o Corujão e o Porquinho ficaram na minha memória.

Meu pai servira o exército quando jovem, segundo-sargento na Alemanha do pós-guerra — período de que também não sei nada, apenas que isso deixou nele certo gosto por sotaques alemães "engraçados" e uma impressão permanente de que por trás de todo sotaque alemão havia um segredo de guerra terrível. Ele achava a visão de Mel Brooks sobre os alemães totalmente de acordo com a sua própria, mas as gargalhadas de meu pai disfarçavam, sempre desconfiei, ressentimento e cinismo profundos. Ele deve ter visto algo de muito feio mas fascinante por lá, tenho certeza. Nos últimos anos passou a gostar bastante de romances de espionagem, ácidos e intrincados, como os de John Le Carré e Len Deighton, e adorava filmes como *O espião que saiu do frio*, *O terceiro homem*, *Funeral em Berlim*. E passou a achar que *Dr. Fantástico* era o filme mais engraçado já feito.

Acho que o que eu conhecia dele vinha de saber do que gostava: ficar esticado no sofá, nos dias de folga, ler Jean Larteguy em francês e intermináveis romances de John D. MacDonalds — histórias de aventuras, românticas, meio tristonhas, passadas em ambientes remotos; assistir ao mais recente Kubrick; ouvir nos seus enormes alto-falantes profissionais JBL um disco recém-adquirido; brincar com os controles de seu velho rádio Marantz, ou simplesmente ficar sentado na praia, em Cap Ferret, durante as duas ou três semanas em que conseguia escapar do trabalho na gravadora Columbia e se reunir a nós na França. Ali, comendo *saucisson à l'ail* com pão crocante, bebericando vinho comum, com sua camisa branca felpuda e seus calções de banho de lutador de boxe, mexendo os dedos descalços na areia, era quando parecia mais à vontade. Até mesmo se metia no mar revolto, comigo ou com Chris nos ombros, tentando nos assustar com o poder das ondas.

Quando cansávamos de ficar parados na praia, com Tintins, sanduíches cheios de areia e água Vitel, Chris e eu fugíamos para as dunas de Cap Ferret e construíamos fortes com os abundantes restos de madeira trazidos pelo mar, naquela praia deserta e vasta, algo selvagem ainda, e nos metíamos nos fortins de concreto que os alemães haviam deixado lá, explorando os túneis que conectavam ninhos de metralhadora como tocas de aranhas. Brincávamos de soldado, num campo de batalha real, caçando nazistas mortos que se dizia ainda estarem enterrados sob a areia, e explodíamos bombinhas nos canos de ventilação e nos vãos de escadas carcomidas e cobertas de areia. Um paraíso para crianças, dezenas de sinistras torres cinza espalhadas por toda a vastidão das dunas, afastadas da linha da água de modo a proporcionar campos de fogo contínuos, vigiando aquela longa e agreste orla marítima, uma praia que parecia não ter fim.

Tive a brilhante ideia de alugarmos motonetas e refazermos toda a rota de Arcachon, passando por La Teste e Gujan-Mestras, até chegarmos a Cap Ferret, acompanhando a baía. Tínhamos feito esse percurso muitas vezes, em família, primeiro no velho sedã Rover, depois em Simcas e Renaults alugados. Seria, imaginei, mais fácil e gostoso em motonetas. Poderíamos sentir o cheiro do ar e teríamos, sem janelas ou painéis de instrumentos para obstruir, uma visão melhor das cidades que atravessássemos. Que estivesse gelado e chuviscando não me causou nenhuma impressão negativa, envolvido num delírio como estava. Vestimos as roupas mais adequadas possíveis para enfrentar o frio, empacotamos o tradicional almoço da família Bourdain — *saucissons*, queijo fedorento, baguetes da padaria de La Teste, Vitel, e uma garrafa de bordeaux tinto — e partimos. Chris bateu sua motoneta ainda no estacionamento do hotel, amassando uma placa e caindo sobre ela, ralando boa parte das costas e do ombro. Mas montou de novo na motoneta, desportivamente, e seguiu adiante; o bom senso havia nos abandonado por completo.

Estava frio, um frio de entorpecer. Minha motoneta avançava a uma boa velocidade (sou mais velho, fiquei com a melhor), mas a de Chris se arrastava no máximo a quarenta por hora, tornando bem lento o nosso avanço. Os capacetes eram muito apertados — na pressa de recapturar o passado nem verificamos direito se serviam ou não. Logo minha cabeça parecia carregar uma furadeira atrás do olho direito. A chuva batia na nossa cara, lavava tudo e, mesmo com a pouca velocidade em que íamos, encharcou nossa animação.

Mas fomos avançando pelas vilas isoladas, com seus restaurantes de janelas fechadas e as lojas que tantas vezes vimos na adolescência. Era uma aventura atrevida e heroica, não era? Uma nobre tentativa de reconectar-se com o passado, restabelecer os vínculos, só que burramente planejada para janeiro. O passeio levou cerca de duas horas, talvez mais, devido à necessidade frequente de parar para tirar os capacetes e dar algum alívio aos nossos crânios doloridos. E chegamos, enfim, a um atalho arenoso, dirigimos através de uma estradinha cercada de pinheiros, estacionamos, descemos das motonetas ao lado de uma duna e iniciamos a caminhada de pouco mais de um quilômetro até a praia. Nada havia senão vento, o barulho de nossas botas grossas sobre a areia e o marulho distante das ondas.

"Acho que estou reconhecendo aquilo lá...", Chris falou, apontando para um fortim todo grafitado, a meio caminho entre os pinheiros e a praia, quase invisível em meio às dunas.

"Fazemos o piquenique ali?", sugeri.

"Claro."

Fomos tropeçando pelas dunas, com seus altos e baixos, lentamente vencendo a areia, até chegarmos a um muro alto e sólido de concreto, que escalamos e onde nos sentamos, exatamente no mesmo lugar em que brincávamos quando crianças. Estiquei uma manta e mastigamos em silêncio nosso almoço simples, os dedos das mãos duros de frio no vento marítimo gelado. Os *saucissons* tinham o mesmo sabor; o queijo era bom; o vinho, bebível.

Tirei do bolso uma caixa de traques e no minuto seguinte dois quarentões estavam brincando de soldados, como décadas antes, soltando bombinhas em respiradouros enferrujados, explodindo garrafas vazias, com o estouro idiota das explosões desaparecendo num segundo, levado pelo vento. Ensaiamos um pega-pega por algum tempo em torno do fortim e, quando nos cansamos de explodir coisas — ou, antes, quando as bombinhas se acabaram —, fomos xeretar o interior do fortim, explorando suas escadarias e os labirintos onde tínhamos brincado de Combate e Ratos do Deserto, muitos verões passados.

Depois, corremos desajeitados para a praia, pisando nos detritos que antes significavam tantas possibilidades de construções e de brincadeiras, mas que agora eram só restos secos e tristes de coisas trazidas pelo mar. Ficamos ali, um ao lado do outro, olhando uma onda enorme, sem dizer nada, longo tempo.

"Papai teria gostado", falei.

"Como?", Chris respondeu, retornando de seus próprios pensamentos.

"De todo este plano, de termos voltado aqui, juntos, nós dois. Ele teria gostado de saber disso."

"É...", respondeu meu irmão menor, muito maior que eu agora, e maduro.

"Merda, sinto falta dele."

"Eu também", Chris falou.

Tentei, de verdade, mergulhar de cabeça nessa parte da minha aventura pelo mundo, pensando que tudo ia ser mágico. Que a comida ia ter um sabor especial por causa de todas as lembranças envolvidas. Que eu ia ser mais feliz. E que ia mudar por dentro, voltar ao que tinha sido antes. Mas é impossível voltar a ter dez anos de idade, ou mesmo sentir-se com dez anos de idade. Nem por uma hora, nem por um minuto. Até esse momento, minha viagem tinha um gosto, no máximo, agridoce.

Percebi que não tinha voltado para a França, para aquela praia e para minha velha cidade por causa das ostras. Nem pela sopa de peixes, o *saucisson* ou o *pain raisin*. Que me importava visitar uma casa habitada por estranhos? Ou escalar uma duna? Ou encontrar a refeição perfeita? Eu queria era reencontrar meu pai. E ele não estava lá.

MOTIVOS PARA NÃO FAZER TELEVISÃO:
NÚMERO UM DE UMA SÉRIE

"Enquanto você está no pedaço, vamos aproveitar e dar uma espiada naquele lugar em que fazem foie gras", disseram os gênios criativos da Tevelândia. "Isto é um programa sobre comida, lembra? Tudo bem, toda esta viagem pela memória é legal, mas — cadê a comida? Você adora foie gras, foi o que disse!"

"Claro", respondi.

Sem problema, parecia pedagógico e interessante. Gosto

mesmo de foie gras, até posso dizer que amo a coisa. Fígados inchados de ganso ou de pato, frescos, cozidos levemente em sauterne numa terrine, ou salteados na frigideira com umas poucas fatias de maçã caramelizada, ou com marmelos, uma redução de balsâmico, ou uma grossa fatia gordurosa em cima de uma torrada de brioche. Uma das melhores coisas na face da Terra.

Estávamos bem ao lado da Gasconha, a capital do foie gras, então... vamos lá! Fazer televisão leve e informativa e ainda comer muito foie gras de graça. Não tinha erro.

Na noite anterior, diante das câmeras, tinha pedido e engolido uma péssima porção gigantesca de *tête de veau*, velha de três dias — coisa apavorante, na melhor das hipóteses. Do modo como costumo prepará-la, é um rolinho de fina carne retirada da cabeça do vitelo, separada com precisão do crânio, recheado com molejas e delicadamente fervido num caldo suave, com acompanhamento de legumes cortados com cuidado e uma fatia de língua. É um prazer a ser conquistado, ou melhor, uma textura a ser conquistada. A gordura transparente, a pele do animal, os pedacinhos de bochecha e da glândula timo... leva um tempo para superar a aparência e aproveitar o gosto. Toda essa meleca pegajosa, brilhante e gelatinosa é muito macia e saborosa, ou deveria ser. Acompanhado por uma porção de *sauce ravigote*, ou *gribiche*, o prato é uma celebração triunfante da velha escola de cozinha regional francesa, uma vitória sobre nossos medos e preconceitos. Tornou-se uma de minhas receitas favoritas, e os poucos clientes (franceses, na maioria) que pedem esse prato no Les Halles adoram quando eu o faço. "Ahhh! *Tête de veau!*", festejam. "Tanto tempo que não como isso..." E a minha receita é ótima, sempre recebo bons comentários das vítimas. Como-a eu mesmo, e gosto.

Mas a da noite passada... Em primeiro lugar, ignorei meus próprios conselhos. Perdido na burrice dos devaneios românticos, fechei os olhos para o fato de que por três dias vira o mesmo anúncio escrito a giz nas portas dos açougues de Arcachon: "TÊTE DE VEAU", assim, em letras grandes, com destaque. Significando, ainda mais naquele período, fora de temporada, que a *tête* oferecida no terceiro dia nada mais era do que a que não fora vendida nem no primeiro nem no segundo. O movimento não andava lá essas coisas, e provavelmente não havia uma demanda avassaladora por aquele prato tão especial — e algo peculiar, mesmo na França. Era pouco provável que o estivessem fazendo aos montes, todo dia. Quantas cabeças de vitelo estariam sendo consumidas por semana na cidade? Ou por mês? E pior: violei outra regra pessoal, pedindo um prato pouco popular, uma carne de preparo complicado, com alto potencial de dar errado, um miúdo de boi num restaurante orgulhosamente especializado em frutos do mar — um restaurante de pouco movimento especializado em frutos do mar...

Meu irmão, em geral bastante ousado em se tratando de comida, tinha pedido linguado. Ignorei seu bom exemplo. Durante a refeição ele me olhou como se eu estivesse comendo dedos de um cadáver e bebendo urina. E por qualquer parâmetro de julgamento aquele prato estava mesmo nauseante: malcozido, duro, quase sem carnes de bochecha, com gosto de geladeira, e, pior, recoberto por um desagradável e grosso *sauce gribiche*, numa variação meio maionese, meio molho tártaro, com gemas de ovos. Engoli o que pude, para efeito da filmagem, tentando manter as aparências, e só tarde demais parei e cuspi um "foda-se", tentando me livrar dos restos num guardanapo escondido debaixo da mesa, para não ofender o chef.

Assim, na manhã seguinte, às oito horas, sentindo-me mal por ter comido a pior cabeça da minha vida, me vi de pé num galpão gelado, observando meu anfitrião, monsieur Cabenass, o genial fazendeiro e produtor de foie gras. Ele pegou um tubo bem longo, atado a um funil, que meteu goela abaixo de um pato nada animado e começou a girar o que parecia um moedor de comida, até que uma grande pelota de canjiquinha desapareceu dentro do bico do animal. Tudo isso antes do café da manhã...

O funil parecia chegar até o fundo do estômago do pato. Monsieur Cabenass dava uma sacudida nos patos, prendia-os entre as pernas, sem apertar muito, puxava suas cabeças para trás e continuava a operação. Assistir a essas cenas com um pedaço de cabeça de vitelo ainda engastado na barriga tende a provocar certo regurgitamento. Foi o que deve ter pensado Alan, o operador de câmera; ele ficou verde de repente, saiu correndo pela porta e não foi mais visto pelo restante da manhã.

Embora não me sentisse nada bem, aguentei a longa explicação e todo o processo de demonstração de como se faz para criar e engordar patos e gansos e produzir foie gras. Nada tão cruel quanto imaginara. Os pés dos bichos não são pregados a uma tábua, como se diz. Nem são presos permanentemente a um tubo de alimentação ou entulhados de comida sem parar, como um gato de desenho animado, engasgando e tentando escapar. Na realidade recebem comida duas vezes ao dia, e cada vez menos; proporcionalmente ao peso, menos do que um americano típico ingerindo sua dose matinal de porcarias. Monsieur Cabenass não parecia nenhum sádico impiedoso; ao contrário, demonstrava genuíno carinho pelos animais, e vi vários patos vindo espontaneamente encontrá-lo na "hora do funil". Bastava que esticasse um braço e eles vinham chegando, em nada mais relutantes do que uma criança quando a mãe vem limpar seu nariz escorrendo.

Pegou um pato especialmente gordo e me deixou apalpar a barriga inchada, o fígado morno e protuberante. Ainda não era época da "colheita", embora tenha me exibido fotos, uma seleção delas, dignas de uma campanha de segurança nas estradas, e com o mesmo poder sobre o apetite. Não tenho maiores problemas com sangue e vísceras, mas raramente são minha escolha para as primeiras horas do dia. Muito menos com o som de um operador de câmera acometido de violenta tosse e ânsia de vômito ao fundo. Por isso, quando passamos para a lojinha dos Cabenass, onde a família comercializa seus produtos, eu já não estava me sentindo nada bem.

Para me agradar, madame Cabenass tinha separado uma amostra de conserva de foie gras, mousse de foie gras, *rillettes de canard* e confit, junto com torradas de baguete e uma garrafa de sauterne. Os produtos Cabenass eram de primeiríssima qualidade, dos que ganham prêmios em concursos e degustações, mas prefiro meu foie gras fresco, não em lata nem em conserva ou mousse, e muito menos *"en souvide"*. A bem da verdade, a última "safra" já tinha bastante tempo, e os produtos frescos haviam sido vendidos. Qualquer outro explorador culinário teria ficado encantado. E eu, de fato, gosto de vinho sauterne para acompanhar, mas não às nove da manhã. Além disso, foie gras deve ser apreciado com calma, e não engolido em frente a uma câmera, na manhã fria e cruel do dia seguinte a uma experiência asquerosa com *tête de veau*.

E era um monte de comida. Outra vez, por receio de ofender anfitriões tão gentis, fui engolindo o que passava pela frente, sorrindo, aprovando com a cabeça e mantendo uma conversa (ajudado por meu irmão, imperturbável) no meu francês miserável. A volta para o "ninho de amor" de Norman Bates, em Arcachon, foi a mais longa viagem da minha vida. Alan, que seguia no carro da frente, tinha a cabeça dependurada para fora da janela, dobrada num ângulo esquisito, babando a intervalos regulares, quando passávamos por mais uma encantadora aldeiazinha rural, uma igreja do tempo das Cruzadas ou uma adorável casa de fazenda. Alberto, o assistente de produção que dirigia o carro deles, também começou a passar mal. Meu irmão guiava nosso carro, sentindo-se ótimo e tornando cada curva mais dolorosa para mim; meu estômago começava a dobrar-se e a regurgitar como um incipiente Cracatoa. Aguentei como se minha vida dependesse disso, na esperança de conseguir alcançar a privacidade de meu banheiro de hotel antes da erupção. Consegui por um triz. Passadas cinco horas de uma agonia de doer as costelas, estava deitado, meio delirante, naquele quarto feio, com o cesto de lixo à minha direita, suando e tremendo de frio sob o cobertor sintético rosa, o controle remoto da TV totalmente fora de alcance, caído no chão. Estava até avaliando a possibilidade — ainda que remota — de algum dia voltar a me sentir bem, quando terminou o programa de TV ao qual eu não estava assistindo e anunciaram a próxima atração. Então, todo o horror da França apareceu de um golpe só, em toda a sua excentricidade. Devia ser gozação, não podia ser verdade! Pelo amor de Deus! NÃO! Mas estava acontecendo: uma biografia de noventa minutos, com clipes, da gloriosa carreira daquele herói para os franceses, que recebeu as maiores honrarias do país — Jerry Lewis. A obra completa do grande homem sendo despejada *tout de suite* na tela da minha TV, promessa de mais bombardeio sobre meu cérebro cheio de toxinas, que ia ser exposto agora a uma vida inteira de caretas, sorrisos idiotas e ganidos patéticos.

Foi demais. Tentei, na minha condição enfraquecida, alcançar o controle, mas o sangue fugiu da minha cabeça e a bílis subiu até a garganta, me forçando de volta aos travesseiros, com uma série de vômitos secos. Não tinha jeito de desligar a droga da TV, nem de mudar de canal. E cenas de *O bagunceiro arrumadinho* já apareciam na tela e se insinuavam até meu cérebro debilitado, elevando-me a uma nova dimensão de dor e desconforto. Peguei o telefone e chamei o único membro da equipe que estava bem, Matthew, implorando para que viesse me socorrer, mudando o canal.

"É *O dia em que o palhaço chorou?*", perguntou. "É um clássico desprezado, já me disseram. Nunca foi exibido nos Estados Unidos. Jerry faz o papel de um prisioneiro num campo de concentração. Aquele italiano ganhou um Oscar com essa mesma ideia! Como se chamava? *A vida é bela?* Jerry estava *bem* à frente do seu tempo."

"Por favor… me ajude", gemi. "Estou morrendo, não vou aguentar. Se você não tomar uma atitude logo, vou morrer. Vão ter de mandar Bobby Flay para filmar o programa no Camboja. Quer ver Bobby Flay de sarongue?"

Matthew pensou um pouco. "Já vou aí."

E, de fato, chegou num instante, com sua câmera ligada. Ficou de pé na cama, para conseguir um bom equilíbrio de cores da minha cara lívida. Filmou e filmou, enquanto o quarto girava e balançava em volta de mim, indo e vindo, e Jerry em *O terror das mulheres*. Matthew fez closes da minha cara implorando, cortava para o controle remoto fora de alcance, afastando-se lentamente da razão do meu tormento, mostrava a distância entre minha mão e o controle, enquanto eu grunhia, pedia, ameaçava. Finalmente, quando me entregou o aparelho, permitindo que pusesse um fim piedoso a uma cena de *O professor aloprado*, a obra-prima de Jerry, eu ainda o ouvi dizendo: "Ouro, cara! Ouro puro da comédia!".

Não faça televisão. Nunca.

A ferida

De volta a Nova York para o jantar de Natal, troca de presentes, despertar correndo e cair na máquina infernal outra vez: Nova York a Frankfurt, Frankfurt a Cingapura, Cingapura a cidade de Ho Chi Minh, outra maratona de voos sem poder fumar, meu círculo pessoal do inferno, sentado ao lado do homem mais fedorento do mundo, as turbinas com seu ruído monótono fazendo-me pedir um pouco de turbulência, qualquer coisa que rompa o tédio; a chatura, o sentimento terrível de que estou num estado irreversível de animação suspensa. Há algo tão caro e ao mesmo tempo tão humilhante quanto voo longo na classe turística? Olhe para nós! Arrumados em fileiras de dez, como cartas de baralho, com olhos inchados e fixos voltados para a frente, pernas e joelhos retorcidos, pescoços curvados em ângulos extravagantes, ansiosos — sim, ansiosos — pela chegada do carrinho do rango. Aquele odor conhecido de copinho plástico cheio de café queimado, as bandejinhas minúsculas de comida requentada, que causariam uma rebelião numa penitenciária. Ah, não! Outro filme com Sandra Bullock, outro com Bruce Willis. Se eu vir Helen Hunt apertando os olhos na minha direção outra vez, numa tela enfumaçada de avião, juro que abro a porta de emergência. Ser sugado para o ar rarefeito seria menos doloroso. Preciso de alguma diversão, algo que me distraia da terrível necessidade de nicotina: fico encarando o monte de esterco humano que ronca do outro lado do corredor estreito, imaginando que, se olhar com bastante força, posso fazê-lo explodir.

A esta altura já conheço todos os setores para fumantes de todos os aeroportos do mundo. Encontro companheiros de aflição fumando rapidinho a uns cinco metros do portão de embarque em Frankfurt. Em Cingapura as opções são duas, dois salões para fumantes: uma espécie de aquário com cheiro nauseante, no meio do enorme shopping, ou uma área ao ar livre, onde sempre se encontra um grupo interessante de aventureiros asiáticos. Ficam ali sentados, no calor e na umidade sufocantes, acariciando latinhas de cerveja e tragando a fumaça de seus cigarros junto com a dos aviões, na luz ofuscante do amanhecer. Os sotaques são australianos, neozelandeses, britânicos, franceses, holandeses. Todos estão bêbados, vermelhos, exaustos. Cada maleta de viagem carrega histórias de longos períodos longe de casa.

Aeroporto Tan Son Nhut. Cidade de Ho Chi Minh. Que todo mundo ainda chama de Saigon. Cigarros podem ser acesos no minuto em que se desce do avião. O próprio fiscal da alfândega tem uma guimba dependurada na boca. De cara gostei do Vietnã. A última batalha de verdade da Guerra do Vietnã (que eles chamam de Guerra Americana) foi travada aqui mesmo, nestas pistas e nestes saguões. Barracas de campanha americanas enfileiram-se ainda ao longo das pistas de decolagem. Você viu os filmes. Você leu os livros. Preciso descrever o soco de calor que atinge o estômago, logo que se apanha a bagagem e se atravessa a porta de vidro? A parede de gente esperando do lado de fora? Saigon. Nunca pensei que viveria para visitá-la.

* * *

Acordo às três da manhã, meu peito palpitando no quarto gelado e úmido. Estou no décimo andar do New World Hotel. Um novo pesadelo violento e perturbador me fez suar sob os cobertores. Deve ter sido o remédio contra a malária. Não há outra explicação para os pesadelos coloridos e tão vivos que tenho desde que cheguei. Ainda sinto o cheiro de sangue e óleo de motor, os pesadelos vêm com efeitos especiais; sinto até texturas, tremores, vibrações. Dessa vez eu estava num carro descontrolado, correndo feito louco, saindo da estrada e rolando ladeira abaixo. Pude me sentir batendo contra as portas e janelas, amassando o painel da frente. Pude ouvir o vidro se quebrando, o para-brisa se estilhaçando em um desenho de caquinhos.

Quando acordei, meus braços estavam doloridos da tensão de tentar me proteger contra a colisão. Sem perceber passei a mão pelos cabelos para livrá-los de pedaços imaginários de vidro moído.

Talvez tenha sido o vinho de cobras.

Naquela mesma noite, mais cedo, tinha ido visitar madame Dai em seu minúsculo escritório de advocacia transformado em *café/salon*. E depois dos rolinhos primavera, dos ninhos de macarrão de arroz e da carne envolta em folhas de menta mergulhadas em *huac nam*, ela perguntou no seu francês perfeito, com um tom elegante, se eu gostaria de um *digestif*. Respondi que sim, claro que sim, encantado pela pequena mas imponente senhora vietnamita, toda vestida de negro — uma ex-devoradora de homens, se isso existe. Enquanto ela sumia na cozinha, fiquei olhando displicentemente as fotos de seus amigos espalhadas pelas paredes: Pierre Trudeau, o papa, o chefe do Comitê Central, François Mitterrand, diversos correspondentes de guerra, ex-amantes, uma foto dela mesma, nos anos 1940, jovem e totalmente Mulher Dragão, num elegante *ao dai*. Quando madame Dai voltou, trazia uma grande jarra de vidro cheia de cobras — um único passarinho com bico e penas, emaranhado em cobras e metido em cristalino vinho de arroz.

Ainda sinto o gosto...

Estou acordado? Dormindo? Saigon inteira tem uma aura de sonho para mim. Vagueando pela rua Dong Khoi, antiga *rue* Catinat, afastando-me do rio, passo pelo Majestic, viro na esquina e deparo com o Hotel Continental, o Caravelle, o magnífico Rex; vou navegando por um mar de bicicletas, motonetas e motos, até uma rua estreita, onde no meio de caixinhas empoeiradas, sapatos usados, moedas estrangeiras, relógios quebrados, piteiras e coleiras de cachorro distingo velhos isqueiros Zippo (dos dois tipos, falsificados e autênticos), com inscrições comoventes de seus donos originais:

VIETNÃ

Chu Lai 69-70

Sempre de fogo ou sempre chapado,

Cumpri um ano. Volto para casa.

Logo acho outro e, sentindo-me um violador de tumbas, leio a sincera comemoração de um jovem pelo ano passado longe de casa:

HUE

DA NANG

QUI NHON

BIEN HOA

SAIGON

E, do outro lado, o pedido:

Quando eu morrer, me enterrem com a cara no chão.
Assim todo mundo pode beijar meu rabo.

Talvez você não saiba, mas a cidade leva o nome de um cozinheiro. Ho Chi Minh era excelente cozinheiro, com formação clássica. Antes de participar da fundação do Partido Comunista do Vietnã, trabalhou no Hotel Carlton de Paris, para ninguém menos que *ele* em pessoa: Auguste Escoffier. Dizem que era um dos pupilos favoritos do velho. Primeiro foi *saucier* no hotel, depois cozinheiro num transatlântico e finalmente *pâtissier* na Parker House, em Boston. Era — tirando o lado comuna — um de nós, queiramos ou não; um cara que passou horas de pé em cozinhas movimentadas de restaurantes e hotéis, que saiu das fileiras da velha escola — um profissional. E ainda assim encontrou tempo para viajar com zilhões de nomes falsos, escrever manifestos, flertar com chineses e russos, engabelar os franceses, lutar contra os japoneses (com o auxílio dos americanos, aliás), vencer os franceses, ajudar a criar uma nação, perder essa mesma nação e organizar uma guerrilha bem-sucedida contra os Estados Unidos. O comunismo pode ser uma merda, mas o velho tio Ho era um sujeito interessante.

E aqui estou, onde o sonho dele termina: no décimo andar do New World Hotel, um arranha-céu super-refrigerado, estilo mausoléu, no centro da cidade, com uma piscina na cobertura, isolada contra o ruído e a poluição da cidade. Sorvendo um uísque na beira da piscina, veem-se entre treliças de flores (ainda que os arquitetos tenham feito de tudo para encobrir a visão com a folhagem) os blocos de apartamentos caindo aos pedaços do Paraíso dos Trabalhadores, onde velhas descalças vivem com menos de um dólar por dia.

No New World você sai do inferno calorento das ruas e mergulha no saguão imenso e majestoso, passa pelas vistosas propagandas contendo ofertas da casa para férias e feriados, atravessa o bar, onde uma banda vietnamita (Trio Ultrajante) toca canções de Barry Manilow à perfeição; sobe pelos silenciosos elevadores até a "ala executiva" ou até os equipamentos de ginástica, de golfe ou a quadra de tênis. Pode-se também sentar no solário do décimo andar, degustando uma cerveja 333 (pronúncia: *bababá*) ou mastigando um queijo Stilton com uma miniatura de vinho do Porto do frigobar, enquanto se acaricia o Zippo do soldado morto.

Serão os medicamentos preventivos contra a malária que andei tomando, para enfrentar o delta do Mekong e o Camboja, que andam bagunçando meus sonhos? Ou o vinho de cobras? Ou o fato de estar no Vietnã dos meus sonhos — dos nossos sonhos? Foi o vigarista do Nixon que chamou tudo o que fizemos aqui — todo o desperdício, morte, loucura, o legado de cinismo ainda vigente que nos infligimos — de "nosso longo pesadelo nacional"? Em Saigon, caminhando pelas ruas, é bem difícil separar realidade e fantasia, o pesadelo do desejo, um monte de imagens de vídeo e filmes enterrados profundamente em nossos córtices cerebrais. O ventilador no teto, em *Apocalipse Now*, os helicópteros vindo em câmera lenta com seu *vuptvuptvuptvupt*... a menina correndo com a carne descolando dos braços por causa do napalm... os monges se autoimolando em fogo... o tiro à queima-roupa na cabeça... aquela selva luxuriante que enlouqueceu gerações de místicos, loucos, estrategistas e tecnocratas. Os franceses, os americanos, arrasados durante décadas por camponeses baixotes de pijama preto que se arrastavam por lindas plantações de arroz, conduzindo búfalos. E, no entanto, tudo sempre pareceu tão bonito e tão... inescrutável.

Acordo de outro pesadelo. Ainda pior que o anterior. Testemunhava uma execução. Quase posso sentir o cheiro de pólvora e a fumaça das armas. Leio um pouco, me sentindo culpado e nauseado, com medo de voltar a dormir. Estou relendo *O americano tranquilo*, de Graham Greene, pela quinta vez. É seu livro sobre o Vietnã, ambientado nos primeiros tempos da aventura francesa na Indochina. Dizem que boa parte foi escrita enquanto ele estava hospedado no Hotel Continental, um pouco mais adiante, nesta mesma rua. Um livro lindo, triste de partir o coração. Mas não está ajudando em nada a melhorar meu estado mental, cada vez mais próximo da piração. Preciso sair deste quarto. Mesmo com o ar-condicionado ligado, está tudo úmido. O vapor condensa-se nos vidros. O carpete está molhado e tem um cheiro azedo. Os lençóis estão empapados. Minhas roupas, encharcadas. Até o dinheiro está molhado — uma pilha de *dongs* sem valor amontoa-se úmida e mole sobre a mesa de cabeceira. Saio em direção ao mercado de Ben Thanh, umas doze quadras adiante.

Caminho em meio a coelhos trêmulos, galinhas cacarejantes, ratos silvestres com tremedeira. Passo por açougues com balconistas sentados de cócoras e descalços sobre os estrados de cortar carne, comendo calmamente de tigelas lascadas. O cheiro é pesado, narcótico: durião, jaca, frutos do mar, *huac nam* — o tempero onipresente para peixe, favorito em todo o Sudeste Asiático. No meio do mercado, não bastassem tantas verduras, carnes, peixes, aves vivas, joias, remédios de curandeiro, secos e molhados, ainda há uma área ampla de bancas oferecendo artigos frescos inacreditáveis, num arranjo psicodélico, um arco-íris de coisas cheirosas e apetitosas. Meu estado de espírito começa a melhorar imediatamente. Tudo é de cor brilhante, crocante, exótico, irreconhecível e atraente. Quero de tudo! Sem mais, sinto-me feliz, exuberante, delirante de fome e curiosidade. Maníaco-depressivo em fase entusiasmada, no topo do universo.

Sento-me num balcão branco e limpo, com um monte de vietnamitas, e peço um prato de *pho*, uma sopa de macarrão muito picante, com ingredientes variados. Nem sei qual *pho* estou pedindo, mas todos têm boa cara, e apenas aponto para o que a moça ao meu lado está comendo. Algo melhor para comer neste planeta que um prato bem-preparado de *pho*? Não sei dizer. Poucas coisas chegam perto. É a soma de tudo, um caldo quente e translúcido, cheio de pedaços de carne de caranguejo, rosa e branca, macarrão de arroz, broto de feijão e coentro fresco picado. Foi o que me serviram. Um pratinho de condimentos vem a seguir: umas rodelas de limão, pimenta-do-reino moída, que transformo numa pasta, seguindo os gestos de meus companheiros de mesa, misturando gotas de limão à pimenta e mexendo com os pauzinhos. Um prato de *huac nam*, outro de óleo de peixe apimentado, algumas pimentas vermelhas picadas. O dono me passa uma toalhinha gelada envolta em plástico, que espremo até retirar todo o ar, como fazem os outros, e depois aperto até estourar. Aplausos incentivam-me. Esse barulho, o *pop pop pop* de saquinhos plásticos estourando, é a batida de fundo de Saigon. Em todo lugar se escuta. A toalha é fria, limpa e refrescante, para higienizar as mãos e aliviar o calor. O *pho* está delicioso, picante, quente, complexo, refinado e absurdamente simples. O frescor dos ingredientes e suas texturas e cores contrastantes, bem como a forma sofisticada de apresentá-los, são surpreendentes e tornam a experiência perfeita. O dono sorri para mim mesmo antes que eu coloque um pouquinho na boca. Ele sabe que está ótimo. Devoro meu prato, tomo por cima um copinho plástico de suco de lichia e pago com alguns poucos *dongs* úmidos.

Num impulso irresistível de provar de tudo o que está à vista, vou pulando de barraca em barraca, como uma bola de fliperama faminta. Uma mulher se curva sob uma porta, com uma wok de óleo fervente sobre carvões em brasa, em que está fritando uns passarinhos minúsculos, com cabeça, asas e pés intactos, suas entranhas explodindo amarelas para fora de barriguinhas douradas na fritura. Parece bom. O cheiro é bom. Compro um, seguro-o pelos pés, com a mulher sorridente me estimulando, mostrando que estou fazendo certo. Engulo tudo, pés, miolo, ossinhos crocantes, tudo. Delicioso. E, mais uma vez, tão fresco. Tudo, em toda parte, sempre fresquíssimo. Sem uma única geladeira à vista.

Outra mulher me aborda e oferece uma talhada de jaca. Aceito e tento dar-lhe dinheiro em troca. Mas ela recusa e fica só me observando, sorrindo ao me ver comer. Adoro. Estou adorando tudo, de verdade. Noutra barraca peço um rolinho primavera, observo o proprietário enrolando camarões em pedaços, recém-cozidos, hortelã, manjericão, raiz de lótus e broto de alfafa em massa de arroz. Peço em seguida um kebab de camarões, uma espécie de massa de camarão grelhado num espeto de cana-de-açúcar. Aqui é o paraíso da comida. Em todas as barracas há *banh* dependurados, bolinhos de arroz triangulares com carne de porco, amarrados cuidadosamente dentro de folhas de bananeira, envoltos de forma criativa e intrincada, fazendo lembrar os salames e os queijos que pendem de barracas parecidas, nos mercados italianos. Experimento alguns. Acachapantes. Há comida por todo lado, dentro e fora do mercado, pela rua; qualquer um que não esteja vendendo ou cozinhando está comendo, de cócoras ou encostado nas paredes, no chão e na calçada, mergulhando em algo que parece sempre delicioso.

Saio do mercado e rumo a um dos inúmeros cafés, abrindo caminho entre uma onda de motos e motonetas, passando por montes de vendedores de rua, homens e mulheres que carregam samburás, uma panela de *pho* dependurada numa ponta, utensílios e ingredientes na outra. Tudo que vejo quero pôr na boca. Qualquer panelinha de sopa ou de macarrão fervendo sobre um fogo de gravetos contém comida mais fresca e de melhor aparência que qualquer coisa num mercado de Nova York.

Sentado num tamborete de plástico baixo, a pouco mais de

trinta centímetros do chão, peço um café. Sinto-me sem fôlego por causa do calor crescente, da umidade e dos muitos cheiros deliciosos, intoxicantes, que vêm de todos os lados ao mesmo tempo. Uma xícara vazia de café e um coador amassado sobre um suporte de lata chegam à minha mesa capenga. O líquido é coado lentamente, gota a gota, para o receptáculo abaixo. Quando termina sirvo o café na minha xícara e experimento um golinho. Simplesmente o melhor café que já tomei: espesso, rico, forte, e denso, como aquele final de uma taça de chocolate quente. Sou fisgado de imediato. A dona do lugar, uma velha sem dentes, tem outra sugestão. Vem com nova xícara de café, dessa vez trazendo um copo alto com gelo e uma lata de leite condensado. Quando o café terminou de ser filtrado ela o verteu no copo com gelo, e vê-lo se misturando pouco a pouco com o leite lá embaixo é um processo hipnotizante, gostoso de ver e mais ainda de beber. À medida que o café escuro se insinua pelas pedras de gelo e espalha veios compridos no leite branco, sinto que o Vietnã faz o mesmo no meu cérebro. Estou apaixonado. Absolutamente doido por esse país e por tudo que há nele. Quero ficar para sempre.

Onde pode haver mulheres mais lindas? Conduzindo suas motonetas em apertados *ao dais* de seda branca, calças de seda preta por baixo, com aberturas até o topo das coxas, luvas de conduzir estendendo-se além dos cotovelos, máscaras cirúrgicas brancas cobrindo os rostos, óculos escuros bem grandes e chapéus de palha cônicos. Não se vê um único centímetro de pele e estou totalmente apaixonado por elas. Sentado no meu banquinho, tomando meu café gelado e observando-as, sinto uma pontada de dor pelo herói de Graham Greene em *O americano tranquilo*, numa paixão sem esperança por uma jovem vietnamita que jamais lhe retribuirá a afeição na mesma moeda. É, de certo modo, um paradigma para toda a experiência americana acontecida aqui. Pobre Lyndon Johnson, balançando a cabeça sem entender como aquele baixinho do tio Ho podia recusar uma barragem e uma hidrelétrica no delta do rio Vermelho, tão necessárias, em troca do sonho de unidade do país. Todos aqueles boinas-verdes bem-intencionados do início da guerra, os lordes Jims em botão, pregadores de conflitos, oficiais idealistas da CIA, especialistas em ajuda, médicos e mercenários, todos machucados, feridos, sem entender direito por que aquele povo se recusava a amá-los como acreditavam que mereciam ser amados. Compensamos a dor de cotovelo depois, mandando os fuzileiros.

Fico sentado ali por muito tempo, bebendo café gelado e cheirando escapamento de moto, baguetes recém-assadas (são deliciosas), incenso queimado, um bafo ocasional do rio Saigon, pensando em minha primeira noite na cidade e em madame Dai.

"*Les Français*", assim ela começou a lista de todos os regimes sob os quais vivera, "*les Japonais, les Français — encore! — puis les Américains, le président Diem, les Américains, Thieu, les communistes.*" E sorria, dando de ombros, com um olhar cético para meu tradutor, Linh, que, como madame Dai bem sabia, teria de relatar a conversa a um sinistro "Comitê do povo". "O *président* Thieu quis me prender", continuou, "mas não pôde. Eu era muito... *populaire*. Sua corja disse a ele que eu me tornaria uma heroína na cadeia." Primeira advogada no Vietnã sob o governo sul-vietnamita (que agora é chamado de "regime de fantoches"), ela teve sua atividade legal impedida quando o Vietnã do Norte ocupou a cidade. Depois foi autorizada a reabrir o escritório como um café, que ainda funciona em seu bolorento escritório de advocacia, as paredes cobertas por livros de Direito, lembranças e fotos de dias melhores. Madame Dai pertence a uma espécie de conselho consultivo do governo, explicou, razão provável de terem autorizado minha visita. E ainda recebe dignitários vindos do Ocidente.

"Adoro flertar com o comunismo", afirma, rindo e provocando Linh, "Governo da Reconciliação Nacional", debocha, "reconciliar o quê? Eu nunca tive ódio!"

Para os convidados, na maioria do Ocidente, oferece a escolha entre dois cardápios: francês ou vietnamita. Eu não tinha vindo até ali para comer *escargots à bourguignonne*; assim, escolhi o vietnamita. Madame Dai deslizou para uma cozinha na parte de trás, onde um pequeno número de leais assistentes estava preparando uma degustação de *ban phong tom* (camarões crocantes), *goi sen* (salada de lótus com frango e camarão), *cha goi zoua* (rolinhos primavera fritos), *ba la lop* (carne envolta em folhas de menta), *con duoung chau* (arroz saigonês, com porco, ovo e ervilhas), *mang cua* (sopa de aspargos), uma salada de abacaxi, pepinos e hortelã e lombo assado na brasa. A refeição terminou com *crème caramel*, um lembrete inócuo e delicioso dos tempos coloniais. Madame Dai foi educada na França e conduziu a conversa para memórias prazerosas de cassoulets, *choucroutes, confit de canard*, adorando a simples oportunidade de poder voltar a pronunciar tais palavras, depois de tanto tempo. De vez em quando parava, punha um dedo nos lábios e batia na mesa: "*Les meecrophones*", sussurrava, assegurando-se de que o coitado do Linh — que não fala francês e não estava gostando que o fizéssemos — escutasse cada palavra. "Sou da CIA?", ela perguntou com sarcasmo. "*Non*, digo a eles. Sou da KGB!" As duas siglas fizeram Linh aprumar-se na cadeira, com alarme indisfarçável. Se há alguém que os vietnamitas odeiam são os russos. Parece que depois da guerra um monte de seus "assessores" e técnicos rodou pelo país como conquistadores, arrogando-se a vitória na guerra, em nome dos vietnamitas. Eram grossos. Falavam alto. Eram — se diz — mesquinhos nas gorjetas. "Adoro flertar com o comunismo", repetiu ela. E me pegou numa velha piada vietnamita, popular nos anos 1970, na época da "reeducação".

"De que religião você é?", perguntou.

"Ahn… de nenhuma", eu disse, claramente a resposta certa para prosseguir na brincadeira.

"Oh!", veio a exclamação tomada de falso horror: "Você é vietcongue!".

Até Linh riu junto. Já conhecia a piada. E por fim deixamos madame Dai em frente a seu café, uma figura minúscula, de vestido preto e meias pretas, varrendo uns pedacinhos de lixo com uma vassoura de palha.

Quando finalmente saio do mercado, as ruas estão escuras; passo por alguns quarteirões em que não se vê uma única lâmpada elétrica — só fachadas escuras de lojas e *coms* (lanchonetes de fast food), estabelecimentos do tamanho de armários de vassouras que servem peixe, carne e arroz por menos de um dólar, velas tremeluzentes mal revelando silhuetas de pessoas sentadas. A quantidade de bicicletas, motocicletas e motonetas transformou-se numa torrente ininterrupta, um rio que, à menor chance, desvia-se em meio ao tráfego de veículos, detendo-o, e se espalha por afluentes que inundam passeios, estacionamentos e postos de gasolina. Espremem-se por espaços minúsculos entre os carros: jovens e suas namoradas na garupa; famílias de quatro pessoas: papai, mamãe, bebê e vovó, todos numa motoneta frágil e instável, sem potência alguma; três sujeitos com as compras do dia empilhadas num para-lama traseiro; mulheres carregando "buquês" de galinhas desesperadas, levadas pelos pés, o filho caçula dirigindo e um bebê equilibrado no guidão. Motocicletas carregam móveis, estepes, lenha, toras de madeira, blocos de tijolo, caixas de sapatos. Nada é grande demais para ser carregado numa bicicleta, seja empilhado ou atado a ela. Homens sozinhos com roupas esfrangalhadas sentam-se à beira das ruas vendendo combustível em garrafas pequenas de refrigerante, oferecendo remendos para as câmaras de ar e velhas bombas de encher pneu.

Na manhã seguinte, estou de volta ao mercado, onde tomo um café da manhã saudável, *hot vin lon*, que é basicamente um embrião de pato ainda na casca, cozido de forma delicada, pedaços de matéria crocante escura e um bico ainda em formação misturado com a gema malcozida e a clara translúcida. Como, mas não acho o máximo. Não vai substituir os *byalis* na minha mesa matinal. Ouço pela primeira vez o que se tornará um refrão comum no Vietnã, em especial quando se experimenta algo novo, que pouquíssimo tempo antes jamais se imaginaria pôr na boca. Enquanto giro a colher pelo interior da casca, raspando os últimos pedacinhos de gosma e penas, um homem sentado a meu lado vê o que estou comendo. Sorri e comenta: "Deixa você forte!". Embora ele não acrescente nenhum gesto grosseiro à afirmação, entendo que *hot vin lon* é uma provável garantia de ereção iminente e de muitos, muitos filhos. Acalmo meu estômago — que não se sentiu especialmente feliz depois do desjejum fetal — com uma saborosa tigela de *chao muk*, sopa feita com gengibre, broto de feijão, coentro, camarão, lula, chalotas e chouriço de sangue de porco, guarnecida por croûtons fritos. Desce muito bem e, depois de uma 333 matinal, começo a atravessar a rua, até que me param.

Já estava acostumado aos amputados, às vítimas do agente laranja, aos famintos, pobres, garotos de rua de seis anos de idade que você encontra às três da madrugada gritando "Feliz Ano-Novo! Olá! Bye-bye!" em inglês, e depois aponta para suas bocas e faz "bum bum"? Estou ficando quase indiferente aos garotos famintos, sem pernas, sem braços, cobertos de cicatrizes, desesperançados, dormindo no chão, em triciclos, na beirada do rio. Mas não estava preparado para o homem sem camisa, com um corte de cabelo à la forma de pudim, que me detém na saída do mercado, estendendo a mão.

No passado, ele sofreu queimaduras e tornou-se uma figura humana quase irreconhecível, a pele transformada numa imensa cicatriz sob a coroa de cabelos pretos. Da cintura para cima (e sabe Deus até onde), a pele é uma cicatriz só; ele não tem lábios, nem nariz, nem sobrancelha. Suas orelhas são como betume, como se tivesse mergulhado e moldado num alto-forno, sendo retirado pouco antes de derreter por completo. Mexe seus dentes como uma abóbora de Halloween, mas não emite um único som através do que foi, um dia, uma boca.

Sinto um murro no estômago. Minha animação exuberante dos dias e horas anteriores desmorona. Fico paralisado, piscando e pensando na palavra *napalm*, que oprime cada batida do meu coração. De repente nada mais é divertido. Sinto vergonha. Como pude vir até esta cidade, até este país por razões tão fúteis, cheio de entusiasmo por algo tão... sem sentido, como sabores, texturas, culinária? A família daquele homem deve ter sido pulverizada, ele mesmo transformado num boneco desgraçado, como um modelo de cera de madame Tussaud, a pele escorrendo como vela pingando. O que estou fazendo aqui? Escrevendo um livro de merda? Sobre comida? Fazendo um programinha leve e inútil de TV, um showzinho de bosta? A ficha caiu de uma vez e fiquei me desprezando, odiando o que faço e o fato de estar ali. Imobilizado, piscando nervosamente e suando frio, sinto que todo mundo na rua está me observando, que irradio culpa e desconforto, que qualquer passante vai associar os ferimentos daquele homem a mim e ao meu país. Dou uma espiada nos outros turistas ocidentais que vagueiam por ali com suas bermudas da Banana Republic e suas camisas polo da Land's End, suas confortáveis sandálias Weejun e Birkenstock, e sinto um desejo irracional de assassiná-los. Parecem malignos, comedores de carniça. O Zippo com a inscrição pesa no meu bolso, deixou de ser engraçado, virou uma coisa tão pouco divertida quanto a cabeça encolhida de um amigo morto. Tudo o que comer terá gosto de cinzas daqui para a frente. Fodam-se os livros. Foda-se a televisão.

Nem mesmo consigo dar algum dinheiro ao coitado. Tenho as mãos trêmulas, estou inutilizado, tomado pela paranoia. Volto correndo ao quarto refrigerado do New World Hotel, me enrosco na cama ainda desfeita, fico olhando para o teto com os olhos cheios de lágrimas, incapaz de digerir ou entender o que presenciei e impotente para fazer qualquer coisa a respeito. Não saio nem como nada pelas 24 horas seguintes. A equipe de TV acha que estou tendo um colapso nervoso.

Saigon... Ainda em Saigon.

O que vim fazer no Vietnã?

Meninos para um lado, meninas para o outro

Nas ruas vazias da *parte vieja* de San Sebastián quase nenhum som se ouvia. Só o toque-toque das minhas botas batendo nos paralelepípedos e ecoando em prédios de quatrocentos anos. Era muito tarde da noite. Luis Irizar e eu levávamos comida pela escuridão.

Luis é a figura principal da Escuela de Cocina Luis Irizar; a escola que leva seu nome; é o *capo*, talvez mesmo um *consigliere* no vasto submundo culinário da cidade. Se não fosse de madrugada e as ruas não estivessem tão vazias, haveria transeuntes acenando para ele, lojistas chamando-o pelo nome, antigos alunos vindo abraçá-lo, apertar-lhe a mão, cumprimentá-lo carinhosamente. Qualquer um que lide com comida em San Sebastián conhece o Luis. Àquela hora da noite, estávamos indo para uma instituição típica dessa cidade maluca por comida, o Gaztelubide, uma confraria exclusivamente masculina, uma dentre muitas das sociedades gastronômicas existentes ali. Se comida é sua paixão, San Sebastián tem de tudo para satisfazê-la: uma fé inabalável nas próprias tradições e nos produtos regionais, uma certeza quase religiosa de possuir a melhor culinária da Espanha, uma língua e uma cultura que remontam — literalmente — à Idade da Pedra. E mais estrelas per capita no Guia Michelin que qualquer lugar do mundo.

Para os que vivem lá, San Sebastián nem mesmo fica na Espanha. Fica no País Basco, aquela área meio indefinida, famosa pela independência, que abrange uma parte do sudoeste da França e do norte da Espanha, onde as placas de rua são em basco (montes de nomes com tês e xis e poucas vogais), e ai daquele que, de maneira por demais odiosa, reverencia qualquer outra cultura. Há uma turma da pesada que se autodenomina ETA — e que faz o IRA parecer os Mosqueteiros. Mexa com eles por sua conta e risco. Enquanto a maioria dos bascos desaprova carros--bomba e assassinatos, o interesse pela independência e autodeterminação permanece a um milímetro da superfície. Raspe um pouquinho e ele aparece.

Eu não estava preocupado com atentados e sequestros. Sabia desde muito tempo que nacionalismos à beira da militância explícita frequentemente são acompanhados por cozinheiros orgulhosos e montes de boas coisas para comer. San Sebastián é o melhor exemplo desse estado de espírito. Boa comida, bons restaurantes, muita bebida e… "Me deixe em paz!". Nada mau para um chef viajante faminto e no início de sua busca pela refeição perfeita.

Luis e eu entramos no Gaztelubide com nossos suprimentos. Atravessamos um refeitório largo e comprido, cheio de mesas e bancos de madeira, e entramos numa cozinha profissional de bom tamanho, lotada de homens vestindo avental. Os homens trabalhavam atentamente em projetos culinários individuais, os fogões totalmente ocupados com panelas fervilhando e potes chiando, enquanto uns poucos observadores bebiam vinho tinto e sidra fresca no refeitório e no vestiário dos fundos.

Eu me senti deslocado. Primeiro, por ser pelo menos quinze anos mais jovem que qualquer um dos presentes. Aquela sociedade não abria vagas para novos membros fazia anos. Segundo, todos aqueles cozinheiros (exceto Luis) eram amadores — o oposto de profissionais —, gente que cozinha por amor, por puro entusiasmo e prazer. Terceiro, havia a questão do "só para homens", uma expressão que na minha experiência associa-se em geral a cabines de striptease e que tais, ou pior: futebol no telão! Para mim, uma noite com os "rapazes" — a não ser que sejam chefs, é claro — tangencia perigosamente as brigas de boteco, muita cerveja, mijadas na rua e vômito em recipientes inapropriados. Sem a civilizatória perspectiva feminina, muitos homens juntos acabam falando, por alguma força gravitacional horrenda, em resultados esportivos, carros, trepadas e quem tem o pinto maior. Desses assuntos já ouvi o suficiente em 28 anos de cozinha.

A filha de Luis, Virginia, também diretora da escola de cozinha, tinha me garantido o contrário, dizendo que seria muito divertido. "Vá", disse, "e amanhã à noite você sai com as garotas."

Pois então lá estava eu no santuário dos machos, colocando um avental para ajudar Luis, que começava a preparar um prato tradicional basco. Um copo de sidra numa mão, uma vasilha de *bacalao* demolhando na outra. "Você enxuga o bacalhau com a toalha, assim…", ele falou, mostrando-me como queria que eu fizesse. Secou um pedaço grosso de bacalhau e levou-o direto à chama do queimador do fogão.

"Em seguida, faz assim…"

Nenhuma dúvida sobre quem estava no comando. Luis me passou uma frigideira pesada, colocou um pouco de azeite e levou-a ao fogo. Quando o óleo estava bem quente, selei os pedaços do peixe, rapidamente, dos dois lados.

Estávamos fazendo *bacalao al pilpil*, das mais antigas receitas bascas que se pode encontrar. Depois de colocar os pedaços de peixe ao lado, eu os cobri com mais azeite fervente. Então, passando para uma bancada e valendo-me de uma panela de barro, segui o exemplo de Luis e fui mexendo lentamente os pedaços, num gentil movimento no sentido horário, até que a albumina natural solta pelo peixe se misturasse totalmente ao azeite, criando uma emulsão grossa e leitosa. Bem no finalzinho, Luis acrescentou um pouco de *piperade*, uma mistura que serve para tudo — à base de tomates, pimentões e cebolas —, dando ao molho um toque rosa-escuro e vermelho e um aroma convidativo e picante.

"Mantenha isso morno", ele disse, enquanto equilibrava a tigela entre duas panelas de caldo fervente.

Em seguida, *cocoches*: bochechas salgadas de merluza, marinadas em leite, e depois temperadas, passadas na farinha e no ovo, e fritas até ficarem crocantes e douradas. Luis guiou-me nos preparativos, enquanto fritava lagostins envoltos em presunto cru, tostando-os levemente. Alguém sempre voltava a encher meu copo de sidra e me passava taças de *txakaoli*, uma espécie de vinho branco-esverdeado, similar ao vinho verde. Comecei a sentir aquela gostosa intoxicação, um sentimento artificial de bem-estar e autoestima crescentes, tão propício ao desfrute de uma ótima refeição. Um ex-aluno de Luis se reuniu a nós, musculoso e sociável; viera explicar a política de bebidas da confraria: beba quanto quiser, dentro do código de honra. No final da noite, conte suas garrafas, preencha um papelzinho com o estrago e deixe o dinheiro numa caçarola que fica suspensa no bar, sem ninguém vigiando.

A comida quase pronta, fomos para uma mesa. Luis trouxe uns cálices e encheu um com *patxaran*, o fatal brandy local, feito de frutas silvestres e anis. Com a garrafa meio metro acima do cálice, ele se serviu, piscou, brindou em basco: "*Osassuna!*" e esvaziou o conteúdo de um só gole. Eu estava começando a entender do que se tratava. Em pouco tempo, estávamos mergulhados em *patxa-*

ran e felizes com nossa comida. As bochechas eram magníficas; o *pilpil*, servido à temperatura do sangue humano, surpreendentemente adocicado e sutilmente temperado; a emulsão de *piperade* e azeite era um contraponto agradável ao bacalhau salgado, muito mais delicado do que eu esperava. Os lagostins estavam perfeitos, e a adição surpresa de um *salpicón* de cogumelos, envolto numa espécie de *vol-au-vent* de massa de arroz — acho que contribuição de outro cozinheiro —, uma maravilha.

Todos os pratos dos outros cozinheiros pareciam ter ficado prontos simultaneamente, e logo as mesas se encheram de homens gordotes, bochechudos, que devoravam animadamente suas criações; os aventais respingados, uma ruidosa mistura de talheres batendo e exclamações de "*Osassuna!*" pontuando tudo.

Na nossa mesa a coisa ia bem, e visitantes das outras passavam para dizer alô para mim, para Luis e para seu ex-aluno. Os assuntos iam das exatas fronteiras do território basco (o amigo de Luis dizia que era tudo, de Bordeaux a Madri, onde houvesse boas coisas para comer) à aversão incompreensível aos cogumelos, partilhada por boa parte dos espanhóis não bascos. Luis dizia que os bascos — e não Colombo — descobriram a América. E, quando retruquei que amigos portugueses postulavam a mesma coisa, ele sacudiu a mão e explicou. "Os bascos são pescadores. Sempre fomos pescadores. Mas também somos um país pequeno. Quando achávamos bacalhau ficávamos calados. E na América encontramos muito bacalhau. Por que contar aos portugueses? Eles roubariam tudo, e nós ficaríamos sem nada." Tudo ia bem no grande salão, uma multidão de felizes comensais falando numa mistura de espanhol e basco, tinir de cristais, brindes intermináveis.

Mas, então, algo estranho aconteceu.

Um velho, bem velho, que era chamado de "el niño" (o menino) pela sua idade avançada, sentou-se a um piano tão antigo quanto ele e começou a martelar o que deveria ser a introdução à atração da noite. Comecei a suar frio. Meu mais terrível pesadelo é estar preso numa ilha com um grupo de cantores de cabaré e só cigarros mentolados para fumar. Condenado a uma eternidade de Andrew Lloyd Webber e pot-pourris de opereta. Um cara de avental imundo levantou-se e atacou uma canção, com impressionante voz de tenor. Tudo bem, pensei, ópera, posso aguentar um pouco de ópera. Tive de ouvir desse troço quando era criança, agora deve dar para suportar melhor.

Só que não estava preparado para o refrão. De repente todos começaram a bater os punhos fechados nas mesas, levantando-se e sentando-se em uníssono, alternando-se nos versos do refrão. Foi a coisa mais esquisita que vi em muito tempo. Era meio apavorante. Depois, um por um dos presentes — tenores, barítonos — se levantava para um solo, cantado a plenos pulmões e com toda a emoção. Seguiu-se um cômico e amedrontador dueto de dois fulanos do tamanho de lenhadores, um fazendo a parte masculina e o outro a feminina, num *falsetto* de assustar, mas afinado, com todos os gestos e expressões apropriados. Nunca vira algo tão sincero, agoniante, provocativo ou rasgado em matéria de interpretação, tais a dor, o tormento e o sofrimento representados. Aqueles homens sabiam cozinhar. Bebiam heroicamente. E cada desgraçado ainda sabia cantar como profissional. Posso jurar que eles praticavam — e bastante.

No momento em que comecei a temer que fôssemos acabar em trajes menores, travando uma guerra de toalhas na sauna, o ambiente mudou para nacionalista. Fim da ópera. Agora hinos bascos patrióticos, pregando a independência, marchas sobre batalhas ganhas e perdidas, homenagens em altos brados a heróis mortos, promessas vagas de ocupar as ruas no futuro. Os homens estavam todos perfilados, duas fileiras de punhos levantados, mantendo o ritmo, batendo os pés, gritando em triunfo.

Mais alguns cálices de *patxaran*, e eu mesmo atacaria as barricadas. Aquilo foi se tornando mais alto e animado (e minha mesa mais molhada de tantos murros e tanta bebida derramada) conforme a noite avançava. O exército de garrafas vazias perto de mim foi aumentando de uma patrulha para um pelotão, ameaçando tornar-se uma divisão completa.

"Isto não acontece em Nova York", consegui dizer a Luis.

E não me lembro de mais nada.

Acordei no Hotel Londres y Angleterre, um dos muitos edifícios vitorianos da avenida costeira de San Sebastián, toda em estilo inglês, cuja curva acompanha a linda baía em forma de concha. Será que descrevo os castelos, as fortificações e as igrejas dos tempos das Cruzadas? As inimitáveis e lindas fachadas dos prédios, os intrincados trabalhos em ferro, o velho carrossel, os museus? Bobagem, isso é coisa para os guias de viagem. Basta saber que a cidade é bela, e não à maneira opressiva de, digamos, Florença, em que dá medo sair do quarto porque você pode quebrar algo. Bela e moderna, sofisticada, urbana, com todas as conveniências contemporâneas sutilmente ensanduichadas em velhas construções. Um grande número de franceses passa as férias ali; portanto, há toda uma série de lojas chiques, barzinhos estilo brasserie, confeitarias, clubes noturnos, bares, cibercafés e caixas automáticos, tudo o que se espera de cidades maiores. E há também botecos caseiros de sidra, bares de tapas, lojinhas de badulaques locais e as esperadas feiras livres. Como San Sebastián ainda é espanhola, há o benefício adicional de fazer parte de uma sociedade que recentemente se livrou de uma ditadura. Se você procura gente que leva uma vida dura e adora se divertir, pode ter certeza de que a Espanha é o destino ideal. Durante a ditadura de Franco, a língua basca era proibida — falá-la ou escrevê-la podia dar cadeia —, mas agora ela está em toda parte, é ensinada nas escolas, usada nas ruas. Os partidários do ETA, como os de qualquer grupo separatista, são pródigos em grafitar; assim, há algo de Belfast nos muros, parques e playgrounds. A diferença é que, do outro lado da rua, a comida é estrelada.

Com uma ressaca incapacitante, me arrastei do hotel para a *parte vieja* em busca de uma cura, admirando alguns surfistas que conseguiam belas ondas ao longo da baía.

Chocolate e churros. Uma xícara, quase uma tigela, de chocolate quente, cremoso, escuro e espesso, servida com um prato de tiras de massa bem frita. Churros são uma espécie de *flippers*: massa doce espremida num saco de confeiteiro, com bico em forma de estrela, colocada em óleo muito quente e frita até o dourado-escuro; depois, vão sendo empilhados, passados no açúcar e mergulhados no chocolate. A combinação de chocolate, açúcar, massa quente e gordura é o desjejum perfeito para um quase alcoólatra. Na metade da xícara, minha dor de cabeça tinha desaparecido e minha visão de mundo, melhorado sensivelmente. E eu precisava mesmo ficar bom logo, pois suspeitava ter outra noitada pela frente. Eu conhecia aquele olhar de Virginia quando dissera "sair com as garotas". Um olhar que fez meu sangue gelar de lembranças antigas. Vassar, 1973. Eu era parte da diminuta minoria de alunos homens da escola, vivendo num mundinho verde gerido por e para mulheres. Tinha me cabido, como sempre, um grupo de carnívoras ultraintelectualizadas, cheiradoras de pó, maníaco-depressivas e drogadas de todo tipo, a maioria delas um pouco mais velha mas bem mais experiente que eu, com meus dezessete aninhos. Sentado toda manhã no refeitório da faculdade e, mais tarde, no bar adjacente, com oito ou dez dessas mulheres ao mesmo tempo, aprendi a duras penas que as mulheres nada ficam devendo aos homens no quesito "mau comportamento", em particular quando estão em grupo. Elas bebiam mais que eu. Falavam de coisas que até a mim faziam corar. Davam notas para a performance sexual do parceiro conquistado na noite anterior, numa escala de um a dez. E marcavam no livreto *Bem-vindo a Vassar*, que trazia a foto dos calouros, as caras de suas escolhas, como uma gangue dividindo a pilhagem.

Eu estava com medo. Muito medo.

Assim, quando cheguei à escola de culinária de Luis e deparei com o grupo de mulheres me esperando, Virginia e Visi (também chef) à frente, e três outras companheiras, vi seus rostos brilhando de más intenções. E o perigo era ainda maior, pois havia levado minha mulher comigo. Nancy é uma mulher com enorme potencial para confusão. Intuí que a aventura de tipo "clube do Bolinha" da noite anterior tinha sido um passeio à Disneylândia perto do que me aguardava. Íamos mergulhar num *poteo*, o que se pode chamar de maratona de bares. Em essência o *poteo* funciona da seguinte maneira: pula-se de um bar de tapas para outro, comendo os *pinchos* (o nome local para as porções) que cada um tem de melhor, bebendo bastante *txacolí* e vinho tinto. Entre, coma o que é bom ali, só o que é bom, e caia fora para outro local.

A equipe de TV nos acompanhava, bisbilhotando tudo, à medida que avançávamos pela *parte vieja*, e eu mantinha um olhar atento e desconfiado sobre Nancy, sabendo que ela odiava fazer parte de um programa de TV, odiava estar perto de uma câmera e já tinha implicado seriamente com o produtor por me manter ocupado boa parte do dia, fazendo "tomadas extras": eu, andando de um lado para o outro e fingindo estar tendo pensamentos profundos. Tudo isso enquanto ela fritava, esquecida, num quarto de hotel. Se o produtor a puxasse para fora de mais uma cena, ela acabaria socando o sujeito no pescoço. Eu já a tinha visto empregar aquele soco uma vez — numa mulher, simpática demais, num bar do Caribe. Ela se postara atrás de mim, recuara em preparação para o golpe e desfechara o petardo na criatura bem maior do que ela, dois bancos adiante, atingindo em cheio a carótida. A mulher desabou como um saco de batatas. Não pretendia ver aquela cena se repetir. Medi Matthew, o produtor, enquanto ele andava de costas no escuro, e avaliei que não haveria disputa. Nancy podia acabar com ele com uma mão nas costas. E além de tudo havia as aliadas. Pois ela estava justamente se queixando com Virginia, Visi e com as amigas delas, bem atrás de mim. Pude ouvir o riso e a solidariedade feminina em ação. Se a coisa degenerasse em violência, eu iria embora e deixaria Matthew entregue à própria sorte. Ainda estava puto com aquela história do Jerry Lewis.

As garotas — que era como elas mesmas se chamavam — eram todas mulheres muito atraentes e independentes, nos seus trinta anos, solteiras assumidas e totalmente sem neuroses a respeito de sexo. Quando um dos câmeras perguntou a uma delas se gostava de dançar, ela deu de ombros e respondeu: "Gosto de trepar". E não era um convite, só uma declaração. Apesar de as possibilidades de violência ainda não estarem totalmente dissipadas, senti-me relativamente à vontade, entre amigos, pois aquelas garotas agiam como... cozinheiros.

É preciso experiência para navegar pelos bares de tapas de San Sebastián da maneira como fizemos naquela noite. Há todo tipo de tentações. Difícil não se entupir de saída, não ficar bêbado logo e perder o melhor no meio da tonteira. Nossa primeira parada foi um bom exemplo: Ganbara — um bar pequeno e semicircular, sem lugares para sentar e espaço para umas vinte pessoas de pé, acotoveladas. Apresentada de maneira a tirar o fôlego, num balcão branquíssimo de mármore, uma enlouquecedora variedade de petiscos: anchovinhas alvas brilhando no azeite, salada de polvinhos grelhados, pimentões vermelhos e amarelos assados, bolinhos de bacalhau, azeitonas marinadas, lagostins, presuntos pata negra, serrano e Bayonne, fatiados finíssimos, com suas cores indo do rosa ao vermelho-intenso. *Chilis* recheados, lulas, empadões, empanadas, espetinhos, saladas. E a mais fabulosa porção de cogumelos selvagens frescos: lindos *chanterelles* de tons amarelados, *cépes* cor de terra, porcini, morels, trombetas da morte. Os cozinheiros os preparavam conforme os pedidos, em frigideiras negras, e o aroma espraiava-se por todo o local. Visi me deteve antes que eu desembestasse a comer de tudo, e confabulou com os cozinheiros um pouco, enquanto nos serviam vinho tinto para beber. Pouco depois me entregaram uma pungente porção de cogumelos variados, muito quentes, marrons, dourados, negros, amarelos, com uma única gema de ovo crua em cima. Depois de um brinde, meti o garfo naquilo, misturando a gema com os funghi e comi. Única descrição possível: já podia morrer. Um daqueles raros momentos em que, se de repente levasse um tiro, perceberia em meus últimos momentos de consciência que tinha levado uma vida plena e satisfatória e que, ao menos nos instantes derradeiros, tinha comido bem, muito bem, que dificilmente poderia ter comido algo melhor. Estaria pronto para morrer. Tal estado de devaneio gustativo foi interrompido por mais vinho, um pratinho de hipnóticos filhotes de polvo e umas poucas anchovas com aparência sexy. Me confundi com o que pareciam tiras de abobrinha frita; uma mordida e descobri deliciosos aspargos brancos — quase desmaiei de surpresa.

"Vamos embora", ordenou uma das garotas, sem que eu pudesse desviar o olhar daquela fileira de presuntos. "Nossa próxima parada é famosa por seus empadões de peixe." Éramos seis, caminhando lado a lado pelas vielas de pedra, as garotas rindo e brincando — já amicíssimas de minha mulher, que não fala espanhol e menos ainda basco. Fiquei me sentindo parte da gangue de Jesse James. No bar seguinte fui reconhecido pelo ex-aluno de Luis, que já ia entrando quando avaliou a companhia de foras da lei do Velho Oeste que me acompanhava, viu-se em minoria e foi embora.

"Aqui o negócio são os pratos quentes, os empadões de peixe, tudo feito na cozinha. Não há nada no balcão, está vendo? É tudo feito na hora." Bebemos mais vinho tinto enquanto esperávamos pela comida. E logo eu estava escavando um leve e quente bolinho de bacalhau, cebolas e pimentões, passado sobre farinha de pão e seguido por *morro*, uma posta de carne feita na brasa e servida com um *demiglacé* perfeitamente preparado. Sim, é isto, pensava. Esta é a maneira certa de viver. Perfeita para minha natureza inconstante. Já me via fazendo a ronda de tapas com meus amigos chefs em Nova York, de bar em bar, comendo e bebendo, bebendo e comendo, atacando um lugar depois do outro. Se pelo menos houvesse um bairro de tapas em Nova York... A simples ideia de precisar tomar um táxi entre os locais já acabava com o *poteo*. E a ideia de sentar-se à mesa para os *pinchos*, com garçom, guardanapos, um tempo demorado, estragava tudo.

Outro boteco, e outro, o vinho tinto fluindo, as garotas mais soltas e mais falantes. Não sei como traduzir "Xiii, lá vem encrenca", mas com certeza escutamos isso cada vez que nosso grupo tropeçava bar adentro, em lugares cada vez mais apertados. Lembro-me de anchovas marinadas em azeite, tomate, cebolas e salsa. De anchovas curtidas, anchovas fritas, anchovas grelhadas, sardinhas fritas, um festival de peixinhos saborosos. Mais vinho, mais brindes. Também me lembro de atravessar aos tropeços uma velha praça que fora um dia arena de touradas, com prédios de apartamentos cercando o espaço vazio. E passamos por velhas igrejas, subindo e descendo degraus de pedra, perdidos num redemoinho de comida.

No San Telino, um lugar mais moderno, para uma clientela de maior poder aquisitivo (dentro de um prédio muito, mas muito velho), encontrei uma espécie de *"nouvelle" pinchos*. Logo que entramos serviram vinho e me deram um pedaço espetacular de foie gras salteado com cogumelos e — glória das glórias — uma única lula recheada com *boudin noir*. Quase me deitei sobre o prato para protegê-la, sem querer dividir.

Mais vinho. E mais ainda.

As mulheres mantinham o frescor da aparência; eu me sentia acordando num prédio prestes a ruir, a sala começando a se inclinar. A essa altura estava falando espanhol de cozinha com entonação mexicana — no meu caso, um claro sinal de que estava bêbado, e as garotas mal tinham começado.

Mais alguns lugares e eu finalmente daria por encerrada a noitada. Não sei bem como, havíamos passado para a tequila. Tinha visto um baseado circular pelo bar, havia uma fileira de copinhos prontos para beber e Nancy olhava para uma das câmeras como se fosse usá-la como objeto contundente. Hora de partir. Se você cair no chão, inconsciente, dificilmente seus anfitriões guardarão uma boa impressão sua.

Muitas vezes é bacana ser chef. Ser um chef bem conhecido é melhor ainda — mesmo quando a fama vem de coisas sem qualquer relação com a habilidade na cozinha. Há certas vantagens. Mas bom mesmo é estar com um chef conhecido, antigo residente do lugar em que se vai comer, pois isso é garantia de tratamento especial num restaurante bom e fino. Ninguém come melhor em bons restaurantes do que os colegas do chef. Principalmente quando se tem a sorte grande de se sentar à mesa dele, bem no meio da cozinha, atacando um menu de degustação do melhor restaurante da Espanha, um três-estrelas do Guia Michelin.

Pois era aí que eu estava, bebendo de uma garrafa gigante de Krug, na cozinha de Arzak, um templo familiar de culto à *nouvelle basque* nos arredores de San Sebastián. O melhor restaurante da cidade — todo mundo que encontrei me assegurou sem piscar. O que, é claro, significava tratar-se do melhor restaurante de toda a Espanha e, por consequência, do mundo. Não vou insistir no item "quem é melhor". Basta dizer que foi uma experiência basca perfeita, única e memorável. Sim, eu sei, tem aquele outro lugar, em que servem espuma de água do mar e em que as sobremesas parecem ovos de Fabergé. Mas não fui lá e por isso não posso oferecer uma opinião abalizada, embora me contente em esnobá-lo por princípio.

O chef e proprietário Juan Mari Arzak fez parte do mítico "Grupo dos Dez", dos primórdios da nouvelle cuisine francesa. Inspirado no pioneirismo de franceses como Troisgros, Bocuse, Vergé, Guérard e outros, Arzak e alguns companheiros decidiram mexer nos elementos e preparos tradicionais da cozinha basca e daí partiram para refiná-la, eliminando qualquer excesso, redundância ou tolice e corrigindo equívocos. Pegou um lugar tradicional e querido — o restaurante da família — e transformou-o num ponto de peregrinação para gourmets sérios de toda a Europa, num centro de experimentação de ponta. Qualquer turnê de chef que se preze tinha de fazer uma parada ali. E ele conseguiu tudo isso sem ceder nada, nunca virando as costas para a tradição basca e suas raízes culinárias.

Luis e Juan Mari se saudaram como dois velhos guerreiros. Fomos introduzidos na cozinha de imaculados azulejos brancos como se entrássemos em sua casa, e nos sentamos à mesa, enquanto sua filha, Elena, assumia a cozinha. Desculpe, Elena — e Juan Mari —, mas preciso contar que, quando voltei a Nova York e falei dessa refeição numa mesa cheia de chefs estrelados, todos perguntaram: "Elena estava lá?", e, diante da resposta afirmativa, veio um "Ooohhh meu Deus..." uníssono. Não há nada mais sexy para um chef que uma mulher jovem, supertalentosa, vestida com o uniforme branco, com marcas de queimaduras e bolhas nas mãos e nos pulsos. Então, Elena, se você ler isto algum dia, saiba que a milhares de quilômetros daí, numa mesa cheia de nova-iorquinos estrelados, todos ficaram alterados e enamorados pela simples menção de seu nome.

Num inglês quase perfeito, Elena nos guiou por todos os itens do cardápio, desculpando-se sem necessidade pelo sotaque. A entrada foi ravióli de abóbora em molho de tinta de lula, em infusão de pimentão vermelho. Depois pequenos canapés com purê de linguiça basca e mel. Um diminuto pratinho de iogurte de leite de cabra com foie gras, quase obsceno de tão bom. Como todos os meus chefs favoritos, os Arzaks não se metem com extravagâncias e coisas sem sentido. As montagens ressaltavam a qualidade de cada prato, sem jamais encobrir os ingredientes principais. O que era basco sempre ganhava destaque, a todo momento me lembrando de onde eu estava. Havia caranguejo com caviar de berinjela, azeite, salsa. Então veio uma coisa de alarmante inteligência, mas de criação simples, algo que nunca havia comido e de que jamais ouvira falar: um ovo de pata fresco, inteiro, gema e clara intactas, retiradas da casca com cuidado extremo, envolvidas em plástico com azeite trufado e gordura de pato, e delicada e rapidamente pocheadas, antes de serem desembrulhadas e servidas com uma cobertura de cogumelos *duxelles* e um crocante de linguiça seca. Era um desses pratos que, absolutamente impressionantes e deliciosos, me fazem sentir minúsculo, recriminando-me por jamais ter pensado em coisa semelhante. Comê-lo foi uma experiência agridoce, por me trazer à mente a certeza de minhas escolhas equivocadas e de minhas deficiências. Como tinham chegado àquilo? Será que a ideia surgira como a teoria da relatividade para Einstein: em sonhos? O que veio primeiro? O ovo? A gordura de pato? Era tão bom. Doía comê-lo.

Mas não terminou aí. Uma torta de vegetais com castanhas, aspargos brancos, o mais tenro *bok choy* e cogumelos selvagens.

Perca do mar com molho de alho-poró, um molho de vegetais verdes frescos e a guarnição de uma única vieira impecável. Pato selvagem, assado em seus próprios sucos, o caldo gorduroso e desafiador escorrendo à vontade pelo prato. Um consommé de pato com tomates grelhados. Foi uma das melhores refeições que já fiz. Num daqueles momentos do tipo "se melhorar, estraga", apareceu um cinzeiro, permitindo-me saborear um cigarro depois de comer numa cozinha de três estrelas! A vida é bela.

Ouvir Luis Irizar e Juan Mari Arzak discutindo culinária, as coisas que tinham conseguido, era como escutar dois velhos bolcheviques relembrando a tomada do Palácio de Inverno. Invejei o fato de serem tão bons no que faziam e estarem tão solidamente plantados numa cultura, num lugar, numa tradição étnico-culinária, cercados por uma infinidade de produtos excelentes e pela clientela certa para apreciar tudo aquilo ao máximo. Tais vantagens teriam feito diferença para mim, mudado minha trajetória? Me tornado um chef melhor, um cozinheiro melhor?

Como já disse outro americano que escreveu sobre a Espanha: "não é um lindo pensamento?".

Como beber vodca

Protegido do frio na pequena plataforma entre vagões, no fundo da primeira classe do trem noturno de Moscou para São Petersburgo, eu observava o suave tremor que sacudia o samovar de prata com chá quente, os suportes prateados para taças e os cristais feitos à mão. A neve se acumulava em montinhos estreitos no chão e nos vidros, enquanto eu fumava.

Era fevereiro, no mais frio e nevado inverno em cem anos na Rússia. Lá fora, na vastidão gelada das fazendas e fábricas abandonadas, pessoas morriam aos montes, pois o óleo para aquecimento estava em falta e o presidente Pútin ameaçava um grupo de governadores locais com prisão e punição por terem se descuidado do abastecimento. No noticiário aparecia um estudante americano preso por porte de maconha; as acusações de súbito — e com exagero — aumentaram para espionagem. Um coronel russo, processado por estupro e assassinato, tendo contra si as provas da medicina legal e o testemunho de seus oficiais, pedia abrandamento da pena e ganhava apoio considerável da velha guarda comunista de linha dura.

Do lado de fora da janela de minha aconchegante cabine com fechaduras triplas, apenas quilômetros e quilômetros de floresta de bétulas, plantações cobertas de neve e lagos congelados, que apareciam e sumiam em segundos. Até então a Rússia vinha sendo exatamente o que eu esperara.

Era a Rússia de meus sonhos e fantasias adolescentes que eu procurava: escura, nevada, fria, um lugar de beleza melancólica e romântica, de tristeza e nonsense. Tudo em Moscou, os minaretes e as cúpulas em forma de cebola, brancos de neve, os muros altos de tijolos vermelhos do Kremlin, a fachada portentosa e deprimente da loja de departamentos GUM, as lajotas com neve pisoteada da Praça Vermelha, tudo tinha a exata aparência que eu queria que tivesse. O quartel-general da KGB, a Lubyanka, onde ficava a conhecida prisão em que um sem-número de vítimas de Stálin haviam sido torturadas, perseguidas, interrogadas e finalmente despachadas com um só tiro de revólver na nuca, parecia agora curiosamente emasculada, sem a estátua de Dzerjinsky vigiando a praça. Agora existiam máquinas de jogo nas estações de metrô, cassinos por toda parte, redes de prostituição e placas de rua patrocinadas por empresas ocidentais — PRAÇA GÓRKI, CORTESIA DOS AMIGOS DA PHILIP MORRIS! —, mas ainda parecia a Rússia de minha imaginação fervilhante: espionagem, traições, informantes e contatos secretos. Era o lugar em que Kim Philby, Donald MacLean e Guy Burgess tinham passado seus dias num mimado limbo. O epicentro, o marco zero de toda a maldade do mundo (de acordo com minha professora do jardim de infância e com boa parte dos americanos de direita) quando eu era criança, encolhendo-me embaixo da carteira durante os exercícios e simulações. A razão ou justificativa para toda a maluquice de memória já distante que se seguiu: a crise dos mísseis em Cuba, o abrigo antinuclear dos meus vizinhos, o Vietnã, John Kennedy, a CIA, Johnson, Nixon, todos os santos de pau oco e os bichos-

-papões da minha adolescência. Cresci acreditando que o Apocalipse podia vir a qualquer momento, e meu país — ou o medo que se tinha dele, o modo como reagia à ameaça — me radicalizou, alienou e marginalizou de uma maneira que ainda me afeta. E houve o "Dimitri", meu primeiro e mais importante mentor e parceiro no negócio de restaurantes. O primeiro profissional que encontrei apaixonado de fato pelo ofício de cozinhar, um cara que cozinhava até em seus dias de folga. Romântico, curioso, culto, piegas, amigável, mercurial, foi meu primeiro contato com o coração pulsante e a alma sombria e atormentada dos russos. Enquanto o trem arfava neve adentro, eu ansiava por um encontro mais profundo com essa alma. Queria borscht, *zakuski*, caviar, pão preto e vodca. Queria um chapéu pesado de pele e neve nas botas.

Um punho pouco protegido explodiu no nariz de um bobalhão fora de forma com cabelos à escovinha, amassando-o com um som repelente e úmido: *póf*. O grandalhão na jaula caiu de costas no tablado, com o sangue espalhando-se pelo rosto, escorrendo do queixo para o peito. Seu oponente, um rapaz de musculatura bem malhada, usando calções desbotados e meias de lutador, não hesitou: enfiou o joelho duas vezes no fígado do homem caído e passou a socá-lo na lateral da cabeça, sem piedade, com as duas mãos.

O clima no ambiente era contido mas festivo, uma espécie de reunião de colegas de escritório. Mulheres bem-vestidas, com saias curtíssimas e blusas cavadas nas costas, observavam de suas mesas, sem nenhuma expressão nos rostos cobertos de cuidadosa maquiagem. A seu lado, os respectivos acompanhantes, a maioria do tipo que os russos descrevem como "cabeça-chata" — grandes, beirando o enorme, músculos assustadores sobressaindo debaixo de ternos elegantes, cenhos franzidos, corte escovinha e olhos de predadores subaquáticos. Bebericavam e conversavam entre si, quase ignorando as mulheres. O local? Vou chamá-lo "Clube Malibu" (tenho amigos que ainda moram na Rússia). Uma moderna casa noturna/discoteca/restaurante, negra e cromada, erguida dentro de um velho edifício, modelo brega-chique, idos de 1985 (como o China Club), com luzes embutidas, globos brilhantes, muito barulho e roupas bacanas. Eu estava sentado ao lado do ringue, num banco alto estofado de couro, com um cara mais velho, com os cabelos pelos ombros e um daqueles bonés de jeans que Freddie Prinze poderia ter usado. Ele não falava uma única palavra de inglês, nem eu de russo. Parece que era um conhecido cantor e compositor, que dividia a mesa VIP comigo, próxima o suficiente do ringue para receber respingos de sangue. Eu estava na mesa VIP por ter querido dar uma olhada no que meus amigos russos chamam sarcasticamente de "os novos russos" — os sucessores dos velhos russos, loucos, maus e muito perigosos de se conhecer. Na nova Rússia tudo é possível. E nada é certo.

Foram necessários alguns arranjos para que a noitada acontecesse, e um monte de negociações bastante diplomáticas e discretas. Depois de um encontro tarde da noite com um intermediário mal-encarado mas prestativo, e muita conversa mole com paus-mandados, "Gregor" enfim aparecera para um encontro à meia-noite, trazendo um álbum de fotos. Consumidas algumas doses de vodca e *zakuski*, ele me mostrou com orgulho a coleção de fotografias em que aparecia cercado por cavalheiros de pescoços grossos e armas automáticas, nus da cintura para cima em algumas fotos, exibindo costas e peitos com tatuagens de catedrais, minaretes e letras cirílicas. Ao ouvir que meus assistentes pretendiam gravar em vídeo o que acontecesse, ficou animado, assegurando que, se quiséssemos fazer uma superprodução hollywoodiana em São Petersburgo ou Moscou, ele cuidaria da "segurança", evitando que tivéssemos de enfrentar "problemas ou burocracia". Já tinha feito aquilo antes, gabou-se, nomeando duas recentes filmagens. Olhei com atenção para as fotos, jurando que jamais irritaria algum daqueles caras.

O Clube Malibu estava situado atrás da Nevsky Prospekt em São Petersburgo, fácil de achar pela quantidade de Jaguares, BMWs, Porsches e Mercedes brilhantes estacionados logo em frente, em local proibido. Depois de passar por um detector de metais e uma revista exagerada e meio atrevida — além de perguntas grunhidas em russo —, seguida por uma conversa sussurrada ao telefone, fui conduzido por uma escada recoberta por um espesso carpete, vibrando ao som de música tecno altíssima. Na antessala do salão principal, onde logo ia acontecer a atração da noite, a Luta Livre Extrema sem Regras com Brutalidade Absurda numa Jaula, Gregor veio me receber como um velho amigo, dando-me um grande abraço exibicionista e beijos nas duas bochechas, antes de, com deferência, me levar à mesa reservada para mim. As demonstrações de amizade e intimidade eram necessárias, soube depois, para que eu fosse bem recebido ali. Estava usando minha melhor roupa de mafioso: jaqueta de couro negro com mangas que iam até as pontas dos dedos, camisa de seda preta, gravata de seda preta, calças pretas, sapatos pretos bicudos, gel nos cabelos à la Frankie Avalon tardio, fazendo o possível para parecer alguém que pudesse ser apresentado como "um amigo nosso de Nova York".

Por duas horas fiquei sentado bebendo vodca e degustando caviar com blinis, assistindo à violência mais ultrajante, horrível e sem sentido que já presenciara. A plateia bem-vestida, parte dela aparentemente em muda conivência com alguns dos lutadores (vi pelo menos duas ruidosas quedas simuladas), consistia em uma mistura de "cabeças-chatas" e senhores mais velhos e distintos, acompanhados em geral por mulheres invariavelmente loiras, ostentando maçãs do rosto protuberantes e longas pernas, com seios espetaculares e olhos gélidos. Quando um dos lutadores levou uma cotovelada na cara e começou a soltar uma gosma sangrenta pelos lábios, me lembrei, enquanto olhava em volta, dos meninos do campo em Portugal, durante a matança do porco. As mulheres fitavam a carnificina nojenta com olhares vazios.

Um pobre brutamontes após o outro subia ao ringue e era rapidamente esmagado. Golpes, chutes, joelhadas, cotoveladas, cabeçadas, todas as rodadas terminavam com um homem na lona e o outro com o braço em volta do pescoço dele, asfixiando-o e golpeando seu abdômen com ambos os joelhos. Contei, até o fim da noite, dois nocautes, duas lutas combinadas e dez nocautes técnicos, todos os combates terminando numa quase asfixia. Era nauseante. Era horroroso. Era bem legal.

Meu contato local, tradutor e quebra-galhos na Rússia era o incrível Zamir, um cara genial, engraçado e bem-informado, com um bigodão negro, uma barba de três dias e um daqueles chapéus de peles com orelheiras. Mundano, experiente e fatalista quanto aos rumos do país, Zamir me levava, numa tarde de temperatura abaixo de zero, para experimentar uma das instituições favoritas da Rússia, uma tradicional *banya*, ou sauna, o lugar a que os russos de todas as idades vão, desde sempre, relaxar com os amigos ou parentes, nos fins de semana. No nosso caso, tratava-se de um cubículo no meio dos campos cobertos de neve, ao lado de um lago congelado na florestal Shuvalovo, a cerca de cinquenta quilômetros de São Petersburgo. Um amigo de Zamir, o músico Alexei, dirigia, enquanto Zamir ia no banco de passageiro. Nem bem tínhamos saído da cidade, virando a esquina do Hermitage para pegar a rua que corre paralela ao rio Neva, quando fomos parados por um guarda de trânsito.

"Mostre os documentos", começou a rotina. Parece que os documentos nunca são os adequados nesses casos. O guarda nem esperou que Alexei ou Zamir os encontrasse. "Cinquenta rublos", anunciou. Resmungando, Alexei deu-lhe umas poucas notas e o policial anotou a quantia num bloquinho pautado, enquanto enfiava o dinheiro no bolso e nos mandava seguir.

Paramos num mercado na periferia da cidade para comprar algumas provisões para a *banya*. Logo passávamos por uma série de conjuntos residenciais operários, com aparência de projetos urbanos dos anos 1950 e 1960, até que apareceram espaços abertos, pontuados aqui e ali por trechos de floresta de bétula, dachas campestres de velhos apparatchiks, casinhas de pão de mel decadentes, separadas da estrada por maltratadas porções de bosque circundadas por cercas descascadas.

As rodas do carro esmagavam neve compactada assim que saímos da estrada pavimentada e nos pusemos a ziguezaguear devagar pela floresta, até chegarmos à beira de um grande lago congelado. Uma casa de madeira em mau estado ladeava uma pequena cabana contendo lenha, fumaça subia de uma chaminé. Uma frágil passarela incrustada de gelo com um corrimão de aspecto balançante se estendia na direção do lago, descendo por degraus recobertos de uma espessa camada de neve até um buraco de três metros por um e meio no gelo, um retângulo de água escura a um grau do congelamento, já se solidificando na superfície.

Fomos recebidos por uma mulher de bochechas coradas, vestindo suéter e macacão. Ela nos levou para dentro, apontando um de três cubículos forrados de madeira, cada qual com sua própria sauna. Zamir e eu nos despimos rapidamente e nos enrolamos em toalhas. Abrimos o lanche e as bebidas: cerveja, vodca, pequenos arenques salgados, um pouco de peixe zibelina defumado, duro, pungente, salsichão seco e um naco de pão preto.

Depois de uma cerveja entramos na sauna, que tinha o tamanho de um armário; nos acomodamos no ponto mais alto e quente dos dois bancos de madeira e começamos a suar. Carvão em brasa reluzia a um canto do cubículo. Uma maltratada jarra com água estava a postos; um grosso feixe de galhos de bétula sobressaía, as folhas submersas e encharcadas. Ficamos ali sentados por muito tempo sobre lençóis, resfolegando e respirando pesado, até que, quando parecia que eu iria desmaiar, saímos para o cômodo adjacente para devorar a comida. O peixe salgadinho e deliciosamente oleoso, junto com umas cervejas, nos renovou o bastante para que arriscássemos voltar à sauna.

Vinte minutos depois, Zamir me perguntou se eu estava "pronto para o interrogatório". Assenti temeroso, já imaginando o que viria. Nossa anfitriã de pulsos grossos entrou na sauna e indicou que eu me deitasse de bruços, pelado; passou então a me espancar selvagemente com a folhagem da ponta dos galhos de bétula. PLAFT!... PLAFT!... PLAFTPLAFTPLAFT! Eu pulava a cada golpe, não porque fossem dolorosos em si, mas porque meu peito estava sendo escaldado em contato com o banco quente como uma frigideira, protegido apenas pelo fino lençol. Entre os meus muitos defeitos está o de não querer passar por fracote, mesmo quando o bom senso e as evidências médicas indicam o contrário; assim, travei os dentes e aguentei sem reclamar. Folhas secas voavam para todo lado, grudando na minha carne enquanto ela chicoteava e chicoteava, os golpes cada vez mais frequentes e mais fortes, e ia enumerando, em inglês macarrônico, as muitas vantagens que o tal tratamento trazia para a saúde. Quando meu corpo inteiro reluzia um vermelho ardente e irritado, e meu peito raivoso queimava em bolhas prontas a explodir, cada poro do corpo exposto aos elementos, ela deu um passo atrás, abriu a porta e apontou para onde eu sabia que, mais cedo ou mais tarde, teria de ir.

Fiz uma longa pausa para vestir o calção de banho. Em condições normais teria, para mim, um apelo irresistível a possibilidade de exibir os genitais para os telespectadores da Food Network, mas preferia que eles não estivessem do tamanho de amendoins na ocasião. Enfrentando a porta aberta, corri descalço e cauteloso pela passarela escorregadia até o lago, desci dois degraus congelados e mergulhei no lago congelado.

Dizer que foi um choque, que perdi o fôlego e que estava muito frio seria muito pouco. Foi como ser atropelado por um trem fantasma, cada célula, cada átomo do meu corpo entrou em pânico absoluto. Meu saco subiu para o pescoço; o cérebro berrou, os globos oculares fizeram o possível para não espocarem para fora do crânio e cada um dos poros, escancarados um minuto antes, se fechou violentamente como um cano entupido. Um murro no peito com o punho de Deus. Desci até o fundo, dobrei os joelhos o máximo que pude e impulsionei-me de volta, rompendo a superfície com um agudíssimo guincho involuntário, que deve ter soado aos vizinhos do lago como se alguém houvesse conectado um gato à bateria do carro. Tentei me agarrar a uma corda, completamente coberta por dois centímetros de gelo; minhas mãos não eram capazes de segurá-la, escorregavam, resvalavam, até que eu finalmente consegui subir uns poucos degraus e tombar no gelo coberto de neve.

O estranho é que logo que saí da água me senti ótimo. Na verdade a sensação era incrível, não sentia frio algum. Com passos confiantes, diria até saltitantes, fui caminhando pela superfície congelada do lago, os tornozelos afundando na neve, sentindo-me tão confortável e aquecido como se estivesse sentado na frente de uma lareira com um pesado agasalho de lã. Caminhei um pouco pela cabana, parando para bater papo com um russo pelado, com corpo de barrica, treinador de hóquei, que me contou que nem entrava na sauna antes de mergulhar, só vinha para nadar. A cada segundo se ouvia o som de um russo nu caindo na água. O treinador queria falar sobre hóquei americano, mas, como meus pés começavam a colar no chão, voltei para dentro da casa. Sentei-me com Zamir e traguei uma boa dose de vodca. Sentia-me bem. Muito bem. Tão bem que, depois de uns pedaços a mais de pão preto, peixe e bastante cerveja e vodca, estava pronto para outra.

Estava bêbado. Feliz. Não era *a* refeição perfeita, mas era de alguma maneira uma das perfeitas. Boa comida, boa companhia, ambiente exótico e uma dose de aventura.

De volta a São Petersburgo dobramos a esquina do Hermitage e fomos parados outra vez por um guarda de trânsito. "Droga, isto não é justo", reclamou Alexei. "Já caímos nessa poucas horas atrás. Já pagamos!"

O guarda pensou um pouco, examinou o carro e concordou: "Tem razão. Não é justo". Fechou o bloquinho, recolheu a mão e nos mandou seguir.

Num casaco de pelo de coelho bem surrado, Sonya ia abrindo caminho com seus ombros largos pela entrada do mercado de Kupchina. Era num bairro operário, e os outros fregueses, em peles igualmente feiosas, tinham no rosto a mesma expressão resignada e o corpo curvado que a gente vê nos trens do transporte público que chegam do Queens, trazendo para Manhattan o pessoal do turno da manhã nos restaurantes. A aparência de gente comum que trabalha duro, indo e vindo em empregos sem charme. Com sua fisionomia fechada e duros traços eslavos, além da seriedade de sua missão e de seu tamanho diminuto, as pessoas abriam caminho para Sonya, enquanto ela tentava se aproximar da longa fileira de açougues. Era uma mulher em missão, um míssil de mira fixa, uma profissional das compras. "O que é isto?", ela perguntou a um homem de avental, apontando com desprezo para uma costeleta de porco com ótima aparência, sobre o balcão.

"Uma linda costeleta de porco", respondeu o açougueiro, com cuidado, porque sabia o que estava por vir.

"Parece mais velha do que eu", Sonya sibilou do alto de seus, decerto, quase quarenta anos. "Quanto custa?"

Obtida a resposta, virou-se e foi embora sem nem mesmo olhar para trás, os olhos já fixos noutra peça mais adiante. O açougueiro chamou-a de volta; o porco barateara de súbito uns poucos rublos. Eu ia de carona na esteira do furacão Sonya, tentando acompanhá-la de vendedor em vendedor no mercado sem aquecimento, do tamanho de um hangar, com os olhos presos no casaco volumoso de coelho e na bola de cabelos ruivos, enquanto ela ziguezagueava certeira pelos corredores lotados, recolhendo carnes, legumes e verduras, ervas e mise-en-place para nosso almoço. Era muito fácil segui-la. As pessoas percebiam a aproximação de Sonya e abriam caminho rapidamente. Não sei o que ela dizia a eles, mas posso imaginar. Depois de examinar uma pilha de beterrabas, ela pegou duas ou três, avaliando o peso, e depois disparou um interrogatório pesado em cima do vendedor. Insatisfeita com as respostas, voltou-se para outra pilha bem-arrumada, resmungando algo que com certeza não era um elogio.

Eu tinha sido levado a acreditar que, na Rússia, só veria filas para comprar pão, prateleiras vazias, produtos apodrecendo em armazéns ferroviários, desabastecimento e laranjas que não passavam de boato. E com certeza assim devia ser em alguma outra parte do país. Alarmados comentaristas de TV nos lembram a todo momento que as finanças do país estão em ruínas. O exército não recebe o soldo. Muita gente vive com um dólar por dia. Gângsteres rondam à vontade, explodindo bombas, assassinando pessoas. A própria São Petersburgo é a capital do assassinato de aluguel, o que deve explicar por que tantos "cabeças-chatas" são contratados como guarda-costas. O correio pode chegar ou não. Fazendas nada produzem e fábricas se desfazem. Então como explicar que num bairro nada abastado exista um mercado público de dar inveja a lojas nova-iorquinas muito frequentadas por gourmets? Na minha frente estavam balcões e balcões de vegetais com aparência impecável: pimentões amarelos, melões, ervas frescas, bananas, abacaxis, tubérculos, raízes, alfaces. Açougueiros desossam no local peças inteiras de carne de boi, cordeiro, porco, golpeando com vigor seus pesados cutelos sobre tábuas de cortar muito gastas e fundas. Frangos criados organicamente, lindos e com suas cabeças e pés ainda intactos, são empilhados de maneira organizada e atrativa sobre os balcões das delicatessens. Quase nada era refrigerado, mas fazia frio e os produtos eram rapidamente negociados. Cada carne, osso, miúdo, pé, joelho tinha seu consumidor. Mulheres usando casacões e *babushkas* ponderavam sobre cada centímetro de toucinho como se estivessem comprando um carro novo. As pessoas mais discutiam do que pechinchavam, proferindo verdadeiros discursos sobre as virtudes e os defeitos de um pedaço de bacon, tudo terminando, quase sempre, em venda.

O que falta ao mercado de Kupchina, produtos importados e especiarias estrangeiras, é compensado pelo exotismo caseiro: metros e metros de vegetais em conserva, coloridos e brilhantes; todo tipo de peixe defumado, de aparência maravilhosa e exuberante — esturjão, peixe sábalo, salmão, carpa, esturjonete (primo menor do esturjão), arenque —, uns sobre os outros nas vitrines de vidro; tubos de caviar e ovas de peixe; uma seção de laticínios onde atendentes de uniformes e luvas brancas oferecem uma gama de queijos frescos e maturados de fazenda, iogurtes, creme azedo, manteiga batida à mão, coalho e leite condensado.

Mesmo assim Sonya não se mostrava impressionada. Nem olhava para os lados. Sabia o que queria. Por fim encontrou umas batatas de que gostou e adicionou-as ao crescente volume de sacolas plásticas que trazia debaixo do braço; em seguida atravessou quase marchando uns poucos metros de chão de concreto para examinar com desdenhosos dedos rosados um punhado de cenouras.

"Você chama isto de cenoura?", desafiou. E pouco depois intimidava uma senhora idosa por causa de um ramo de endro. Dando alguns segundos para que um açougueiro refletisse sobre suas exigências, voltou-se para ele e elegeu — sem prescindir de nova rodada de duras negociações — um pedaço de panceta, um pouco de bacon meio curado e um bife de carne gorda. Contou cada rublo como se conferisse códigos nucleares.

Eu estava apaixonado. Se algum dia pudesse gamar numa mulher parecida com Broderick Crawford, seria a Sonya. Ela é uma presença fabulosa, falastrona, grande cozinheira, uma sobrevivente, uma artista, boa de copo — uma força da natureza. Tem alguma coisa de Janis Joplin nela, uma persistência única, além de talentos e dimensões surpreendentes. Com a lista de compras quase completa, voltou para o frio, caminhou decidida por uma fina camada de gelo coberta de fuligem e comprou um punhadinho de alho fresco de uma das *babushkas* de aspecto empobrecido enfileiradas do lado de fora.

"É ali que eu moro", rosnou num inglês carregado de sotaque, fazendo um sinal com a cabeça para que eu seguisse.

Obedeci.

Sonya divide o apartamento com outra pessoa, num predinho de apartamentos sem elevador; sobe um lance de uma escada de concreto sem iluminação. A cozinha é atulhada mas acolhedora, com chão rachado de linóleo e um aparelho de TV do tempo do *Sputnik*; pequeno fogão a gás, pia, geladeira e uma mesinha redonda que faz as vezes de bancada e mesa para as refeições, ao mesmo tempo. Os cômodos estão cheios dos objetos acumulados ao longo dos anos: sapatos, botas, badulaques, fotografias, móveis decadentes, um pôster do período comuna, mostrando uma mulher operária com lenço na cabeça e um dedo nos lábios — a legenda em cirílico advertindo para algo como "em boca fechada não entra mosquito". Uma coisa que há em abundância na Rússia, independentemente da situação financeira das pessoas, é ironia.

Sonya gosta de fotografar no seu tempo livre. As paredes são decoradas com seu trabalho, estudos severos mas curiosamente belos de uma paisagem urbana russa quase invisível atualmente: entradas e respiradouros dos abrigos contra bombas da Guerra Fria. Eles emergem como periscópios em terrenos baldios, surgem no meio de tufos de vegetação nos parques públicos e em cantos esquecidos de conjuntos habitacionais da era Stálin. Ela publicou às próprias custas um calendário, cada mês representado por um cilindro de concreto e uma rede metálica, em forma de cogumelo.

"Gosto do Texas", disse, logo que entramos na cozinha. "Você gosta do Texas?" Fazia pouco tempo, tinha viajado pelos Estados Unidos num ônibus da Greyhound, visitando amigos. "Gosto também de Salt Lake City, Cincinnati e Miami. Miami é muito legal." Ela conhece mais do meu país do que eu mesmo, respondo.

"Dá muito trabalho", diz a respeito do que andou fazendo, preparando a massa para *pelmeni*, bolinhos recheados de carne — parentes distantes dos *won-tons*, legado de uma das incursões mongóis de muito tempo atrás —, e adoraria que o sr. Chef, Autor e Viajante Famoso — ou alguém, *qualquer um* — ajudasse a prepará-los. Visto a carapuça e vou colocando bolas de carne em pedaços de massa num cortador octogonal. Ela cobre tudo com outra folha de massa e baixa o cortador, produzindo dezesseis *pelmeni* de cada vez. Eu os fecho bem, aperto, corrijo o formato e coloco tudo em fôrmas de assar, em fileiras bem-arrumadas. Ela vai em frente, numa conversação que alterna inglês e russo, usando o mais cômodo em cada momento. Zamir estava sentado ao meu lado, completando as frases dela em inglês e explicando o necessário. Alexei, à minha frente, parece entediado. Para além da porta da cozinha, Igor, o câmera que contratamos em Moscou, filmava ou não, de acordo com seus próprios e misteriosos desígnios.

Quando os *pelmeni* estavam terminados, Sonya voltou a atenção para o borscht, que cozinhava no fogão. Era o que eu mais aguardava. Como meu amigo Dimitri dizia, na Rússia o borscht não é simplesmente uma sopa, está mais próximo de ser uma entrada, um caldo grosso de carne, cebola, cenoura, repolho, beterraba e batata, uma poção vermelho-escura capaz de esquentar as costelas e encher a barriga de maneira barata numa gélida noite de inverno. A pasta rosada e aquosa, brilhante e fria que se serve nos Estados Unidos não passa nem perto. Sonya tinha feito um caldo de carne usando aparas selecionadas, numa panela de pressão — um equipamento que, apesar de raro nas cozinhas americanas, é quase adorado como uma dádiva divina no resto do mundo. Passou então a saltear cebolas, cenouras e uma folha de louro, acrescentou o caldo, mergulhou a carne e o repolho e finalmente, para não descolori-la nem cozinhá-la em demasia, ralou e acrescentou a beterraba no último minuto. Vi também algumas sementes de cominho-armênio e outras ervas entrando na panela, mas, quando perguntei de que se tratava, ela fingiu não me entender. Cozinheiros. Sempre iguais em toda parte.

"Um brinde", propôs cinicamente, olhando para o bando de russos inertes na sua cozinha, "aos trabalhadores." Em pouco tempo estávamos todos brindando com sua vodca caseira destilada de arando, em copos altos e finos, e nos preparando para comer. Sonya distribuiu os condimentos e talheres pela mesa já limpa como se estivesse dando as cartas numa roda de baralho. Uma transbordante tigela de creme azedo fresco apareceu bem no centro, assim como vasilhas de endro picado, salsa, cebolinha e alguns vidrinhos de tempero para o *pelmeni*: raiz-forte, mostarda e um inesperado frasco de ketchup, com sabor bem parecido com o do molho picante da Heinz.

Enxugamos a vodca de arando enquanto ela derramava porções grandes de borscht fervente em vasilhas lascadas, e mostrou como complementá-las deitando uma colherada enorme de creme azedo sobre o meu prato, arrematando com um punhado de ciboulette e endro picados. Pouco antes de se sentar para comer, ela foi ao congelador e retirou uma garrafa de vodca russa tradicional, colocando-a sem comentários sobre a mesa.

"Neste país ninguém bebe água", eu disse a Zamir.

"Não é aconselhável", ele replicou. "A água de torneira daqui faz mal. Não se bebe dela. Não que a gente faça questão…"

Um brinde à solidariedade entre os povos, outro ao espírito internacional de cooperação, outro à chef, um brinde aos convidados, e lá vamos nós.

O borscht estava sensacional. Consegui dar conta de duas cumbucas, notando que Alexei, magro mas vigoroso, terminava a terceira. Em seguida vinha o *pelmeni*. Sonya os cozinhara em água fervente até que ficassem macios, pescou-os com uma peneira e colocou um monte deles nos nossos pratos. Cada um tempera os seus conforme sua preferência, usando as opções colocadas à mesa. Eu escolhi um pouco de creme azedo, endro, mostarda e raiz-forte. Para minha surpresa todos os russos foram de ketchup.

Comi em São Petersburgo durante uma semana, com Zamir, Alexei e Igor como acompanhantes. Alexei foi ficando à vontade comigo, até me convidou numa noite para ir a seu apartamento — sua mulher tinha feito *blintzes*. Era num bairro pouco simpático de operários, com altos muros de concreto grafitados e passagens escuras. Mas, por detrás de montes de fechaduras, Zamir vivia como um proprietário de clube noturno nova-iorquino: carpetes grossos pelo chão, luzes embutidas, um banheiro enorme com banheira jacuzzi, sauna completa, com bar e tudo, estúdio de som particular, tv de tela plana e home theater. Meu motorista russo tinha um padrão de vida muito melhor do que o meu! Fui apresentado a sua adorável esposa e ao filho mais novo, que, junto com o pai, me divertiram com versões cover de Stevie Ray Vaughn em novíssima bateria e guitarra Stratocaster.

Noutra noite comemos rena grelhada em zimbro, no restaurante Povorodye, uma construção em madeira formando um frontão íngreme, nas cercanias do parque Púchkin, onde fica o exagerado palácio de verão de Catarina, a Grande. Observando boquiaberto o enorme mamute arquitetônico, em dourado e tons pastel, cercado por um bosque e pelas antigas e majestosas mansões da nobreza e dos senhores, não teria sido difícil entender o ódio dos camponeses nos dias pré-revolucionários. O palácio deve ter sido uma afronta grotesca para um campesinato em geral faminto, inculto e oprimido, gente que precisava lutar até por um pedaço de pão. Olhando aquela esfuziante aberração de desenho italiano, onde moravam umas dez pessoas com sua criadagem, dá para entender a desmedida alegria que sentiram quando os Romanov foram derrubados.

No Povorodye, ao som de um grupo folclórico georgiano, Zamir me explicou passo a passo como beber vodca, enquanto nossa rena não era servida. Primeiro, sempre que possível, tenha comida à mão. Mesmo casca de pão já serve. Dispúnhamos de toda uma seleção de entradas tradicionais à nossa frente: alho em conserva, pepinos, cogumelos, enguia defumada, um pouco de esturjão, ova defumada de salmão e uma fatia do sólido pão do campo.

O passo número um, Zamir mostrou, é o brinde. Aos presentes, aos pais, ao país, qualquer coisa serve. Segure numa mão uma bela dose de vodca e na outra a comida, pão é o mais simples. Exale o ar. Aspire devagar. Engula a dose de uma só vez, e vire de imediato o copo sobre a mesa, deixando a microscópica gota final escorrer e provando, assim, que você não é um maricas ou um provocador reacionário trotskista e revanchista.

Depois, dê uma bocada na comida. Se não tiver nada para comer, uma cheirada funda e demorada do punho ou do pulso também funciona (sei que soa esquisito, mas confie em mim). Repita esse procedimento até três vezes a cada vinte minutos durante a bebedeira. Essa é a velocidade máxima com que seu organismo é capaz de absorver todo o álcool. Seguidas atentamente essas regras, será possível manter uma certa verticalidade durante toda a refeição e ao longo do período posterior de consumo.

É bastante provável que você consiga sair da mesa sem se desgraçar e possa ir para casa sem ajuda. Depois disso, porém, é por sua conta. Lembre-se: os russos são profissionais nisso; portanto, não importa quantas doses de licor e conhaque de gengibre você aguentava no colégio, nem quanto se acha um grande copo — um russo, qualquer russo, sempre beberá muito mais.

Aliás, por pior que se sinta quando acordar, esteja preparado para repetir a dose — no café da manhã.

Zamir e eu terminamos nossa rena (com sabor de veado ligeiramente *faisandé*) e saímos com neve até os joelhos. Perto do restaurante havia uma área preparada para patinação. Crianças brincavam em volta de um espantalho que representava o inverno. O boneco seria queimado naquela noite, nas festividades que comemoram a despedida do inverno. Famílias inteiras, encapotadas e com chapéus de pele, parecendo felizes e animadas, caras vermelhas de frio, deslizavam das casas vizinhas, com seus trenós e tobogãs para neve.

"Preciso incluir rena no meu cardápio de Natal", pensei alto. "Já pensou? Toda a criançada chorando, imaginando que rena de Papai Noel tem no prato?"

"Percebo que você não tem filhos", Zamir comentou.

Comemos *piroski* no centro, num fast food russo. Moças atraentes, com toucas brancas e uniformes vermelhos e brancos decotados, cozinhavam pasteizinhos recheados de carne, peixe, repolho e linguiça. Esqueça a ideia preconcebida de que todas as russas são *babushkas* corpulentas com cara de batata. Não são. Em toda a minha vida, nunca vi tantas mulheres lindas, altas e bem-vestidas num só lugar. Que elas pareçam tão delicadas e carinhosas quanto um punhado de moedas, não vem ao caso: são maravilhosas. Num restaurante de *blintz*, "Os *Blintzes* da Minha Sogra", mais umas tantas moças de seios cor de leite preparavam e serviam crepes feitos na hora, com saborosos recheios doces.

Comemos *ukha*, uma sopa clara de peixe, e truta grelhada na lenha na Ilha de Krestovsky, uma construção de dois pavimentos à beira de um lago congelado. Os cozinheiros ficavam ao relento, vestidos com uniformes de paraquedistas, assando os peixes em churrasqueiras a lenha, numa varanda ventosa nos fundos. Bebemos tequila numa adega cheia de garotos russos, um grupo cantando versões em inglês aproximado de clássicos do ska, do country e do blues. Comprei o inevitável chapéu de pele e fui pescar no rio Neva congelado, tendo por companhia dois operários da indústria que vinham até ali algumas vezes por semana para tirarem umas férias de suas famílias. Quando vi o que tinham pescado, umas piabas minúsculas que eles diziam ser para os gatos, percebi que não estavam ali para pegar nada de grande. E, quando abriram seu lanche às oito da manhã e me ofereceram uma talagada de vodca, entendi a situação daqueles sujeitos.

"Zamir", reclamei, "você andou me afogando em lagos gelados, me metendo em assassinato de renas e me envenenando com vodca. Vamos para algum lugar legal, comer altas comidas. Umas ovas, por exemplo. Vamos nos vestir bem e sair para uma grande festança."

Naquela noite enfrentamos neve e um vento desesperante na ilha de Vasilevski (São Petersburgo é formada por cerca de 120 ilhas). Estava escuro e muito frio.

Zamir e eu entramos no restaurante Russkya, um espaço rústico e cavernoso, mas elegante e acolhedor, com assoalho de largas ripas de madeira, interior simples de estuque, teto grandioso e um forno grande de tijolos e granito no salão de jantar. Um tranquilo cabeça-chata vestindo uma jaqueta apertada estava sentado na entrada, junto dos casacos, fazendo a segurança, com um volume suspeito sob o ombro esquerdo. Fomos recebidos com simpatia e rapidez pelo maître, que nos ajudou a desvestir as várias camadas de agasalhos e nos apresentou duas grandes jarras de vidro com vodca caseira e outra com um líquido verde e turvo.

"Vodca com raiz-forte e mostarda caseira", fui informado. O líquido verde era "suco de pepino" — na verdade um simples caldo de picles. A regra era beber uma dose daquela vodca picantíssima, que descia queimando a garganta, e depois aliviá-la com um copo do caldo. Parece uma coisa horrível, não é? E, de fato, isoladas uma da outra, aquelas bebidas teriam causado problema. Mas, tomadas na ordem correta, a bebida cauterizante seguida pelo caldo refrescante e de estranha suavidade era deliciosa, como na minha experiência anterior na *banya* — suor e calor seguidos de mergulho e gelo.

Sentamo-nos à mesa e bebemos mais algumas doses daquele punch em duas etapas, acompanhadas de pão. Nossa garçonete, uma moça bonitinha mas peremptória ao extremo, parecia se materializar a todo momento, trazendo mais doses. "Não se preocupe", disse, "sou forte. Se você ficar bêbado, aguento carregá-lo até em casa." Ela era algo miúda, mas acreditei.

Todo mundo sabe que odeio bufês de saladas. Não gosto de bufês (exceto quando estou do lado de dentro do balcão, bufês são como dinheiro de graça para chefs demasiado atentos a custos). Quando vejo aquela comida parada lá, exposta aos elementos, vejo comida que está morrendo. Enxergo uma gigantesca placa de Petri, onde cada passante deixa à vontade seu resfriado, sua tosse, sua baba e seus dedos cheios de perdigotos. Vejo comida que não é mantida na temperatura ideal, trocada (ou não) por pessoas desconhecidas, abandonada à contaminação ao ar livre, desprotegida dos caprichos passageiros do grande público. Aquelas delicatessens de Nova York, com seus imensos bufês de salada em que todos os funcionários de escritório preocupados com a própria saúde vão buscar seus almoços leves e saudáveis? Pois estão ingerindo mais bactérias que o cara lá fora, mordendo uma carne suspeita de churrasquinho. Lembro-me do meu próprio lema, quando cuidava de um bufê num grande clube: "Entupa o pessoal com pão e salada que eles pegam leve nos camarões."

Apesar de tudo, o balcão de saladas do Russkya não era ruim. O fato de o restaurante estar vazio e a comida ter aparência de fresca ajudava bastante. Uma longa mesa forrada de branco estava coberta de delícias: *pashket* (patê de fígado), *grechnevaya kasha* (trigo-sarraceno com cogumelos e cebolas), picles de beterraba, peixe defumado, arenque, salada de batata, *latkes* de batatas e talhadas de toucinho cru, finas como papel. Era o acompanhamento perfeito para o que eu estava começando a perceber que seria uma maratona de vodca. Uma garrafa cheia da vodca russa tradicional já aguardava em nossa mesa quando Zamir e eu retornamos do bufê, e a garçonete, nos vigiando como uma professora severa, parecia determinada a nos fazer sair dali carregados por macas.

Duas travessas gigantes de caviar Osetra com os devidos acompanhamentos chegaram a nossa mesa. Arregalamos os olhos para os potes enormes de ovas negro-acinzentadas, fatias de limão, cebola cortada finíssima, creme azedo, chalotas, ovos cozidos duros, com clara e gema separadas, e uma pilha de *blinis* quentes, de trigo--sarraceno, fofos e preparados à perfeição. Mergulhei fundo, sem misturar guarnições, metendo uns quinze gramas na boca de uma vez só. Os *blinis* estavam perfeitos; os ovinhos negros explodiam entre meus dentes.

"Ela está avisando que há um problema conosco", Zamir traduziu, com nossa garçonete postada ao lado dele com uma expressão séria no rosto. "Ela diz que estamos bebendo pouca vodca e que está preocupada com isso."

Sondei a expressão da moça, procurando um sorriso. Ela estava brincando? Fiquei sem saber.

Imagine algo parecido num bar ou restaurante americano. Seu garçom vem até a mesa e diz que seu consumo de birita está baixo, que você precisa de mais álcool, e que precisa consumi--lo rápido. Nossas estradas seriam pistas de corridas de demolição entre supermáquinas cheias de adolescentes bêbados, mauricinhos insensatos e secretárias fora de controle, entupidas de martínis e margueritas. Mas na Rússia é normal, pelo que parece. Quando morrem, me disseram, três em cada cinco russos apresentam uma taxa de álcool no sangue superior àquela prevista para um flagrante de "direção sob efeito de tóxicos". O que não quer dizer que a bebida os matou, apenas que a maioria dos russos está bêbada ao morrer. Centenas, para não dizer milhares, morrem todo ano por efeito direto de bebidas baratas — misturas de banheira vendidas como vodca, mas mais parecidas com fluido para isqueiro ou removedor de tinta. Tremo só de tentar adivinhar quanto custa ser pego dirigindo "intoxicado" por um policial russo. Aposto em cinquenta rublos.

Depois de termos devorado uns cem gramas de caviar e meia garrafa de vodca, veio a entrada, um esturjonete inteiro, grelhado. Embora bem mais pra lá do que pra cá, ainda não tínhamos sido aprovados. Mesmo já tendo rompido a barreira do "eu te amo, cara" e fazendo brindes engrolados a cada minuto, ainda assim nossa garçonete voltou para nos advertir:

"Vocês vão ser considerados traidores de seus países se não beberem mais!"

Quando finalmente cambaleamos até a rua, estava nevando pesado, o vento chegava assobiando do rio e meia garrafa de vodca balançava dentro de nossas barrigas lotadas. Zamir e eu trocamos declarações de amizade e admiração aos gritos, nossos casacos esvoaçando abertos no vento frígido.

MOTIVOS PARA NÃO FAZER TELEVISÃO:
NÚMERO DOIS DE UMA SÉRIE

"Não gravamos a cena da entrada, esquecemos", disse Chris, o produtor, protegido como uma espécie de Smurf subártico vestindo Gore-Tex e chapéu impermeável. "Precisamos filmar vocês entrando de novo no restaurante, sabe como é: onde estamos, por que estamos aqui e o que esperamos encontrar."

Aquela cena de capital importância estava faltando, Zamir e eu, ainda supostamente sóbrios, antes de fazermos nossa bela refeição, chegando à porta do restaurante e entrando. Esse tipo de tomada é necessária — como já me explicaram diversos produtores, um atrás do outro, frustrados — para efeito de continuidade e informação aos telespectadores. "Não queremos que eles se confundam e pensem estar assistindo ao luau de Natal de Emeril Lagasse."

O que queria dizer que, enquanto Igor e Chris gravavam, Zamir e eu teríamos de fingir que não havíamos acabado de nos empanturrar de uma farta e luxuriante refeição ou que não tínhamos sido forçados por uma garçonete maníaca a beber umas quinze doses de vodca.

Nem preciso contar que foram necessárias diversas tomadas. Muitas já morriam de saída, em razão da língua enrolada e dos tropeções: Zamir e eu cambaleando pela neve e segurando um no outro, tentando chegar até a porta do Russkya, cada vez mais desfocada à nossa frente. Lá pela terceira tentativa eu podia jurar que eram duas portas.

"Jamir, velho dji guerra, a-aondji vamuj ago-agora-a?", eu gargarejava numa paródia hedionda e inebriada de uma apresentação clássica de TV, pouco antes de meter a cara no muro.

Por fim, muitos erros depois, lábios colando nos dentes de tanto frio, conseguimos uma tomada quase perfeita. Alguns comentários ditos com cuidado, umas perguntas bem maneiras ao meu guia e amigo russo, nós dois conseguindo achar o rumo na rua, Igor andando para trás, com a câmera apontada para nós, Chris filmando na lateral. E lá fomos nós, ombro a ombro, casacos ao vento, cachecóis esvoaçantes, dois homens felizes caminhando pela cidade a caminho do jantar.

Na versão final pareço fazer tudo certo, dizendo as coisas apropriadas e Zamir respondendo no mesmo tom, nenhuma pista visível de nossa completa bebedeira, exceto por nossa curiosa insensibilidade para o frio intenso, o vento e a neve.

E tudo ia muito bem até que sumi de repente no meio de uma frase, desaparecendo no canto esquerdo do vídeo. Zamir esticou o braço e me puxou de volta para o quadro, salvando-me do que seria um mergulho de cabeça para fora da calçada.

"Vamos de novo", pede o Chris.

"Depoix a xente conxerta na ilha de edixão", respondo. Estava aprendendo.

Uma coisa muito especial

"É aqui, o lugar é aqui. E servem uma coisa muito especial...", comentou Abdul, um marroquino baixinho, atarracado, bigodudo, relógio de ouro pesadão e uma inacreditável jaqueta esporte de tweed laranja e verde, sobre uma camisa social. Em abdulês, que aprendi depressa, "muito especial" significava uma de três possibilidades, em se tratando de comida marroquina: cuscuz, tagine ou brochette. Conhecido pela comida excelente e por seus bons cozinheiros, o Marrocos não é famoso pela variedade de sua cozinha. Nem por seus restaurantes.

Estávamos nos aproximando de Moulay Idriss, um lugar importante na iniciação do Marrocos ao Islã, uma cidade com o nome de um parente do Profeta. Pitoresca, coalhada de gente, fincada na colina, salpicada de casas quadradas construídas em diagonal, de altos muros e mercados escondidos. Até há bem pouco tempo, os infiéis como eu não podiam entrar nela. Hoje, contanto que você saia antes de escurecer, as visitas são permitidas.

Eu havia congelado em Portugal e na Rússia e sentira muito frio na Espanha. Na França, enfrentara frio *e umidade*, e por isso ansiava pelo Marrocos. Bom, tinha deserto, não tinha? Areias escaldantes, um sol de rachar, roupas leves. Havia lido sobre o Grupo de Ação Avançada no Deserto, formado por acadêmicos britânicos, cartógrafos, geólogos, etnógrafos e arabistas, que, durante a Segunda Guerra Mundial, puseram de lado seus óculos Poindexter e as boas maneirãs da academia e durante alguns anos se dedicaram a atuar atrás das linhas do inimigo, junto com as SAS, alegremente cortando pescoços, envenenando poços, praticando atos de sabotagem e fazendo reconhecimento do terreno. Ora, nas fotos, pareciam bronzeados! Tudo bem, aquilo tinha sido na Líbia. Ou no Egito. E eu não estava no Oriente Médio. Ainda assim, o deserto — o sol, o calor —, essa parte eu tinha entendido direito, não tinha? O Marrocos, com certeza, era um lugar para aquecer meus ossos, dourar minha pele.

Pois não poderia estar mais errado. Estava frio. O melhor hotel da vizinha Volubilis era outro antro úmido, gelado e miserável. Na TV fora de foco, um único tradutor árabe fazia todas as vozes do seriado *Baywatch* — com David Hasselhoff a Pamela Anderson —, o som original em inglês por baixo, o árabe por cima, mais alto. Um aquecedor elétrico do outro lado do quarto, longe da cama, esquentava o bastante para torrar uma mão ou um pé, um de cada vez.

Era o de menos. Eu não havia saído de casa para correr mundo esperando encontrar lençóis macios e fabulosos; sabia que não iria tomar drinques servidos à beira da piscina e achar chocolates no travesseiro. Esperava enfrentar extremos de temperatura, encanamentos nada ortodoxos, comida rançosa e um inseto ocasional sobrevoando o caminho da minha pesquisa.

E minha expectativa quanto àquele lugar não passava de outro surto de fantasia baseada na minha falta de informação. Queria sentar no deserto com os homens azuis — os tuaregues —, uma tribo outrora feroz de berberes nômades que havia vagado de um lado para o outro por séculos, entre o Iêmen e o Marrocos, atacando caravanas, eviscerando viajantes e comendo cordeiros inteiros em seus acampamentos no deserto. Queria ficar de cócoras no deserto debaixo das estrelas, só com areia à vista de horizonte a horizonte, comendo a gordura do carneiro com as mãos. Queria fumar haxixe debaixo de uma lua brilhante e gorda, encostado no meu camelo. Eu queria sentir o que nunca sentira antes — calma e paz na quietude do deserto.

Naquele exato momento, porém, eu estava numa minivan, subindo a colina até Moulay Idriss, com Abdul, uma equipe de TV e, lá atrás, um grupo sinistro de detetives à paisana e de óculos escuros, designados pelo Ministério da Informação para nos acompanhar. Um homem alto, usando um fez verde e djelaba esperava por nós na feia pracinha central. Chamava-se Sherif. Ele tomava conta do que havia de mais próximo a um restaurante marroquino autêntico no Marrocos — um país em que poucos nativos se arriscariam a comer comida típica num ambiente daqueles. O que quero dizer com "autêntico" é nada de dança do ventre (que não é marroquina), nada de pratos, copos e talheres, nada de bar (o álcool é proibido), nada de "tagine de peixe-sapo" e nada de mulheres no salão. Se você e sua turma estão procurando um lugar legal para os feriados da primavera, podem cortar Moulay Idriss do roteiro.

Depois de alguns *salam aleikums*, apresentações, documentos e autorizações em francês, inglês e árabe, seguimos Sherif, atravessamos uma arcada com cara de proibida, nos espremos por entre jumentos bastante carregados e homens de djelabas e continuamos, caminho acima, pelas labirínticas ruas de pedra de Moulay Idriss. Mendigos e moleques começaram a se aproximar, perceberam nossos "seguranças" e desapareceram rapidinho. Por que os policiais nos acompanhavam, não sei dizer. Não conversavam. Abdul não falava com eles. Sherif os ignorava. Estavam lá e pronto.

Na metade da subida, senti um cheiro maravilhoso e parei para aspirá-lo por inteiro. Abdul sorriu e enfiou-se por uma porta aberta. Era uma padaria comunitária do século XI, com um forno a lenha gigantesco, alimentado por um velho com uma pá de remo, cheia de pães redondos e achatados. Às vezes retirava alguns e os lançava pelo chão nu. O cheiro era fantástico. Mulheres encapuzadas, de véu, vestidas com roupas compridas e largas, chegavam a todo momento com bandejas de massa crua.

Abdul explicou: "Está vendo ali?", e apontou para três cortes diagonais na superfície da fornada que esperava sua vez do lado de fora. "Estas pessoas, todo mundo, aqui — toda família —, faz seu pão em casa. Até duas vezes por dia. Trazem aqui para assar. Olha a marca. As marcas são para o padeiro saber de que família é o pão."

Examinei as prateleiras da massa codificada, algumas pilhas de pão assado, fascinado pelas diferenças sutis, quase imperceptíveis, mas bastante reais. A maioria dos pães que vi, no entanto, não tinha marcas que eu pudesse identificar.

"Muitos, muitos não marcados", informou Abdul, sorrindo. "Este padeiro, ele trabalha há muitos anos aqui. Um tempão. Para as mesmas famílias, que sempre vêm. Ele sabe dizer pelo formato que pão é de que família. Ele sabe."

O cenário era medieval: uma sala escura de pedra nua, tijolo, fogo e lenha. Nem uma lâmpada elétrica ou geladeira à vista.

"Venha ver", chamou Abdul, conduzindo-me por outra abertura ao lado. Descemos alguns degraus periclitantes de pedra que levavam à escuridão quase total. Uma chama alaranjada e brilhante piscava lá embaixo. No fim dos degraus, cercado de todos os lados por uma alta trincheira de lenha, um homem magrinho, velho e desdentado cutucava as brasas com compridas tenazes de ferro, num poço de fogo.

"Esse fogo é para a padaria e para outro lugar, também", explicou Abdul. "Olhe lá", apontou ele em direção a uma parede distante. "O *hamam*. Sauna. Onde as pessoas vão se lavar. Suar. Muito saudável, vamos lá depois. Este *hamam*... muito velho, uns mil anos, talvez."

O restaurante de Sherif, quase no topo da colina, funcionava para turistas "esclarecidos", em uma antiga casa de família — construída, como quase a totalidade de Moulay Idriss, no século xi. Era uma estrutura de três pavimentos rodeando um pequeno pátio. As paredes eram cobertas com mosaicos de azulejos azuis e brancos, com uma fileira de divãs cobertos por almofadas e panos, algumas mesas baixas e banquetas bordadas. Logo que entramos nos convidaram a sentar e ofereceram chá de hortelã muito doce e quente.

A cozinha ficava logo abaixo do telhado, e nela um grupo de mulheres de branco trabalhava, preparando a refeição: *kefta* (uma especialidade de Moulay Idriss), tagine de carneiro e uma variedade de saladas e pratos frios. *Kefta* são almôndegas de carne de cordeiro e vaca condimentadas e servidas em brochette (espetos) ou, como naquele dia, cozidas no molho e misturadas no final com ovo batido, de modo que parecem uma omelete aberta, cheia de molho e salpicada de bolinhos de carne. As mulheres faziam o tagine, o molho e as almôndegas em panelas de pressão sobre o fogo aberto, alimentado por botijões de gás propano, rugindo como leões. Os ingredientes básicos da mise-en-place marroquina espalhavam-se em aparente desordem pelo grande espaço ladrilhado de branco, com uma das paredes aberta para o exterior: alho, cebola, coentro, hortelã, cominho, canela, tomate, sal e pimenta-do-reino. Não havia fornos, só os botijões silvando gás volátil. A comida era picada com o velho método do polegar forçando a lâmina da faca, como minha avó fazia. Não havia tábuas de cortar. Facas, só de descascar. Fui informado de que o restaurante podia servir tranquilamente trezentas refeições saídas daquela cozinha. Mas naquele dia éramos os únicos clientes.

Da mesquita vizinha soou o chamado do muezim à oração, um canto obsessivo que começa com *"Alahu akbarrrr"* (Deus é grande) e acontece cinco vezes ao dia em todo o mundo islâmico. Da primeira vez que você escuta, é uma coisa eletrizante — lindo, não melódico, capaz ao mesmo tempo de gelar os ossos e reconfortar de uma estranha maneira. Ao ouvi-lo você entende, no fundo das suas células, que está em "outro lugar". Está longe de casa e de todos os ruídos familiares da vida americana. Ali, esse ruído era composto pelo canto dos galos, o chamado do muezim e o som plangente das mulheres conversando nos telhados.

Sentados num espaço azulejado em almofadas confortáveis, na companhia de Abdul e Sherif, bem como dos três guardas silenciosos recostados em fila contra uma parede distante, recebemos uma bandeja de prata e uma jarra de água para lavar as mãos. O garçom derramou água sobre nossas mãos, deixou que as esfregássemos com um pedaço de sabão verde e despejou água de novo, para enxaguar.

O pão chegou numa cesta grande coberta com um pano — o mesmo pão achatado que havíamos visto na padaria; Abdul partiu-o em pedaços e os colocou na mesa. Não se espicha a mão para pegar o pão, espera-se ser servido.

"Bismillah", disse Abdul.

"Bismillah", disse Sherif.

"Bismallah", disse eu, prontamente corrigido por meus anfitriões.

Colocaram uma grande variedade de saladas ao redor da mesa: salada de batata, cenouras marinadas, beterraba, azeitonas de todos os tipos, quiabo, tomate e cebola. Come-se sem faca, garfo ou qualquer outro utensílio, usando somente a mão direita, sempre. Não existem canhotos no Islã. Não se usa a esquerda à mesa. Nunca a estendemos em cumprimento. Não se intenta alcançar coisa alguma com ela. Nunca, nunca mesmo, ela é usada para pegar a comida das grandes tigelas de onde todos se servem. Não se come com a mão esquerda. Fiquei muito preocupado. Já é difícil aprender a comer comida quente e semilíquida com os dedos — e além disso com uma mão só?

Estava claro que era preciso prática. Tive de aprender a usar pedaços de pão, apertando a comida entre dois dedos — e só dois — e mais o polegar da mão direita, os dedos protegidos por uma camada de pão dobrado. Felizmente logo percebi o uso de algumas trapaças. Tanto Abdul quanto Sherif faziam movimentos rápidos com os dedos dobrados ou com as juntas da mão esquerda para empurrar ou posicionar pedaços recalcitrantes de comida na direita.

Os estilos individuais variavam. Abdul rasgava o miolo branco de cada triângulo de pão pita, criando um *ersatz* de bolsa, o que facilitava pegar a comida. Brincando, eu o acusei de trapaça, enquanto lutava com pedaços de pão mais grossos, difíceis de dobrar. "Não, não", protestou Abdul, "faço assim para não engordar. Estou de regime." Ao lado dele amontoava-se uma pilha de miolo de pão branco.

Depois de uma espiada na técnica de Sherif, resolvi ficar com o método mais tradicional, obrigando meus dedos a aprender. No começo, fiz sujeira — não é de bom-tom lamber os dedos, pois você volta com eles constantemente às mesmas vasilhas, comuns a todos. Guardanapo é coisa rara. O pão, que aparece várias vezes durante a refeição, serve tanto como utensílio quanto de guardanapo. Penei um pouco para aprender, mas com o tempo fui melhorando.

O garçom trouxe um tagine grande de *kefta* borbulhante, colocou sobre a mesa e destampou. Tagine — preciso explicar para evitar confusão — é um utensílio, uma panela que tem o mesmo nome que a comida. Hoje em dia, depois da panela de pressão, o tagine é usado como prato de servir. É uma vasilha grande, rasa, com uma tampa afunilada, cônica, como o topo de um minarete. Os povos nômades a levavam de acampamento em acampamento, cozinhando lentamente seu prato único sobre fogueiras e usando o tagine como panela e caldeirão para todos os fins. Era um modo tranquilo de as mulheres cozinharem. Simplesmente colocar a comida no fogo e sair para outras tarefas importantes, como cuidar dos animais, cortar lenha, amamentar crianças, fazer pão — tudo isso enquanto o ensopado (também chamado de tagine) cozinhava. O Marrocos, se você ainda não percebeu, é, como dizia o clássico de James Brown, *a man's, man's world*. As mulheres cozinham. Os homens comem suas refeições separados delas. Se você for convidado para jantar na casa de um marroquino, a dona da casa ficará escondida na cozinha, ajudada pela mãe ou irmã, enquanto você e os outros convidados homens são entretidos na sala de jantar. As mulheres da família do anfitrião comem na cozinha. O tagine foi ao mesmo tempo bênção e maldição para as mulheres, pois os ingredientes básicos da região — o cordeiro, o carneiro, as aves, o cuscuz — levam muito tempo para cozinhar. A panela de pressão diminuiu bastante o trabalho cotidiano na cozinha, libertando a cozinheira para pelo menos sonhar com outras atividades.

Fui ficando craque na arte de comer com os dedos. E na hora certa, pois o prato seguinte foi um rubro tagine pelando de quente, de carneiro e cebola com molho de ervilha. O gosto era demais, condimentado, forte, com pedaços de paleta de cordeiro quase se soltando dos ossos e caindo num molho extremamente quente. Consegui não escaldar a ponta dos dedos, tomando cuidado para poder comer bastante. As porções são grandes — um bom muçulmano sempre faz mais comida do que o necessário, antecipando a eventual presença da tradicional e importante figura do pobre viajante faminto que pode aparecer inesperadamente. A hospitalidade ao necessitado é considerada um ato nobre, um dever sagrado. Desperdiçar qualquer alimento, mesmo o pão, é pecado. Um pedaço de pão caído na rua é sempre recolhido pelo muçulmano devoto e depositado na entrada de uma mesquita, pois deixar o alimento jogado, como lixo, seria ofender a Deus. Assim sendo, me esforcei para comer quanto aguentasse.

Os três seguranças à paisana mantinham-se impassíveis, sentados contra a parede, enquanto as vasilhas eram retiradas e serviam-se pratos de tâmaras e figos com mais chá de hortelã. No fim da refeição repetiu-se a cerimônia da lavagem das mãos, seguida pela queima de incenso. Sherif segurou seu fez sobre a fumaça do incenso que queimava. Abdul dirigiu um pouco da fumaça com as mãos para a região em torno do pescoço. Um recipiente de prata trouxe água de rosas, que aspergimos sobre nossas mãos e roupas. Os policiais sorriram, mostrando os dentes de ouro.

Abdul estacionou a van bem em frente dos muros de Fez-el-Beli; a velha cidade de Fez, com suas mais de 10 mil ruas indecifráveis, completamente impossíveis de mapear, vielas, becos sem saída, travessas, corredores, casas, lojas, mercados, mesquitas, *souks* e *hamams*. Mais de 30 mil habitantes vivem densamente aglomerados num labirinto que nem mesmo uma vida dedicada à exploração diária jamais seria capaz de desvendar por completo — nem sequer para um nativo. Carros, motos, veículos em geral são proibidos no interior dos muros, pois não serviriam para nada. A cidade é abarrotada de gente, as ruas são muito estreitas, uma verdadeira coelheira de muros a se desmanchar, súbitas descidas, degraus íngremes, ziguezagues, desvios e ruas sem saída. Um homem velho e magro de djelaba nos esperava junto do muro externo e rapidamente carregou um primitivo carrinho de madeira com nossa bagagem, rumando para uma brecha estreita no muro do que permanece sendo — na forma, se não na função — uma cidade fortificada.

A cidade velha data do ano 800 e muitas de suas estruturas ainda existentes foram construídas no século xiv. Fez tem sido o centro do poder e da intriga para muitas das dinastias marroquinas reinantes. A arquitetura fortificada não é apenas um estilo. Os edifícios, o traçado urbano, os muros, a localização da cidade, assim como suas tradições agrícolas e culinárias, tudo reflete uma antiga mentalidade militar de defesa. Do mesmo modo que os portugueses e espanhóis adotaram o *bacalao* — um método de preservar o peixe por longos períodos — como estratégia para assegurar o poder naval, os cidadãos de Fez têm um repertório culinário desenvolvido com base em sobrevivência, armazenamento, conservação e autossuficiência. Antigamente, exércitos saqueadores eram comuns e a estratégia-padrão medieval para dominar uma cidade murada era simplesmente cercá-la com forças superiores, acabar com suas fontes de suprimento e deixar o inimigo morrer de fome. Os muros dentro de muros, os labirintos cercados por paredes exteriores fortificadas, foram construídos como defesa contra essa tática. Nem a infantaria nem a cavalaria encontrariam moleza — mesmo depois de vencidos os muros exteriores —, pois as tropas teriam constantemente de formar colunas estreitas, vulneráveis a ataques pela frente, por trás e por cima.

A fachada exterior de um edifício não revela nada de seu interior. Uma porta de entrada pode se abrir para uma residência palaciana ou uma simples casa de família. Além disso, muitas edificações apresentam, entre seus pavimentos, áreas ocas sob o chão, próprias para guardar comida e esconder fugitivos. Antigo ponto de convergência da rota das especiarias provindas do sul e do leste, Fez se valeu de condimentos e ingredientes de outras culturas, sobretudo quando se tratava de repelir invasores em potencial. Carne seca ao sol, legumes em picles, compotas de frutas, conservas, frutas secas, ingredientes curados, uma dieta de proteínas constituída principalmente de animais criados com facilidade atrás dos altos muros — todos esses permanecem elementos característicos da culinária local. A preponderância de poços inacessíveis e jardins murados pode parecer exótica e até luxuosa demais hoje em dia, mas, no passado, eram recursos astuciosos e até vitais para a comunidade. Cidadãos mais ricos da cidade velha ainda se orgulham de cultivar suas próprias tâmaras, seus figos, limões, laranjas e amêndoas e de tirar água de seus próprios poços. A cidade está situada no meio de um amplo vale, cercada de montanhas e planícies implacáveis. Os invasores quase sempre começavam a passar fome antes dos habitantes de Fez, sendo forçados a se retirar muito antes que a comida acabasse no interior dos muros.

Seguimos nosso carregador para cima e para baixo por vielas escuras e sem nome, passando por mendigos adormecidos, burros, crianças jogando futebol, comerciantes vendendo chicletes e cigarros, até que chegamos a uma porta fracamente iluminada numa parede sem nada que a distinguisse. Algumas batidas firmes ecoaram no espaço interior e um rapaz ansioso apareceu para nos dar as boas-vindas a um corredor de simplicidade enganosa, largo o bastante para dar passagem a cavaleiros em seus cavalos. Uma súbita curva, e penetrei num mundo novo. Uma antecâmara espaçosa abria-se para um calmo pátio interno, com uma mesa redonda de café da manhã debaixo de um limoeiro. O ar cheirava a oleandro e flores frescas. No centro de um vasto espaço aberto de pátios ladrilhados e avarandados, erguia-se o que só poderia ser descrito como um palácio, uma edificação bastante alta, cercada por construções externas, um grande pomar com árvores frutíferas variadas, um pequeno lago e um poço. Parecia a residência de um mercador medieval, tudo isso dentro dos muros impenetráveis da medina repleta de gente.

Meu anfitrião era Abdelfettah, um nativo da velha cidade de Fez. Educado na Inglaterra, falava com o sotaque inconfundível das classes altas inglesas — mas, como dizem lá, era feito de outro material.

Alguns anos antes, ele, sua esposa inglesa, Naomi, e as duas crianças haviam voltado para sua querida cidade natal e começado a trabalhar no restauro daquela magnífica propriedade, ladrilho por ladrilho, tijolo por tijolo, fazendo ele mesmo boa parte do trabalho. Agora só usava roupas tradicionais, djelaba e *babouches* (chinelos amarelos e pontudos), tendo virado as costas para o mundo lá fora. Abdelfettah e Naomi se dedicam a preservar a cultura antiga e as tradições de Fez — e seu próprio e luxurioso quinhão dessa mesma tradição. Não havia ali nem rádio nem televisão. Fora da casa principal e do anexo da cozinha, Abdelfettah ocupava um estúdio onde passava horas a cada dia criando indescritíveis e intrincados altos-relevos em gesso branco, esculpindo à mão uma infinidade de desenhos repetitivos e não figurativos, padrões ornamentais. No outro extremo do jardim estava sendo construído um centro de música marroquina, onde músicos locais e aficionados trabalhariam juntos.

Atravessei uma cozinha bem equipada e a área de desjejum até o prédio principal, uma estrutura como uma torre quadrada, construída em torno de um grande pátio interno. Lá dentro, as paredes erguiam-se a uma altura de uns trinta metros, numa larga seta em direção ao telhado e ao céu, cada centímetro decorado com motivos precisos pintados à mão, em mosaicos de pequenos azulejos brancos e azuis. As portas de cedro do meu quarto no térreo, que se abriam para o pátio e para uma fonte borbulhante, eram pelo menos seis vezes mais altas do que eu, entalhadas com os mesmos padrões bem-executados dos relevos de Abdelfettah, muitos dos quais enfeitavam entradas e janelas internas. Dava para imaginar sem dificuldade dois sujeitos carecas, sem camisa, com chapéus típicos e pantalonas de seda, cada um de um lado da porta quase ridiculamente alta, abrindo-a ao som de um gongo.

Meus aposentos eram formados por uma sala de visitas e um quarto, com estantes muito elaboradas feitas manualmente, divãs cobertos com almofadas bordadas e tapetes berberes no chão. Lá em cima, além do topo dos muros da propriedade, nenhuma janela se abria para o mundo exterior. Aqueles que espiassem de um ponto privilegiado das colinas só veriam uma superfície nua e branca. Enquanto eu desfazia as malas, o canto do muezim da mesquita ao lado ressoou através dos ladrilhos do pátio. Era com certeza a casa mais fantástica que eu já vira e na qual me hospedara, uma construção muitas vezes mais velha do que meu próprio país.

Meu anfitrião era um homem sério, embora apresentando certos caprichos muito bem disfarçados. Sua vida passada se revelava apenas em flashes, uma centelha de interesse à menção de um filme do Ocidente, um desejo súbito por um cigarro americano. Fora isso só se interessava por sua casa, seu estilo de vida e pela preservação das tradições de Fez. Não tinha dúvidas quanto ao ideal que abraçara — o de restaurar a propriedade à sua glória antiga e se possível influenciar outros a fazer o mesmo. Fez encontra-se hoje sob um estado de sítio de outra natureza, desde que centenas de milhares de marroquinos perderam suas posses no campo por causa da seca ou da pobreza e vieram inundar de gente a velha cidade. Os prédios foram invadidos pelos sem-teto; a infraestrutura está desmoronando. Os tentáculos do Grande Satã — cibercafés, condomínios habitacionais, lanchonetes de fast food — já estão lambendo as paredes externas. A antiga e orgulhosa elite de pensadores políticos, filósofos e mercadores fugiu para outras plagas.

Foi o trabalho que meu anfitrião realiza com gesso que me deu uma ideia mais clara de sua seriedade e dedicação. Não há rostos na arte islâmica, nem imagens de animais, plantas, cenas históricas ou paisagens. Tudo o que Deus criou é tabu para o artista, que deve se expressar dentro de limites bastante rígidos, de acordo com uma tradição e uma prática centenárias. Ainda assim, apesar das limitações, vi no trabalho de Abdelfettah — e, mais tarde, no de outros artistas islâmicos — um universo de possibilidades para a expressão da beleza. O que me fez lembrar a cozinha marroquina, em que existem poucos pratos, mas muito espaço para sutis variações. Abdelfettah me mostrou como executava seu trabalho, deixou que eu sentisse as ferramentas de metal atravessando um pedaço do gesso macio e maleável, descrevendo um itinerário delicado pela pureza da superfície branca. Sempre de novo. Vi seus padrões minúsculos e repetitivos que nunca fogem do plano de Deus, sempre dentro das margens controladas do desenho global, sob controle rígido e, no entanto, transbordando para fora, camada sobre camada, anel por anel. Leva-se muito tempo para fazer uma única peça. Quanto, não sei. E havia grande quantidade delas espalhadas pela casa. (Algumas vezes, Abdelfettah aceitou trabalhar para outras pessoas e me confidenciou ter feito recentemente o banheiro de Mick Jagger.) O desafio de todo esse trabalho, a elaboração dos detalhes e sua fé inabalável no que fazia, sua disciplina, sua certeza de ter escolhido o caminho certo — tudo isso me provocou e perturbou de um modo novo. Por que eu não tinha certeza de nada? Por que nunca achara nada que dominasse minha atenção e meus esforços, ano após ano? Olhei para Abdelfettah, imaginando o que ele realmente via em todos aqueles minúsculos entalhes e padrões repetidos, e tive inveja dele. A cozinha profissional sempre me proporcionou minha dose de certeza, algo em que acreditar, uma causa. Cozinhar — o sistema em si — sempre foi minha ortodoxia, mas jamais daquela maneira. Vivo uma vida desleixada e sem objetivo. Eu ansiava pelo que quer que fosse que Abdelfettah tinha e eu não, imaginando que só podia ser paz de espírito. Meus esforços durante uma vida inteira de cozinheiro têm sido... comidos — no dia seguinte, transformados em lembrança, na melhor das hipóteses. O trabalho de Abdelfettah vai viver para sempre. À noite, fiquei lendo o Alcorão, tocado por sua severidade ao mesmo tempo sedutora e terrível, seu absolutismo inquestionável, tentando imaginar as pessoas naquelas páginas, seus problemas muito humanos e suas extraordinárias soluções, quase sempre cruéis.

Acordei no dia seguinte debaixo de três camadas de cobertores; na mesa de cabeceira o aquecedor elétrico, do tamanho de uma torradeira, aquecia minha orelha esquerda, e não muito mais. Meu anfitrião havia convencido mãe, irmã, uma governanta e uma empregada a me preparar dois dias de refeições, num panorama completo dos pratos clássicos de Fez. Eu estava no lugar perfeito para apreciar e aproveitar a comida marroquina. Pergunte a qualquer pessoa no país onde está a melhor comida e responderão que está em Fez. Pergunte onde se deve comer essa comida em Fez, e dirão que numa casa de família. É claro que, se você quer comer comida marroquina como os marroquinos comem, não vai encontrá-la num restaurante.

Quando fui tomar café na cozinha, a mãe de Abdelfettah já estava no batente, trabalhando a massa de grãos de semolina com suas mãos decoradas com os desenhos roxo-avermelhados que a gente vê nas mulheres mais velhas; fazia cuscuz desde o primeiro passo. A irmã fazia *waqa*, uma panqueca usada para enrolar *pastilla* — a apreciadíssima torta de pombo. Os pombos marinavam numa bacia, as amêndoas torravam no caos controlado da cozinha cheia de gente. Fiz um leve desjejum de coalhada e tâmaras, alguns doces e resolvi explorar a medina. Fazer isso sozinho seria loucura. Nunca, nunca mais encontraria o caminho de casa. Abdul não era natural de Fez e teria sido uma má escolha como guia; confiei mais num amigo de Abdelfettah. Vamos chamá-lo de Mohammed.

Quando se está na cidade velha de Fez, caminhando com cautela, descendo escadas íngremes, abaixando-se para atravessar túneis, espremendo-se para conseguir passar por burros sobrecarregados, agachando-se sob suportes de madeira cimentados estrategicamente na parede para desencorajar cavaleiros e suas montarias, centenas de anos atrás — tudo é como quiseram, mas não conseguiram, fazer a cidade parecer em mais de uma centena de filmes. É insuportável; tudo o que se pode fazer é continuar andando, para não barrar o caminho de quem vem atrás. Na medina, basta olhar à volta para perceber como se está longe de tudo o que se conhece.

O cheiro dos curtumes é fortíssimo. O couro é curtido, segundo explicação de Mohammed, em merda de pombo. Se você sempre quis saber por que ainda cheira a cocô aquele chapéu estilo Jerry Garcia que, voltando de Fez nos anos 1970, seu velho camarada trouxe para você de um *ashram*, bom, agora já sabe. A mistura de fragrâncias é perturbadora — temperos, comida cozinhando, tinturas, cedro recém-cortado, hortelã, narguilés borbulhando — e, ao nos aproximarmos do *souk*, os cheiros ficam mais fortes. O *souk* ou mercado é organizado de acordo com um antigo sistema de guildas, o que significa que comerciantes ou negociantes de um certo tipo tendem a se agrupar na mesma área. Passamos por uma rua inteira de amoladores de facas, velhos risonhos e careteiros pedalando suas rodas de pedra com uma perna só, fagulhas voando por todos os lados. Pareciam desvairados ciclistas pernetas. Os comerciantes de tapetes estavam claramente no topo da hierarquia, com prédios inteiros cobertos do chão ao teto de montanhas de tapetes berberes, grandes e pequenos, além de passadeiras e colchas. Aceitei o convite para dar uma olhada. Sentado a uma mesa baixinha, fui "atraído" pela oferta de chá de hortelã, "fisgado" pela tentação de ver tapetes muito bonitos e "traçado" quando acabei jogando fora oitocentos paus em coisas que jamais pensara em comprar. Depois de ter certeza absoluta de que cada centímetro de meu apartamento logo estaria cheio de tapetes cheirando a gado e colchas piniquentas, saí para a luz da rua, piscando. Como Mohammed devia ter tido uma manhã de lucros com a comissão pela indicação, achei que ele estaria bastante motivado para me arranjar produtos da cannabis pelos quais o Marrocos já fora famoso. Ele sorriu ao ouvir meu pedido e desapareceu por alguns momentos. Voltou com três pedaços de haxixe do tamanho de um polegar e um pedaço de *kif* — o grudento e vegetal bloco prensado de maconha.

De cabeça feita, continuei a explorar o mercado. Os açougueiros ocupavam uma longa porção da rua coberta de palha, a carne sangrenta pendendo sobre os balcões ou dependurada por ganchos, muitas das peças cortadas em pedaços que não consegui identificar de modo algum, apesar de todos os manuais e diagramas de cortes de carne que já vi. Pirâmides de cabeças de carneiros ainda cheias de lã e empastadas de sangue, carcaças dependuradas em sua rigidez úmida, atraindo moscas. Açougueiros golpeavam as carnes com cutelos e cimitarras. As pessoas abriam caminho pela multidão montadas em suas bestas de carga e os pedestres paravam para cutucar, apertar, amassar, acariciar, pechinchar e provar. Caracóis e outros moluscos se agitavam, vivos nos cestos de vime dos peixeiros. Havia tendas de carne-seca e de sal, pilhas fotogênicas de especiarias e ervas, balcões de queijos frescos, queijos de cabra embrulhados em folhas, tinas de coalhada, coalho, azeitonas de todos os tons enchendo barris, frutas secas, todo tipo de produto imaginável. Limões em conserva, grãos, nozes, figos, tâmaras. Uma mulher fazia *waqa*, tirando as finíssimas panquecas de uma chapa com as mãos nuas. Outra mulher fazia panquecas maiores, sobre um domo gigantesco de ferro fundido, despejando a massa sobre o que parecia um enorme porta-peruca na vitrine de uma loja de departamentos. Os crepes se enchiam de bolhas e borbulhavam até ficarem sólidos; ela então os retirava como se descascasse a panela e passava, por cima de cada um, uma pasta doce de nozes moídas e tâmaras. Dobrou uma daquelas maravilhas e me deu de presente. Delícia das delícias.

Turbantes, fez, quepes, djelabas, braceletes, *keffiyes*, *chadors*, bonés de beisebol ondeavam sobre as cabeças da multidão, um mar de adereços se movendo devagar no espaço confinado. Era trabalhoso andar, por um quarteirão que fosse. Empurrado pela maré de gente para as laterais do *souk*, vi as lojas de alfaiates com famílias inteiras ajoelhadas, costurando. Carpinteiros que torneavam e lixavam peças de mobília, gente mexendo com metal, martelando e batendo, e mulheres enchendo baldes de água nas fontes comunitárias. Havia um pouco de tudo. Sapatos, brinquedos, joias, estanho moldado, ouro, madeira, couro, artesanato em barro — boa parte das coisas, do mesmo tipo das que você vê nas vitrines das lojas poeirentas do East Village. Acredite, você tem ou já teve a maioria daquelas bugigangas. Sabe as caixinhas entalhadas onde guardava seus segredos? A bolsinha que sua primeira namorada lhe deu? Ainda estão lá em Fez, caso você queira renová-las. Depois de correr o mundo inteiro, passei a acreditar que existe um complexo gigante de fábricas, em Macau ou Taiwan, onde se fabricam todos os artesanatos do mundo, uma vasta linha de montagem em que os trabalhadores enfiam colares de contas e conchas para serem vendidos em toda parte, do Rio de Janeiro ao Caribe e Da Nang, milhares de presidiários chineses aparafusando, montando fuzis marroquinos, esculpindo jogos de xadrez mexicanos e pintando cinzeiros comemorativos.

De volta ao paraíso emparedado de Abdelfettah, corri para o telhado e enrolei um pedaço grande de tabaco picado com o haxixe. Traguei fundo enquanto o canto do muezim ecoava pelo pátio. As crianças de Abdelfettah brincavam com Torty, sua tartaruga de estimação, junto da fonte. Olhei preguiçosamente para os telhados da medina e contemplei os cemitérios e colinas mais além.

MOTIVOS PARA NÃO FAZER TELEVISÃO: NÚMERO TRÊS DE UMA SÉRIE

Chapado de haxixe, fiquei imprestável como apresentador de TV. Sentei-me à mesa com Abdelfettah e sua mulher, Naomi, para comer uma refeição espetacular, uma espessa e maravilhosa sopa de lentilhas e carneiro, chamada *harira*, que é servida tradicionalmente no término do jejum do Ramadã. Havia saladas, brochettes e um cuscuz totalmente etéreo, servido com um tagine ao estilo de Fez, de frango com passas e limões em conserva. Enquanto comíamos, Matthew e Alan se postaram defronte a nós, do outro lado da mesa, câmeras apontadas, na expectativa de algo. Sob o olhar fixo de suas lentes, senti-me incapaz de pronunciar uma única coisa que fosse instrutiva ou interessante. Um bate-papo espirituoso com meus gentis anfitriões estava fora de questão. Encolhi ante a artificialidade da coisa toda, não dava para me virar para Naomi, fingindo naturalidade, e dizer: "Então, Naomi, você não quer me contar tudo sobre a história e a cultura do Marrocos, sua culinária e... bom... de quebra, aproveitar e dar um panorama geral do islamismo? Ah! E me passe o frango, por favor. Obrigado!". Estava adorando a comida, enrolando com os dedos punhados de cuscuz e tagine num pão excelente, com grande habilidade, mas falar não dava.

A meu lado, Naomi transbordava desconforto. Abdelfettah mostrava-se, compreensivelmente, entediado. Matthew deu uma pigarreada impaciente, esperando que eu recitasse algumas receitas e anedotas. Gostei dos meus anfitriões, mas Naomi, articulada, solícita e informada longe das câmeras, emudeceu diante delas. Eu não podia forçá-la. Naquele meu estado de sensibilidade meio neurótica e aguçada pelo haxixe, eu simplesmente não podia colocá-la no centro das atenções, sabendo que as câmeras se aproximariam ainda mais, num close. *Eu* com certeza não tinha nada a acrescentar ao conhecimento já existente sobre o Marrocos, estava ocupado, descobrindo umas poucas coisas — coisas legais — por mim mesmo. Quem sou eu? Dan Rather? Pensam que sou capaz de enfrentar a câmera, cuspindo para fora um sumário perfeito de 1200 anos de sangue, suor, ocupação colonialista, fé, tradições e etnologia — e como tudo se relaciona com um espetinho de frango —, tudo isso em exatos 120 segundos de gravação? Nem mesmo sou Burt Wolf, pensei. E detesto Burt Wolf, com sua impecável roupa branca de cozinheiro, um bloquinho na mão fingindo tomar notas diante das câmeras, enquanto se inclina curioso sobre um chef que labuta numa cozinha do interior da França, explicando superficialmente para seus telespectadores, numa narração sobreposta, o que foi a Belle Époque. Costumava assistir a esses programas com uma tremenda vontade de atravessar de um salto a tela da TV, agarrar o sujeito pelo avental e gritar: "Tire essa roupa de chef, seu merda! Deixa o cara trabalhar em paz na cozinha dele, pelo amor de Deus!". Mas naquele instante eu era o Burt. Pior do que o Burt, porque não tinha a menor ideia ou pista do que estava fazendo. Nesse meu giro pirado e à deriva pelo mundo, eu não tinha feito nenhuma preparação, não sabia nada, de coisa nenhuma.

Podia ter dito, por exemplo, que as passas e os limões em

conserva eram uma característica exclusiva do tagine feito em Fez. Tenho certeza de que teria dado conta de explicar para os telespectadores as diferenças entre o cuscuz legítimo e o instantâneo, de caixinha; de mostrar como ele é cozido — numa cuscuzeira — sobre o vapor do molho fervente do tagine. Estou seguro de que, se tivesse plantado um sorriso nos lábios, rearranjado os pensamentos e me acalmado, teria conseguido extrair do Abdelfettah suas opiniões e esperanças quanto ao futuro de sua cidade, quanto a sua arte, o centro musical que planejava, mas sabia bem que tudo isso acabaria cortado na ilha de edição. Enquanto Matthew se contorcia furioso, o tempo passava, cada segundo pingando feito chumbo derretido no enorme tanque de filmagens perdidas. O que dizer? Abdelfettah tinha achado seu lugar, mas, por mais lindo, correto e intocado pelo mundo exterior, eu sabia que não poderia viver daquela forma. Talvez, pensei, se não houvesse filmagem, conseguiria ser mais natural, relaxado, e entrar mais fundo na experiência. Mas me conheço bem: mesmo se acrescentasse uns confortos adicionais, como uma conexão de alta velocidade, banheira de água quente, pista de boliche, entregas regulares de pizza, comida de deli vinda de Nova York e mais uns donuts cremosos, eu não poderia viver daquele jeito. Nunca. Meus anfitriões pareciam tão satisfeitos e à vontade no contexto de sua cidade, sua família e suas crenças que senti que seria inapropriado submetê-los à bestificação automática do falar olhando para uma lente.

A última refeição que fiz na casa de Abdelfettah foi *pastilla*, a torta delicada e folhada de pombos, envolta e assada em *waqa*, com amêndoas torradas e ovos, e decorada com canela. Assim como tudo o mais, estava deliciosa. Só que me sentia dividido em uma dúzia de pedacinhos, desconfortável no meu papel de caixeiro-viajante da TV. Estava longe de casa tempo demais e sentia frio. Sentia falta do conforto e da segurança de minha própria cidade murada, minha cozinha lá no Les Halles, um sistema de valores que eu entendesse completamente e pudesse endossar sem restrições. Sentado ali, ao lado daquelas pessoas adoráveis e de seus filhos, me sentia como um âncora de telejornal, uma daquelas figuras da mídia de topete alto e olhos inexpressivos que, sempre que eu ia descolar uma divulgação para meu livro, me perguntavam: "Anthony, conte-nos por que *nunca* devemos pedir peixes em restaurantes nas segundas-feiras". Meu ânimo estava mergulhando num fundo buraco negro.

Eu estava sendo "difícil". Não estava "cooperando". Não mesmo. Uma produtora executiva foi mandada de Nova York para aliviar meus dramas de consciência, me animar com o projeto. Ela me mostrou uns trechos do copião de programas anteriores, disse que eu não estava indo mal, bastava que me lembrasse de fitar a câmera e, se pudesse, de fumar menos, não xingar o tempo todo nem criticar outros chefs da Food Network; podia também lembrar de dar uma olhadinha no mapa antes de ir para algum país... Depois de três minutos daquele cursinho de autoajuda, ela mencionou que seu namorado tinha sido sequestrado por alienígenas. Disse aquilo naturalmente, no meio da conversa, como se contasse que assistira ao jogo entre Yankees e Red Sox na semana anterior. Ele tinha construído uma pista de pouso para alienígenas no apartamento deles, acrescentou ela, num tom assustadoramente desprovido de ironia ou ceticismo. Fiquei esperando o momento em que diria: "Claro, ele é totalmente doido, de pedra, mas eu amo aquele cara". Teria sido a gota d'água. Esperei, mas não veio mais nada. Ela seguiu apontando minhas muitas falhas, gentilmente, e me dando uma força para continuar. Acho que até perguntei, de brincadeira, se o namorado havia falado alguma coisa sobre exame de toque retal, uma experiência sempre presente em relatos de abdução por alienígenas em áreas rurais, mas ela não achou graça.

Eu estava só.

Falei com Naomi antes de partir, me desculpei, agradeci por ela ter aguentado a equipe, as câmeras, lamentei ter de deixar aquela casa tão linda, aquela cidade fabulosa, sem ter adquirido nenhum conhecimento verdadeiro ou iluminador. Ela me passou um papel, em que tinha copiado um poema de Longfellow: "Que a noite se encha de música/ Que as tribulações que povoam o dia/ Desmontem suas tendas, como fazem os árabes/ E partam igualmente silenciosas".

Esperava que fosse verdade, pois estava cheio de expectativas quanto ao deserto. Precisava disso.

De Fez ao deserto era um trajeto de nove horas. Atravessamos paisagens com topos de montanha nevados, chalés para férias em estilo suíço — restos da ocupação francesa —, vales e florestas, avançamos pelo meio da cadeia mediana dos Atlas e, depois, seguimos quilômetros e quilômetros de terra totalmente plana, salpicada de cascalho miúdo. Uma faixa longa e ondulante de asfalto que corria por centenas de quilômetros. De vez em quando era possível vislumbrar, ao longe, uádis, mesetas, montanhas, penhascos, grandes morros de terra compacta. A cada oitenta quilômetros, mais ou menos, aparecia um oásis. Alguns não passavam de ajuntamentos da areia que estava por todo lado e de castelos de barro, enquanto outros eram enormes casbás em estilo bolo de noiva, agrupamentos de casas, mesquitas, escolas e mercados, campinhos verdes circundando palmeiras altas, sempre próximos de onde havia, tinha havido ou voltaria a haver água. Sendo de Nova York, eu tinha a presença de água como coisa certa. Mas, no deserto, é uma questão de vida ou morte. Constrói-se onde a água brota ou escorre. Ela é arrancada da terra. Os maiores oásis podem ter quilômetros, no meio da terra gretada que se abriu há alguns milhares ou milhões de anos, parecendo a casca rachada de um brownie assado em demasia.

Comecei a ver camelos com frequência ao longo da estrada, com berberes vestidos de preto ou azul, segurando as rédeas ou montados nos bichos. Via mulheres com as mesmas cores de roupas, azuis ou pretas, e os rostos tatuados, cores e marcas indicando suas tribos. E vi também algo mais, sempre se repetindo no meio da vastidão do deserto duro e sem água, onde por cinquenta quilômetros não se passava por absolutamente nada, nem casa, nem muro, nem mesmo um graveto fincado ou um capim comprido para distrair a vista da sucessão de horizontes. Pois ali, sentados na beira da estrada, vi observadores solitários, gente vinda de carona do fim do mundo para ficar ali vendo um carro ou caminhão ocasionais passar a 120 por hora, sem nem diminuir a velocidade. Aquelas pessoas não pediam nada, não acenavam, nem mesmo erguiam o rosto num sorriso. Impassíveis, olhavam caladas, vestidas com seus trapos, vendo o mundo moderno passar e cobri-las de uma nuvem de poeira.

Abdul só tinha uma fita cassete: os *Greatest Hits* de Judy Collins. Tentei dormir, tentei ignorar a música. Mas enfim a interpretação sem alma e gorjeante de "Both Sides Now" foi me deixando num estado de desespero quase histérico. A estrada até Risani parecia interminável, ainda mais com Judy exercitando os pulmões. A paisagem mudou aos poucos, do deserto banal e ininterrupto de cascalho vermelho para um cenário marciano de tirar o fôlego, com seus picos altos, morrotes achatados, uádis profundos e cidades à beira dos penhascos. Mas ainda predominava o pó. De vez em quando o que se via da janela não era identificável como um ponto do planeta Terra. Nem uma criatura viva. Raramente — muito raramente — havia uma olaria, onde valas fundas tinham sido cavadas para produzir tijolos, e uns poucos bodes com caras infelizes. Divisas aparentemente sem sentido — pilhas de pedras irregulares do tamanho de bolas de beisebol — indicavam a fronteira entre nada e coisa nenhuma. Nem água, nem árvores, nem animais, e assim mesmo ali estavam elas, quilômetros e quilômetros de pedras empilhadas, num equilíbrio precário. Finalmente avistamos Risani, descorada de sol, poeirenta, desconexa, uma cidade de ruas sujas e cidadãos desmazelados. Nos hospedamos no "melhor" hotel, uma falsa casbá de barro e blocos, a combinação já familiar de aquecedor elétrico vagabundo, colchão de molas frouxas e chuveiro enferrujado. Pelo menos havia cerveja no bar, junto com um menu muito especial: tagine, cuscuz e brochette.

Fui até Risani para provar *meshwi*, o carneiro assado inteiro, parte integrante de minhas ilusões sobre aventuras no deserto. Tudo fora arranjado previamente, por telefone, com um grupo de tuaregues especializado em guiar pessoas pelas dunas de Merzouga, uma verdadeira empresa. Mas, depois de fazer uma chamada no seu surrado celular, Abdul me disse que o jantar da noite seguinte, no deserto, ia ser "uma coisa bem especial". Sabia o que queria dizer: os desgraçados planejavam uma ceia de brochette, cuscuz e tagine. Fiquei furioso. Não tinha viajado tudo aquilo para comer cuscuz outra vez. Podia dividir um com os turistas japoneses e alemães, no lobby do hotel. Estava ali por causa do carneiro assado, ao estilo berbere, atacando gordura e testículos com as próprias mãos, junto a uma fogueira com a moçada de azul, o animal inteiro na minha frente, delicioso e crocante. "Eu... eu... quero *meshwi*", gaguejei, "ia comer *meshwi*!" Abdul balançou a cabeça, puxou o celular, fez uma ligação e falou em árabe por uns poucos minutos. "Eles não têm carneiro inteiro", disse: "Se você quer, vamos ter de trazer um nós mesmos".

"Tudo bem", rosnei irritado. "Ligue de novo, diga que amanhã cedo vamos ao mercado e compramos um carneiro inteiro, limpo e temperado, e o que mais precisarem. Jogamos tudo no porta-malas e vamos embora. Só terão o trabalho de executar sua feitiçaria, que é cozinhar o maldito do bicho." O plano era acordar bem cedo, passar no mercado, comprar o carneiro e os acompanhamentos, colocar tudo na traseira do Land Rover alugado e correr para o deserto antes que começasse a apodrecer.

Abdul não parecia muito seguro.

Na manhã seguinte lá estávamos. A carne moída, os ingredientes secos e os vegetais não foram problema. O carneiro, por sua vez, estava se tornando uma dificuldade. Numa viela do fundo do *souk* infestada por moscas, no balcão de um açougue, um vendedor com dentes de ouro ficou pensando um pouco sobre nosso pedido, abriu seu velho Frigidaire dos anos 1950, que não funcionava, e exibiu um pernil de carneiro de aspecto desanimador, cortado de forma grosseira e pingando sangue.

"Só tem a perna", disse Abdul.

"Estou vendo", respondi com irritação. "Diga a ele que quero o bicho inteiro. O que preciso fazer para conseguir um carneiro inteiro?"

"Dia ruim", traduziu Abdul. "Os rebanhos vêm para o mercado na segunda-feira. Hoje é quarta. Não tem carneiro hoje."

"Peça a ele… talvez tenha algum contato", sugeri, "pago bem, não estou procurando ofertas, preciso de uma droga de um carneiro inteiro. Pernis, lombo, pescoço e saco. O bicho completo."

Abdul começou um longo e complicado discurso, despertando algum interesse no açougueiro, que levantou uma sobrancelha. Imagino que dizia algo assim como: "Está vendo este americano imbecil aqui ao lado? O sujeito é um doido! Quer pagar um monte de dinheiro pelo tal carneiro inteiro. Vai valer a pena para nós dois, meu caro, se você botar a gente nessa".

A conversa foi se animando, com várias rodadas de negociação. Outras pessoas foram se juntando a nós, materializando-se das ruelas poeirentas e cheias de lixo, metendo-se na discussão, dando palpites, sugerindo esquemas e debatendo, ao que parecia, suas próprias opiniões sobre a questão. "Ele falou em cem dólares", prosseguiu Abdul, incerto quanto a se eu engoliria tamanha soma. "Fechado", respondi sem piscar. Nada muito distante dos preços de Nova York, e, afinal, quando teria oportunidade de comer carne de carneiro fresca em pleno deserto do Saara?

O açougueiro largou sua banca e nos guiou pelas ruas ensolaradas, no meio de um labirinto de casas que parecia sem fim. As pessoas iam até as varandas para olhar aquela estranha procissão que passava embaixo — americanos, marroquinos e câmeras de TV. À medida que caminhávamos iam se juntando crianças e cachorros, que esmolavam, levantavam poeira e latiam. Olhei para a esquerda e vi um cara sorrindo, com uma faca grande e ameaçadora nas mãos. Ele fez um sinal de positivo com os dedos, mostrando os dentes num sorriso. Eu estava começando a entender o que significa dizer que se quer um carneiro recém--abatido em Risani.

Chegamos a uma manjedoura de teto baixo, cercada por carneiros de aparência desamparada e assustada. Nosso grupo estava reduzido a quatro pessoas e uma equipe de TV. O açougueiro, um assistente, Abdul e eu, que lotamos o espaço apertado de palha e barro, os carneiros nos empurrando e buscando não chamar atenção. Afinal, um animal mais volumoso foi seguro pelo pescoço. Abdul apalpou as costelas e a virilha. Começou nova rodada de negociações. Finalmente chegaram a um consenso e o coitado do bicho foi arrastado para a rua ensolarada, protestando. Outro homem nos esperava com um balde d'água e uma corda. Olhei já meio enojado a vítima em potencial sendo virada bruscamente na direção de Meca. O cara com a faca abaixou--se e cortou no ato o pescoço do carneiro sem cerimônia alguma.

Foi um movimento rápido, profundo e eficiente. Se eu, por alguma razão (e não faltariam motivos), fosse condenado a morrer daquela maneira, não poderia encontrar carrasco mais competente. O bicho caiu de lado, sangue escorrendo, sem um gemido de dor. Logo pude ver sua traqueia aberta, a cabeça tinha sido quase secionada. Mas ele continuava a respirar e ter espasmos. Enquanto o executor batia papo com seus cúmplices, apoiava o pé na cabeça da vítima.

Observei os olhos do pobre carneiro — um aspecto que sempre vejo nos moribundos — no momento em que registravam a morte iminente, aquele segundo terrível e inesquecível em que, por exaustão ou tristeza, ele pareceu enfim decidido a desistir e morrer. Foi um olhar assustador, um olhar que diz "vocês, todos vocês, me decepcionaram muito". Os olhos se fecharam devagar, como se ele fosse dormir, quase resignado.

Tinha conseguido minha carne fresca de carneiro.

Meus novos colegas levantaram o cadáver pelos tornozelos, deixando o sangue escorrer num balde. Fizeram um orifício no couro de um dos tornozelos, o açougueiro encostou a boca e soprou forte, inflando a pele para separá-la da carne e dos músculos. Mais uns cortes rápidos e precisos, e a pele foi retirada como um colante de bailarina. Vira-latas assistiam a tudo, enquanto o sangue pingava, cada vez mais lentamente. O assistente despejava água sem parar sobre a carcaça, que ia sendo trabalhada, as entranhas removidas e separadas. A cabeça foi removida; o coração, reservado para o açougueiro; intestinos e *crépine* (membrana do estômago) guardados para *merguez* e embutidos. Em pouco tempo o carneiro já parecia à vontade na condição de carne, exceto por dois testículos do tamanho de mangas, que pendiam de cabeça para baixo da carcaça invertida, duas bolsas escrotais distintas de veias azuis. O açougueiro me deu uma piscadela, como para dizer que aquela parte era ótima e que devia ser protegida na longa jornada até o acampamento nas dunas; depois de dois talhos na barriga, guardou um testículo em cada um.

Houve mais lavação, um momento nervoso durante o enema post mortem *de rigueur*. E mais lavação. Foram rápidos: o processo inteiro, do *béé-béé* até a carne, levou uns vinte minutos. Caminhei até o nosso Land Rover, refazendo o caminho de ida com a nova turma a reboque. Com a nota de cem dólares no bolso do açougueiro e a experiência lúgubre que havíamos acabado de compartilhar, meu prestígio pareceu crescer. A carne foi embrulhada em um saco grosso de plástico transparente, como o corpo de um mafioso para desova. Tive um calafrio de prazer perverso quando escutei o barulho do corpo morto batendo no fundo do porta-malas.

Completamos no *souk* umas coisas que faltavam para a mise--en-place, enchemos o tanque e tomamos o rumo das dunas de Merzouga. Ansiava pelas areias brancas e limpas, livre dos cheiros de carneiro e medo, afastado dos sons de animais morrendo.

Durante um tempo avançamos pela paisagem lunar compactada, até que, de repente, senti que os pneus afundavam em solo fofo e logo em areia, areia e mais areia, o veículo derrapando numa espécie de cobertura glaçada de uma torta gigantesca. No horizonte se viam os paquidérmicos picos e precipícios avermelhados das dunas de Merzouga, o verdadeiro Saara de minhas aventuras fantasiosas de gibis juvenis. Senti uma sensação de alegria e alívio, uma ideia, pela primeira vez em algum tempo, de felicidade.

Uma pequena cabana de arenito, com berberes vestidos de azul sentados em almofadas, nos esperava. Um grupo de camelos aguardava nas proximidades, os grandes animais ajoelhados e prontos para partir. Montamos e seguimos pelas dunas, em fila indiana, um tuaregue solitário nos guiando desmontado, de azul dos pés à cabeça, e outro caminhando na retaguarda. Alan ia no primeiro animal, eu no segundo e Abdul atrás, ainda usando seu paletó verde e laranja de tweed. Matt e o assistente de produção vinham mais atrás.

Montar um camelo, sobretudo se você sabe cavalgar, não é difícil. Eu estava muito à vontade, encaixado atrás da corcova do bicho, quase num bercinho de cobertores grossos, a montaria avançando com serenidade. Tinha as pernas pousadas à minha frente. Foi uma longa jornada e tive o raro bom senso de me preparar, usando sunga em lugar de cuecas samba-canção.

Alan, ao contrário, não tinha escolhido sua roupa íntima pensando em conforto e segurança. Ainda por cima tendo de montar meio virado para trás, com a câmera apontada para mim, para umas tomadas fundamentais de Tony do Deserto, o coitado não estava no melhor dos mundos. Toda vez que o camelo descia num ângulo acentuado o profundo espaço que separa uma duna de outra, dava para ouvir o Alan reclamando e gemendo de dor, tendo o saco beliscado pela sela. Ele detestou o Marrocos. Já detestava antes mesmo de chegarmos, tinha estado lá antes, noutro trabalho. Sempre que eu reclamava de banheiros sujos, quartos desconfortáveis, garçons grosseiros ou clima frio, fosse em Portugal, na Espanha ou na França, Alan dava um sorrisinho, sacudia a cabeça e dizia: "Espere até o Marrocos. Você vai detestar. Vá se preparando. Babacas com cara de Saddam Hussein, de mãos dadas numa roda e tomando chá. Vai detestar. É só esperar para ver".

Ao contrário, eu estava começando a curtir. Era exatamente o ambiente que imaginava quando começara a planejar o programa. Era para *aquilo* que eu estava ali! Viajar pelas areias do deserto com berberes de azul, dormir sob as estrelas, com o nada em volta, comer testículos de carneiro no meio da imensidão. Nada de sentar ereto a uma mesa de jantar, como uma borboleta espetada com alfinete, babando para a câmera.

Depois de algumas horas, acampamos no sopé de uma duna imensa. O sol se punha e produzia sombras compridas, que se estendiam até onde o olho alcançava, no meio das ondas e depressões arenosas. Os Homens Azuis ocuparam-se de preparar um lanche tardio, algo que nos mantivesse até alcançarmos o acampamento principal, onde passaríamos a noite. Um deles fez um foguinho com gravetos e capim seco. Enquanto as chamas viravam brasas e ele fazia um chá, o outro berbere preparava massa de pão numa vasilha pequena, misturando e sovando com as mãos. Cobriu com um pano e deixou crescer um pouco, depois enrolou com ela um recheio de carne, cebolas, alho, cominho e ervas. Considerando o fogo apropriado, afastou as brasas um pouco e fez um buraco na areia aquecida, onde depositou o disco de massa recheada, diretamente no buraco, e cobriu tudo de novo. Agora, é esperar, disse Abdul.

Aquecido o suficiente para tirar meias, sapatos e ficar só de camiseta, resolvi escalar a grande duna, arrastando minha carcaça cansada, surrada e horrivelmente fora de forma pela inclinação mais suave que encontrei, sentindo cada cigarro e garfada de comida consumidos nos últimos seis meses. Levei um tempão. A cada cinquenta metros dava uma paradinha para recuperar o fôlego, ofegante, preparando-me para os cinquenta seguintes. Avancei lentamente pela encosta, suave mas difícil, de uma crista bem definida e, no alto, me deixei desabar de costas no chão. Levantei um pouco a cabeça, apoiando-me nos cotovelos, e vi pela primeira — e provavelmente última — vez na vida algo em que jamais pensei a sério que poria os olhos um dia: centenas de quilômetros de pura areia, para todos os lados, centenas de quilômetros do mais absoluto e intocado nada. Enterrei os dedos descalços na areia e fiquei lá por um bom tempo, vendo o sol mergulhar devagar no deserto, como um balão murchando, fazendo com que as cores da paisagem passassem do vermelho para o dourado, para o ocre-amarelado, para o branco, e a cor do céu mudando junto. Fiquei pensando como um cafajeste inútil, desgraçado, maníaco-depressivo e envelhecido como eu — um chef descartável vindo de Nova York, com nada de notável numa carreira longa e cheia de altos e baixos — podia, com base num único e inexplicável acerto, se encontrar ali, vendo aquilo, vivendo meu sonho.

Sou o filho da puta mais sortudo do mundo, pensei, contemplando calado e maravilhado todo aquele silêncio e sossego, sentindo-me capaz, pela primeira vez em muito tempo, de relaxar, dar uma respirada sem preocupações, obrigações ou compromissos. Estava feliz só por estar ali, vendo todo aquele espaço maravilhoso e intocado que se estendia à minha frente. Sentia-me bem comigo mesmo, acreditando que o mundo era de fato um lugar lindo e bacana.

Fui despertado de minhas meditações estilo *maharishi* pelo som familiar de pão sendo raspado. Entendi que era um sinal de que meu lanche estava pronto. Desci correndo da duna e voltei ao acampamento. Encontrei a turma de tuaregues tirando os grãos remanescentes de areia de um pão gorduroso, cozido com recheio de carne. Nem um grão de areia ou pedrinha restava quando me passaram uma fatia, uma nuvenzinha de vapor cheiroso saindo de dentro dela. Nos juntamos todos sobre uma manta pequena, comendo e tomando chá enquanto o sol enfim desaparecia por completo, nos deixando no breu.

Os camelos acharam o rumo no meio da escuridão sólida do deserto, subindo e descendo devagar pelos íngremes aclives e declives. Pude entrever no escuro a silhueta do pobre do Alan, cochilando em seu camelo, cabeceando, quase caindo no chão. Acordou num sobressalto e deu um grito, assustando o grupo inteiro. Viajamos por mais umas duas horas numa quase absoluta ausência de luz; a única coisa que se conseguia perceber era a superfície mais escura do mar de areia. Finalmente comecei a distinguir umas poucas luzes piscando no horizonte. À medida que avançávamos, a claridade aumentava. Pude vislumbrar uma fogueira, centelhas se elevando das chamas, contornos do que podiam ser tendas, corpos em movimento. Havia o som de tambores, canto e música numa língua que nunca ouvira. A aparição fantasmagórica sumiu quando os camelos desceram para a parte funda da duna, onde nada era visível e o único som era a respiração pesada dos bichos. Depois de uma subida final e tediosa, tínhamos chegado, de repente.

Um chão decorado por tapetes se estendia por cerca de quarenta ou cinquenta metros, com tendas em volta. Uma mesa com toalha, banquetas forradas e almofadas nos esperava sob um toldo ao ar livre. Um forno de palha e barro, parecendo uma cisterna gigante ou a boca de um canhão do século XVI, brilhava à esquerda, afastado das tendas. Músicos batiam tambores e cantavam, ao lado de uma fogueira alta de troncos, todos vestidos com o mesmo tom de azul ou de negro, de cima a baixo, como nossos acompanhantes. E, maravilha das maravilhas: um bar completo, quase dez metros de comprimento, com uma fileira de garrafas de bebidas variadas e baldes de cerveja gelada, brilhando sob uma fileira de lâmpadas elétricas, ao lado de um gerador que zumbia.

Era como nos velhos tempos: os Homens Azuis tocando tambores com mãos azuladas pelo pigmento vegetal que usavam para tingir suas roupas, cantando e dançando em volta do fogo, e um barman de uniforme completo, simpático e eficiente, que falava francês. Não demorou nada para que eu pegasse o espírito da coisa, batendo nos tambores com meus novos amigos azuis, enrolando um baseado gordinho, prestando atenção enquanto um dos companheiros esfregava cebola, pimenta-do-reino e sal no meu carneiro inteiro e depois o passava por um espeto gigante. Com o auxílio de mais dois sujeitos, o bicho foi carregado nos ombros até o forno de barro fumegante, quase vulcânico.

"Tá vendo?", disse Abdul, acariciando uma Heineken numa das mãos e metendo a outra por uma abertura no topo do forno. "Algo bem especial. Muito quente." Os tuaregues se abaixaram até a base do forno, onde havia outra abertura, bem menor, e dali retiraram, com um bastão, todas as brasas e os pedaços fumegantes de madeira. Fecharam rapidamente a abertura com barro fresco e úmido. Meu *meshwi* entrou por cima e desceu, preso com arame ao espeto, depositado na vertical dentro do forno largo e ardendo ainda a uma temperatura nuclear, uma bola de carne por cima, como tampa. A tampa foi fixada no lugar com um pouco mais de barro; os tuaregues vigiavam cada canto do forno para verificar se a vedação era total, reforçando-a aqui e ali, tapando buracos ou rachaduras, qualquer falha que pudesse deixar algum calor escapar. Abdul e eu nos retiramos para o bar.

Trouxeram água e sabão numa bandeja de prata, como em Moulay Idriss; lavamos as mãos e começamos a ser servidos com a habitual variedade de azeitonas saborosas, saladas e pães. Uma versão da sopa *harira*, mais grossa e com mais gosto de carneiro, chegou numa terrina, muito apropriada numa noite em que começava a fazer muito frio. Abdul estava bem mais relaxado, depois de várias cervejas, divertindo a gente com boas piadas, muitas delas me fazendo ver, com tristeza, que piadas sobre judeus são as mais populares no Marrocos. E que se você substitui poloneses e caipiras pelos líbios, nossas piadas funcionam muito bem no deserto. Por fim, depois de hora e meia bebendo e comendo, chegou o *meshwi*, apresentado numa tábua comprida, um Homem Azul logo atrás, carregando uma adaga com jeito de bem afiada. Ainda fervendo de tão quente, o carneiro fora assado até ficar crocante — muito além do ponto que eu, no meu mundo de garfos e facas, o teria deixado no fogo. A pele tinha alguns pontos queimados e os ossos das costelas saltavam através de músculos encolhidos. Ainda assim o cheiro era inacreditável e descobri que aquele ponto de cozimento da carne, mesmo não sendo o meu favorito, era necessário no universo da comida sem refrigeração e também para o estilo de comer a refeição: cutucando, rasgando, despelando, agarrando e chupando a carne. Afinal, ali não havia faca de nenhum tipo, daquelas que usamos nas nossas costeletas de carneiro rosadas e certinhas.

O chef partiu o carneiro em alguns pedaços principais e, depois, tornou a partir esses pedaços em porções pequenas o suficiente para segurar com uma mão. Convidei todos, tuaregues e chef, a se juntarem a mim na mesa e, depois de alguns *bismillahs*, estávamos prontos para atacar. O chef fez um movimento rápido com a adaga, destacando do escroto do bicho um testículo enorme. Com certa cerimônia e a aprovação risonha dos membros da mesa, depositou o objeto venoso na minha frente. Sentou e se serviu de uma boa porção da outra bolota. Abdul se satisfez em arrancar com os dedos pedaços fumegantes de lombo e de pernil, enquanto eu, pedindo a ajuda de Deus, enfiei na boca um bocado da gônada.

Era sensacional. Tenra, quase etérea, com um sabor muito sutil de carneiro, muito menos acentuado que no lombo ou no pernil, tudo fazendo lembrar as molejas: a textura na mastigação e o sabor. Foi seguramente o melhor testículo que já pus na boca. E o primeiro também, apresso-me em acrescentar. E amei cada pedacinho. Delicioso, prazeroso. Comeria de novo sem pestanejar. Se eu servisse um prato assim no restaurante, sem dizer o que era, ou chamando-o de, por exemplo, "Pavé d'agneau maroc", você iria adorar. Pediria mais e eu ficaria todo orgulhoso. Experimento de tudo, ao menos uma vez, mas, quando não gosto e percebo que a expectativa era exagerada, é bem decepcionante. Contar aos outros sobre a bílis de serpente que tomei no Vietnã rende uma ótima história, mas é uma frustração quando a coisa é tão ruim quanto soa. Saco de carneiro, porém, é delicioso. Recomendo-o sem hesitações e sem reservas.

Abdul, a equipe, os Homens Azuis e eu demos cabo do carneiro bem rápido, trabalhando seriamente com as mãos, até que tudo ficou reduzido a umas sobras bem remexidas, parecendo a autópsia de uma vítima de queimaduras. Quando a fogueira foi se apagando e os músicos, serventes e camelereiros evaporaram para dentro de suas tendas, fiquei a sós com Alan, Matthew, um tijolo de haxixe e aquele clássico apetrecho emergencial para fumar: o cachimbo feito de papel higiênico e papel-alumínio.

A temperatura estava próxima de congelante; nos enfiamos em pesados cobertores de pelo de camelo e nos pusemos a cambalear à toa pelo deserto, rumo à lua amarelada pairando sobre ele. Com os cobertores nos tapando da cabeça ao tornozelo parecíamos leprosos, caminhando a passos incertos em meio à escuridão. Quando chegamos a um consenso sobre a duna e a distância certa para uma pausa — seguros de que dali saberíamos voltar ao acampamento —, sentamo-nos na areia fria e fumamos até um estado que, décadas antes, poderia ter sido tomado equivocadamente por "iluminação". Nossas tossidas e risadas eram abafadas pelas dunas. Uma vez, surrupiei a frase "uma constelação fascinante de estrelas" de um escritor bem melhor, não me lembro qual, só que a roubei. E a frase me veio à mente quando levantei os olhos para o céu espantoso do Saara, as luzes brilhantes e profundas, a queda rapidíssima de cometas, uma lua esmaecida, dando às ondulações na areia o aspecto de um mar enregelado. Concordo que o universo seja imenso, mas não parecia maior que o vasto mundo que se abria à minha frente.

A estrada da morte

Acabo de ter a mais intensa sensação de ter estado cara a cara com a morte.

E vou ter outra. E depois mais outra.

Estamos descendo a toda a velocidade pela Autopista 1, na direção de Can Tho; vou sentado no banco de trás com Philippe, numa minivan alugada, a buzina soando o tempo todo, pois avançamos sobre a faixa divisória da pista, em direção ao tráfego na direção contrária. Há um caminhão-pipa vindo em alta velocidade, uns cem metros à frente, dando todos os sinais de que não vai recuar, também buzinando desesperadamente. Linh e o motorista vão no banco da frente, com dois câmeras atrás de nós, e tenho certeza de que todos vamos morrer em breve.

Durante a guerra, a Autopista 1 era considerada perigosa: atiradores de tocaia, sapadores, emboscadas, minas de controle remoto, os riscos normais de uma guerra de guerrilhas. Não me parece menos perigosa hoje em dia. Guarde bem uma regra para dirigir no delta do Mekong: mantenha-se no ataque com sua buzina. Uma buzinada significa "Mantenha o que está fazendo, não faça nenhum movimento repentino, não altere nada e é provável que tudo termine bem". Não significa "Vá devagar", ou "Pare", ou "Vá para a direita", nem "Sai da frente". Se você tentar fazer qualquer dessas coisas na Autopista 1, depois de ouvir a buzina do carro de trás, se hesitar um segundo, olhar para trás, frear, vai se ver imediatamente numa fogueira de ferros retorcidos no meio de um campo de arroz. A buzina significa só isto: "Estou aqui".

E tem muita gente aqui hoje, subindo e descendo a estradinha de duas pistas a toda a velocidade e buzinando feito doida. O caminhão-pipa vem se aproximando cada vez mais; posso ver seu radiador e a marca do fabricante russo no capô. Nosso motorista mantém o pé no acelerador sem diminuir em nada a velocidade. Estamos bem no meio da pista, onde seria a faixa de ultrapassagem, se houvesse alguma… Há uma fila veloz e ininterrupta de carros à direita, sem nenhum espaço entre eles para enfiarmos nossa minivan; o mesmo na esquerda, e o acostamento é um desfile compacto de ciclistas, motociclistas, búfalos e motonetas, todos carregados com sacos de comida, motores de máquinas de lavar roupas, sacos de fertilizante, galos batendo asas, toras de lenha e famílias inteiras. Portanto espaço não há, mesmo que nosso motorista resolva abortar a missão e voltar à base. Se ele decidir que, pensando bem, o outro cara não vai ceder nessa maluquice de jogo em alta velocidade e que vai ter de sair da pista para evitar uma colisão, não tem para onde ir!

Estamos tão perto agora que posso ver a fisionomia do motorista do caminhão, a cor de sua camisa, o maço de cigarros 555 no painel. No instante em que nossos para-choques estão para se tocar, pulverizando-nos numa explosão de gasolina, graxa, vidro, ossos e sangue, dois carros à nossa direita abrem um súbito espaço e nos encaixamos lá, numa espécie de coreografia infernal em alta velocidade. O caminhão passa por nós numa chicotada de vento, a menos de um centímetro de nos acertar, deixando aquela sensação estranha de vácuo que faz a pressão cair, tal como acontece quando dois trens se cruzam, disparando em direções opostas. Philippe olha para mim, balançando a cabeça e pergunta: "Ainda estamos vivos?... Eu... Eu podia jurar que aquele caminhão cortou a gente no meio". Ele não estava brincando.

A todo momento, a operação se repete, começamos uma ultrapassagem — às vezes, ultrapassando um veículo já a ultrapassar outro —, ocupando a pista inteira, em fila de três, bem de encontro aos outros carros fazendo o mesmo na direção contrária, uma barulheira de buzinas se enfrentando, um mar de avós, crianças, camponeses em bicicletas sucateadas nos dois lados da estrada, tudo isso acrescido de um ocasional carro de bois ou um búfalo se metendo de surpresa no meio da estrada.

Outra vez.

E outra vez. Agora parece ser um caminhão do exército, camuflagem verde, cheio de soldados de uniforme na carroceria. Vem na nossa direção sem frear. Nosso motorista não está nem aí, conversando animadamente com um Linh igualmente indiferente, quase nem prestando atenção no que vai ser, com certeza, nossa iminente tragédia. Buzina, e buzina de novo, confia plenamente naquela coisa, como se fosse uma varinha mágica capaz de alterar as leis da física. O pé dele firme no acelerador, o motor a mil. Noto os nós dos dedos de Philippe empalidecendo, cada vez mais brancos nos braços do assento, vejo Chris pelo retrovisor, arregalando os olhos. Há uma suspensão coletiva da respiração no grupo ocidental, aguardando o impacto e pensando nos nossos entes queridos, preparando-nos para voar pelas janelas. E de novo, de algum jeito, voltamos ao tráfego normal, um estrondo rápido de deslocamento de ar entre os dois veículos que quase rasparam a tinta de suas latarias. E lá fomos para a faixa central da estrada outra vez, buzinando selvagemente para um carro que segue lento à frente, em cuja traseira grudamos a 120 por hora.

Seja qual for a magia que, acredita o motorista, envolve nosso carro, protegendo-nos da catástrofe, começamos a acreditar que ele tem razão — é a única explicação para o fato de continuarmos vivos e incólumes. Tantas vezes escapamos por um triz de colidir que, após uma hora de viagem, a ideia de que somos invulneráveis parece plausível, algum tipo de mandinga vietnamita que evita o amassamento de nossas cabeças contra outro veículo. Avançamos rumo aos mais ultrapassados e variados modelos de calhambeques russos, todos com vinte anos ou mais de idade, e nós sempre no talo do acelerador, sentindo aquele efeito Doppler estranhíssimo, o vento nos lançando para o lado, em cima de uma família de quatro sobre uma bicicleta cambaleante, buzinas uivando a toda. Em mais de uma ocasião ficamos tão próximos de atropelar um pedestre ou uma bicicleta carregada que tenho certeza de que chegamos a encostar neles. Numa outra situação, teríamos há muito tempo mandado que o motorista fosse mais devagar ou até tentado tomar dele a direção (é um doido tentando nos matar a todos), mas não há um segundo em que não estejamos paralisados de medo, esperando o choque, ou certos de que, se falarmos algo ou desviarmos a atenção dele, por um segundo que seja, isso causaria nossa morte imediata.

Com os nervos abalados, acabamos por aceitar o destino inevitável e tentamos ignorar o que se passa lá fora, além da fina camada de metal e vidro que nos envolve, ou apenas rezamos, exaustos da tensão e perto de uma crise histérica.

Can Tho é uma cidade de construções baixas, à beira de um rio, com uma arquitetura ao estilo dos colonizadores franceses. Fomos para o Hotel Victoria Can Tho, um dos muitos hotéis estrangeiros luxuosos que surgem cada vez mais no Vietnã. É majestoso, bonito, com um saguão claríssimo e arejado, assoalho de mármore branco e preto, piscina e embarcadouro nas margens do rio Mekong, quartos de madeira de lei, teca e mogno, com camas confortáveis e TV por satélite. Tem um centro de convenções, academia de ginástica e massagem, restaurante e bar bem razoáveis — e uma bateria antiaérea pouco adiante, na mesma rua. Quando passamos por lá, Linh lembra aos câmeras: "Sem fotos, por favor".

Logo que entrei já pedi um daiquiri de manga. Puxa, não há nada melhor que um hotel chique após vários enfrentamentos com a morte. Resolvi esbanjar: mandei minhas roupas detonadas para a lavanderia, marquei uma massagem de hora e meia e me convidei para um almoço tradicional vietnamita: club-sandwich de frango, com bacon, alface e tomate. Philippe, de roupão do hotel com monograma, já estava na piscina. Em pouco tempo eu estava besuntado em óleo, semiadormecido sobre uma mesa, com uma vietnamita miudinha caminhando sobre minhas costas, já esquecido da sorte que era ainda estar vivo.

Começo a acreditar que há muita disfunção peniana na Ásia. Não há outra explicação. Parece não haver o que não tenha sido investigado minuciosamente em suas propriedades potenciais relativas ao levantamento de troncos. Se o garçom ou um conhecido tenta fazer você provar algo que de outra forma jamais poria na boca, é porque faz você "ficar forte". Só o desespero explica tudo o que os chineses, por exemplo, aprontam em nome da "medicina". Eis aí algo bom para contar a seus amigos New Age, que andam aloprados com a "medicina holística" e "terapias alternativas chinesas". Dizem que há na China ursos conectados a máquinas de diálise que sugam ininterruptamente sua bílis para dentro de garrafinhas. Chifre de rinoceronte. Pata de urso. Ninhos de passarinho. Embrião de pato. Para machucar um lindo ursinho é preciso estar muito desesperado com o próprio pinto.

E também só muita preocupação com o pênis justifica comer no restaurante Meu Kanh em Can Tho. Nosso garçom nos recebe orgulhoso e nos leva a conhecer o estabelecimento, antes de comermos. Trata-se de um bosque grande, com uma passarela de cimento estreita que serpenteia por entre jaulas parecidas às de um zoológico. São as seleções do cardápio. Tudo o que está ali pode ser pedido como jantar. Perco o apetite logo que vejo o ursinho. Há cobras, morcegos, crocodilos, garças, lagartos, um píton de oitenta quilos, macacos e cachorros. Os cachorros — o garçom assegura sem muita convicção — não estão à venda. Passamos por lagos onde se pode pescar o próprio peixe-elefante ou um bagre. E no meio desse jardim de torturas, no centro de tanto medo que se irradia das jaulas, ficam lindos bangalôs, onde executivos chineses e taiwaneses vêm para fins de semana de sacanagens, trazendo as amantes a reboque. Vêm comer animais que a maioria dos americanos só conhece pelo Discovery Channel — imagino que para adquirir em primeira mão as qualidades desses bichos, antes de mandar matá-los e comê-los. Suponho que o plano seja pedir a conta correndo e zarpar para o bangalô, fazendo o possível para produzir uma ereção. Os proprietários estão construindo uma piscina, o garçom nos mostra com orgulho. É um horrível parque temático da crueldade, e tudo me deixa enjoado. Já é terrível o bastante querer comer algumas daquelas criaturas. Mas ficar ali deitado com uma amante, ao lado das vítimas, ouvindo os animais morrerem, que raio de fim de semana romântico é esse?

Philippe e eu nos contentamos em pegar nossos próprios peixes-elefantes num poço lodoso de águas paradas e coberto com filme plástico; um menino aponta o lugar exato onde baixarmos nosso anzol. Leva trinta segundos para pegarmos nossas entradas.

Como primeiro prato optamos por algo razoavelmente inocente, pernas de rã ao curry, e, depois, uma cobrinha verde com mandiopã de camarão, alho, hortelã e amendoim. Um pouco de morcego grelhado (imagine um pneu de borracha assado com molho de água de radiador). Não comemos nenhum animal de olhinhos bonitinhos. Não estava a fim, naquele dia. Philippe e eu remexemos nossa comida sem entusiasmo, uma nuvem malcheirosa de peixe fermentado, vinda de uma fábrica de *huac nam* próxima, não ajudava o apetite em nada.

Ninguém deveria ir àquele restaurante.

O garçom é um cara legal, educado, amável e atencioso, mas não consigo tirar da cabeça a imagem horrível: se eu pedir um macaco para comer, ele vai lá e degola o bicho com a mesma expressão simpática no rosto.

No dia seguinte meu humor estava bem melhor; embarcamos num passeio pelo rio, até o mercado flutuante na vizinha Cai Rang. Uma linda manhã, o sol formando auréolas rosa e laranja em torno das nuvens, uma luz hipnotizante vinda das águas. Vamos passando pela apinhada zona ribeirinha de Can Tho, casas com estrutura de bambu e teto de palha, ao lado de palmeiras muito altas. O próprio rio fervilha de atividade, pescadores com suas redes feitas à mão estendidas sobre a água como asas de mariposas gigantes, mergulhadas e puxadas de volta com engenhosas alavancas de bambu. Famílias passam em seus *sampans*, outros trazem apenas mulheres solitárias remando na popa, bebê sentado na proa; barcos sobrecarregados de blocos e material de construção. Há até posto de gasolina flutuante — um tanque de 4 mil litros pilotado por um velho que fuma sem parar. Quanto mais nos aproximamos de Cai Rang mais intenso fica o movimento fluvial. São tantos os *sampans* e estão tão mergulhados na água que nem dá para imaginar como se mantêm à tona. Barcos com pilhas altas de sacos de arroz, fertilizante, produtos, palmeiras em vaso, gaiolas de galinhas vivas.

E também os vendedores flutuantes de comida.

Um *sampan* bufante estaciona ao lado do nosso e pergunta se queremos café. Ele tem um equipamento completo da Starbucks junto do leme. Amarrando seu barco ao nosso com uma corda gasta, começa imediatamente a preparar nosso pedido, mantendo os barcos alinhados com uma mão, enquanto avançamos rio afora, e, com a outra mão, fervendo, filtrando e despejando em copos altos aquele fabuloso café vietnamita. Outro barco, dessa vez vendendo baguetes, chega pelo outro lado. Compramos algumas. Estão quentes, crocantes e deliciosas, tão boas quanto qualquer uma em Paris. Um barco que vende *pho* se reúne a nós e em minutos Philippe e eu estamos mergulhando com voracidade nas nossas tigelas de um fantástico macarrão com carne picante, um bife de fígado e aquelas guarnições coloridas e crocantes que fazem o sabor se destacar mais. Poderia ficar comendo ali pelo resto do dia. Basta ir flutuando e as pessoas vão chegando. Sanduíches de patê, rolinhos primavera, bifes rolê a escolha, doces — tudo no meio de um rio movimentadíssimo. No mercado há peixeiros flutuantes, armazéns de secos e molhados, bancas de miúdos, padeiros, verdureiros, floristas, tudo em barquinhos encharcados, de aparência porosa, idade indefinida e pouca confiabilidade marítima. Sugando o restinho do meu *pho* matinal, penso comigo que isso é que é viver. Todo mundo sorridente. Crianças gritando "olá" e dando "até logo", ou dizendo "Feliz Ano-Novo!" — só para praticar as poucas palavras de inglês que sabem. Um barco de doces vende mangas e bananas cristalizadas, melão num pauzinho, talhadas de abacaxi, jacas inteiras, mangustão, durião, pitaia e maçã caramelada. Barcos passam com pilhas de *bahn* em quadrados e triângulos pendendo da cabine, uma loja de conveniência completa a bordo, vendendo cigarros, refrigerantes, cerveja e suco de frutas em saquinhos plásticos. Mulheres cozinham em woks cheias de óleo fervente, em embarcações velozes; grelham trouxinhas de carne moída envoltas em folhas de hortelã, fritam passarinhos, fervem macarrão. Tudo tem um cheiro ótimo. Tudo parece bom de comer.

Na praia distante consigo ver cabanas sem portas, construídas sobre a água, praticamente sem mobília, exceto por uma rede dependurada e o brilho de um aparelho de televisão que já passou por muitos consertos. Há antenas de TV sobre latrinas de estilo medieval, construídas sobre a água. Observando a praia se pode ver cada estágio da vida ribeirinha: mães que dão banho nas crianças, lavam roupas, enxáguam suas panelas na água barrenta, abrem círculos de papel de palha de arroz para secar nos telhados, varrem cuidadosamente suas minúsculas habitações, cada centímetro arrumado e limpo.

Algo que vi todo o tempo no Vietnã, que faz sua comida ser tão boa, sua gente tão adorável e marcante: orgulho. Em toda parte, todo mundo dá a impressão de estar fazendo o melhor que pode, criando, consertando, inovando. Um sentimento exibido em cada barraquinha de sopa, cada *sampan* vazando, cada quintal varrido e organizado, cada plantação de arroz verde. É possível notá-lo no seu sistema de irrigação centenário, com seus diques e canais, nas pinguelas de corda, nos sapatos recauchutados, no pneu transformado em sandálias, nas ruas absolutamente limpas das cidades, no bebê bem tratado com seu capuz colorido de tricô. Pense o que quiser sobre o Vietnã, sobre o comunismo e sobre o que aconteceu lá tempos atrás. Ignore o óbvio, se quiser: que aquela gente está mais ligada — e sempre foi assim — às noções familiares, a suas aldeias, províncias e somente depois disso tudo à nação; que ideologia é um luxo que poucos podem ambicionar. Não há jeito de escapar de uma impressão positiva de trabalho duro, de atenção aos detalhes, de cuidados que são tomados na vida do dia a dia, não importa quão mundanas ou difíceis sejam as circunstâncias. Passe um tempo no delta do Mekong e você vai entender como uma nação de agricultores pôde derrotar a maior potência militar do planeta. Observe as mulheres nos campos de arroz, abaixadas na água por oito, dez horas por dia, catando touceiras de arroz com água até a altura dos joelhos e depois mudando-as de lugar e replantando-as. Pare para examinar o intrincado sistema interligado de irrigação da Idade da Pedra, inalterado por centenas e centenas de anos, o nível de cooperação necessário entre vizinhos só para retirar uma mínima subsistência, e você vai entender tudo.

Esse povo sobreviveu a todo tipo de ataques e bombardeios. Foram mais inteligentes que a CIA, o Conselho de Segurança Nacional, os satélites, os assessores militares, aviões cargueiros camuflados, equipados com sensores refinados, metralhadoras Gatling e tripulados por grupos inteiros de especialistas em inteligência, bem-treinados, que esquadrinhavam o solo com monitores acurados; venceram B-52s, mercenários, unidades especiais de "contraterrorismo", regime após regime de líderes corruptos de clãs que pouco se importavam com a sorte de seu povo. Sobreviveram a Bob Hope e *Caipiras de Beverly Hills* e ao pior que a luxúria e a cultura americanas tinham para oferecer. Derrotaram os franceses. Derrotaram os chineses. Derrotaram o Khmer Vermelho. E sobreviverão ao comunismo também. Em cem anos os comunas terão partido, como nós também, mera nota de pé de página na luta histórica longa e trágica do Vietnã. E os campos de arroz do delta, este mercado e este rio ainda exibirão a aparência que têm hoje, e que tinham cem anos atrás.

Gosto daqui. Gosto muito.

Tóquio revisitada

Só estive em Tóquio uma vez, mas sabia que, logo que voltasse, assim que pusesse os pés naquele chão, cairia na mesma balada, um misto de excitação e correria. Para mim Tóquio é como o trailer acelerado de um filme de ação, com cortes vertiginosos e um som ensurdecedor, mostrando só os melhores momentos, cada vez mais rápido, rapidíssimo, num crescendo de adrenalina, até que a tela se escurece e fica a promessa de mais emoções.

Nenhum outro lugar que visitei, ou de que ouvi falar, causa tanto rebuliço garantido no cérebro de um cozinheiro, estimulando profundamente seus centros de prazer. Nenhuma culinária, na acepção mais ampla do termo, faz tanto sentido: os elementos mais simples, frescos e puros do prazer gustativo refinados e reduzidos ao mais essencial. Ao contrário das ruas de Tóquio — e boa parte de sua cultura popular —, os setores tradicionais da alimentação e do relaxamento são austeros, intransigentes, livres de distrações e repetições, lindos à maneira de um único lírio branco: sereno e misterioso. Os japoneses, trabalhadores compulsivos, ultradisciplinados, doentiamente reprimidos, obsessivamente arrumadinhos, têm uma outra vida de imaginação e fantasias poderosas, até mesmo lúbricas. Durante séculos se dedicaram seriamente a pensar com exatidão o que é desejável e necessário para a obtenção de prazer. O desnecessário, o supérfluo, o redundante, o que não atinge a perfeição, tudo isso é descartado. O que fica, em geral, é um ambiente vazio, um futom, uma flor singular e perfeita.

As ruas são barulhentas, fitas de Moebius de luzes cintilantes, gigantescos e gritantes luminosos, fileiras e fileiras de seres humanos bem reprimidinhos, vestindo roupas idênticas (neste ano *todas* as adolescentes vão tingir o cabelo de vermelho!), seus programas de TV um exagero de mau gosto, renas histéricas dançando break, apresentadores hiperativos, fantasias de animais lindinhos, fofinhos e exageradamente psicodélicos nas cores, heroínas de desenho com olhos de bonecas, uma pornografia das mais horrendas, brutais e perturbadoras na face da Terra, taras sexuais que fazem até os alemães parecerem bem ajustados; e são capazes de ensinar às crianças na escola que nada daqueles absurdos da Segunda Guerra aconteceu de fato... Mas, vendo-se a coisa do ponto de vista de um cozinheiro, que importância tem tudo isso? Eu fui até lá para comer. E quando chega a hora de sentar à mesa, ou passar um prolongado fim de semana descansando, ninguém no planeta oferece nada melhor que os japoneses.

O negócio, meu querido, é peixe, peixe e mais peixe. Você gosta de peixe? Vai adorar o Japão. Eles já peneiraram os oceanos do mundo todo, atrás do que há de melhor para comer. E pagam qualquer quantia — qualquer mesmo — pelo que é bom (já presenciei meu amigo Taka, no Sushi Samba em Nova York, pagando, sem pestanejar, oitenta dólares por meio quilo de *o-toro*, no atacado). Na verdade, me dá barato só de percorrer os mercados de peixe japoneses; só de pensar, já me dá taquicardia. Perdi muito tempo na minha viagem anterior ao Japão, trabalhei

174

demais e zanzei sem rumo. Eu me sentia meio intimidado pelas diferenças, pelas multidões, pela língua estranha. Relutava em me meter com a cara e a coragem em restaurantes populares lotados ou bares de homens de negócios. Dessa vez planejava perder menos oportunidades. Minha busca pela "refeição perfeita" podia esperar, afinal eu estava no Japão, sabia que teria muitas refeições perfeitas, pois é a especialidade deles.

Foi um voo lotado, saindo do aeroporto Kennedy, e eu estava agitado demais para conseguir dormir. Depois de três filmes, três refeições e catorze horas até Narita, com as turbinas zumbindo sem parar, cheguei àquele ponto em que ansiava feito doido pelo momento em que o ritmo dos motores se altera, a velocidade começa a diminuir, o avião inicia sua lenta descida; cada segundo enervante de zumbido monótono constituindo uma forma requintada de tortura. Deviam distribuir mordedores de borracha na classe turística — precisava de um na hora em que os comissários começaram a mandar fechar mesinhas e verificar se nossos assentos estavam na posição vertical.

Fiquei hospedado no hotel Tateshina, em Shinjuku, um lugar acanhado, para homens de negócios, numa rua secundária. Meu quarto, do tamanho de uma casa de bonecas, tinha uma cama dura mas confortável, uma escrivaninha barata, aparelho de TV e um travesseiro que parecia de areia. As paredes eram finas. Do lado de fora do quarto havia uma máquina que vendia minha marca de cigarros, café, cerveja Asahi e cartões magnéticos para ver o canal pornô (Cherry Bomb). Tomei uma ducha no boxe hermeticamente fechado, me vesti e caminhei na chuva até Kabuki-cho, seguindo direto por uma rua toda iluminada por neon e cheia de placas de propaganda; passei por um tranquilo templo xintoísta, desemboquei num largo apinhado de ativos fliperamas japoneses, bares de encontros, cafés suspeitos, espeluncas de *yakitori* e bordéis. Virando em Golden Gai, tudo era ainda mais apertado, as ruas circundadas por bares de uma ou duas mesas. Acima de tudo isso, sobre um emaranhado de escadas de incêndio, fios elétricos e placas dependuradas, arranha-céus piscavam suas luzes vermelhas. Bem--vindo a Tóquio. Eu me espremi por uma passagem do tamanho de uma cabine telefônica, atravessei um banco de *hibachis* brilhantes, sentei-me e pedi uma cerveja.

Uma toalha quente veio acompanhando a cerveja. Pedi picles e *crudités* com missô, uma tigela de *onsen tomago* (ovo poché com um monte de batata e alga), costela de olho-de-boi com rabanetes, umas asinhas de frango, cogumelos shiitake recheados e algumas bagas de gingko grelhadas. A vida ficou boa outra vez. As horas malditas na classe de transporte de gado, os joelhos encostando no queixo, com o olhar parado em Mel "Babaca" Gibson e Helen "Canastrona" Hunt, que estrelam aqueles filmes do tipo *O que o Tony NÃO gosta*, com a participação de Gene "Pau para Toda Obra" Hackman, no papel (surpresa!) de um técnico de futebol mal-humorado mas de bom coração e, em seguida, Gene "Olha eu de Novo" Hackman no papel de um ex-agente da contraespionagem, mal-humorado mas de bom coração. Tudo isso desapareceu numa lembrança desagradável.

Naquela noite acordei às três da manhã. Fiz chá verde no quarto, num estratégico *denji* que estava lá. Tentei escrever. Tentei telefonar para minha mulher em Nova York, mas caiu na secretária eletrônica (Elvis Costello cantando "às vezes queria que você parasse de falar"). Desliguei, me sentindo, pela primeira vez desde que começara a viajar, completa e definitivamente separado de minha vida anterior, um universo inteiro de distância de casa; tudo o que já tinha sido ou feito transformado numa espécie de abstração. Cheguei a pensar que só eu estava hospedado no anexo do Tateshina, até escutar uma descarga sendo acionada, através das paredes fininhas. E em seguida o som de meu vizinho gemendo. Ele estava sintonizando a Cherry Bomb.

Voltei a dormir e tive um sonho muito vivo, em que Nancy havia reformado nosso apartamento e me recebia com uma festa surpresa. Todos os convidados eram asiáticos e todos se abraçavam muito. Por algum motivo Leslie Gore estava presente, cantando "It's My Party". Quando Nancy me abraçou, no sonho, pude senti-la perfeitamente.

Acordei cedo e comprei uma lata de café na máquina. Encontrei-me na frente do Tateshina com minha tradutora e acompanhante, Michiko, uma jovem muito bem-vestida, muito competente e bonita que o pessoal da TV contratara. Na direção de uma perua alugada estava meu motorista, Shinji, um cara cabeludo com um boné dos Yankees. Os dois falavam um inglês perfeito, e Shinji estava por dentro de todos os resultados e contratações recentes dos Yankees; assim, me senti em boas mãos. No caminho para o bairro de Ginza, Michiko manteve uma conversa ininterrupta no celular, agendando tudo, enquanto Shinji e eu discutíamos a possível venda do Brosius.

Dessa vez eu tinha uma agenda, para variar. No alto da lista estava *sushi Edomae*. Edo era o antigo nome de Tóquio e o termo *Edomae*, quando acompanhado da palavra *sushi*, quer dizer à maneira antiga, no estilo de Edo, uma versão sem enfeites para grandes mestres, isso numa cultura que já reverencia o sushi. Mishiko tinha me apresentado ao senhor Kiminari Togawa, um mestre em *sushi Edomae*, proprietário e chef do restaurante Karaku, no caro bairro de Ginza.

Embora na outra viagem eu já tivesse visitado a mãe de todos os mercados de peixe — uma experiência que muda sua vida, para sempre, e dá muita inspiração —, desta vez iria com um especialista. O plano era encontrar Togawa-san no seu restaurante, acompanhá-lo a Tsukiji para as compras do dia, voltar ao restaurante e comer até cair. Já escrevi antes sobre Tsukiji e gastei todos os superlativos de que dispunha. Pode acreditar: é o Taj Mahal, o Coliseu, a Pirâmide dos frutos do mar. Toda aquela fartura inacreditável espalhada por metros e metros de concreto, agitada e saltando de tanques, empilhada em fileiras coloridas, arrumada cuidadosamente como peças de dominó, lançando suas antenas e garras debaixo de montes de gelo picado, conduzidos daqui para ali em carrinhos velozes, exalando variações sem limite, incontáveis prazeres para os sentidos. Não sei mais o que dizer. Nada se compara, acredite.

Nessa segunda visita, em lugar de vagar desorientado e fascinado, fiz tudo certo. O sr. Togawa me acompanhava e, quando os peixeiros o viam se aproximando, ficavam de prontidão. Sujeito amigável, mas circunspecto, mais ou menos da minha idade, Togawa-san buscava umas poucas coisas específicas: enguias vivas, polvo vivo, pargo, camarões gigantes e *o-toro* — o melhor do que há de melhor no atum —, em cuja estação estávamos. Passamos longo tempo suspendendo criaturas vivas de seus tanques e examinando-as. O sr. Togawa me mostrou algo que nunca vira. Retirando um agitado pargo de seu aquário, enfiou-lhe um canivete no dorso, o suficiente para deixar a espinha à mostra. Rapidamente, enfiou um arame fino e comprido dentro da coluna e fez movimentos de vaivém, como se tratasse um canal. Explicou que estava, simplesmente, paralisando o peixe. O bicho permaneceria vivo, mas em coma, num estado de animação suspensa, até que chegasse à cozinha do restaurante, onde o trabalho seria finalizado. Caminhando pelos corredores lotados, o chef percebeu um largo quadrado de *toro* gordo e desviou-se para examiná-lo mais de perto. Depois de refletir um pouco, trocar algumas questões com o peixeiro, o pedaço de atum foi embalado. Compramos alguns quilos de enguias bem vivas, um polvo — arrancado com dificuldade de seu abraço de ventosas no vidro do tanque —, alguns camarões de cor intensa e voltamos para Ginza.

A brigada do chef esperava por nós e instantaneamente começou o trabalho nas compras da manhã. Salgaram e cortaram o polvo em pedaços, para que cozinhasse lentamente em *mirin* (vinho de arroz), filetaram o atum, classificando as partes para diferentes propósitos. Logo o pequeno e despojado espaço da despensa cheirava a arroz cozido, gengibre fresco picado e wasabi. Escutava-se o som — lindo, quase musical — de uma faca afiadíssima que cortava as minúsculas espinhas de peixes frescos, a lâmina deslizando veloz pela coluna com um prolongado ziiiiip! As lâminas dos cozinheiros se moviam com precisão pelas enguias e terminaram com o pargo, num som elegante: ziiiip! ziiip! Sentei-me no sushi bar assistindo ao trabalho, até que meu estômago roncando me fez fugir, envergonhado, para uma mesa.

Por fim, quando a hora H se aproximava, Michiko, Shinji e eu tomamos nossos lugares num reservado com tatame no chão. Chegaram toalhas quentes e cerveja gelada, uma das portas de correr foi aberta e começamos. Polvo com wasabi fresco — mesma cor e forma de um botão de cereja — veio em primeiro lugar. Em seguida sardinhas grelhadas com molho *ponzu* e *yuzu*, um sabor hipnotizante, elétrico. Um prato de sushi tradicional, cada porção contendo, como é regra no *sushi Edomae*, praticamente o mesmo número de grãos de arroz. Também de acordo com o estilo *Edomae*, estavam numa temperatura mais quente e moldados de forma mais frouxa que aqueles bolinhos de arroz pegajosos e gelados a que estamos acostumados. Mais cedo, tinha visto o senhor Togawa fazendo uma porção para um cliente, suas mãos voando e se contorcendo, um balé completo para dez dedos. Só para dominar o arroz levou três anos de treinamento e aprendizado, ele me contou. Nos seus primeiros três anos de cozinha foi tudo o que lhe foi permitido tocar: arroz.

Depois um pequeno tira-gosto, um peixe prateado e de nariz pontudo, transparente e parecendo ainda vivo; em seguida *maguro* (a parte magra do atum), marinada por doze horas. Camarões gigantes, linguado, *o-toro*, todos servidos sobre arroz firme, mas soltinho, ainda morno. Tudo, todos os peixes — com exceção do *toro* —, eram da região de Tóquio. Tudo da melhor qualidade possível. Não há preço alto para o bom peixe e, quando se trata de *sushi Edomae*, sempre se compra o melhor.

A refeição continuou na sua sequência de delícias: sopa de missô com vôngoles diminutos cozidos no vapor, um prato de picles e salada de minivegetais, uma porção de *hamago* (omelete), concha grande (seja lá o que isso queira dizer), abalone, enguia-do-mar. Acabou? Nem pensar! Um carrinho de rolinhos moldados na mão veio em seguida: pepino-do-mar, arca-de-noé, mais enguia, rabanete seco com camarões gigantes secos e em pó, *toro* fatiado com chalotas frescas. Rolinhos maiores foram trazidos, com recheios de *tamago* (ovo), shiitake, pepino, acompanhados por um prato de *daikon* seco e depois colocado em conserva. O pargo veio extremamente fresco; parecia vivo no prato. Um pratinho de ova de gunelo pochê em *court bouillon*, uma porção generosa de *uni* (ova de ouriço-do-mar).

A porta deslizou e apareceu o senhor Togawa com uma garrafa gigante de saquê gelado. Ele se sentou e me serviu um copo daquela maravilha saborosa, sedosa, quase congelada. Seguindo a tradição local, eu o servi da mesma forma — o que, normalmente, inicia um toma lá dá cá de gentilezas. Aquele dia não foi exceção. No exato momento em que o saquê se misturou com a cerveja, nos dando uma expressão de beatitude e contemplação, um prato derradeiro chegou: uns poucos pedaços daquele inacreditável *o-toro*, suavemente chapeado, ainda cru no centro, com um molho agridoce suave. Perfeito.

Perfeito. O melhor sushi de todos os tempos. O melhor. Sem concorrência. Vou repetir: o melhor, mais refinado, mais fresco, preparado da melhor maneira possível, o mais perfeito sushi que já comi. Precisei de muita autocontenção para não suspirar, gemer ou explodir de entusiasmo durante a refeição. Se estiver lendo isto, Togawa-san, saiba que estarei onde precisar, mesmo para um favor no meio da madrugada, em qualquer lugar do mundo, porque o senhor me mostrou a luz.

Naquela mesma noite, com a barriga ainda plena do almoço, caminhei pelas ruelas de Yurakucho e da antiga estação de trens, onde o ar estava carregado pelo cheiro de frango grelhado e marinada caramelada. Cada barraquinha de frango, cada banqueta baixa e cada mesa desequilibrada estavam cheias de funcionários bebendo e comendo *yakitori* em espetos. Vagueei um pouco por ali, espantado por sentir meu apetite voltando. Num beco meio escuro achei um banquinho desocupado, ao lado de um grupo grande e barulhento de homens de negócios, todos da mesma empresa, relaxando depois de um dia pesado de trabalho. Um deles, mais gregário, puxou a minha mesinha para junto deles, me oferecendo as boas-vindas e uma grande dose de saquê morno. Numa mistura de inglês macarrônico e japonês engasgado nos apresentamos e eu me vi envolvido, de novo, em outra maratona de comida e bebida. Bandejas de espetinhos de *yakitori* — almôndegas de frango, cartilagem marinada, pedaços de peito e de coxa, moela — iam chegando. Logo que meu copo dava sinais de parecer vazio, alguém voltava a enchê-lo. A comida chegava e as pessoas começavam a se descontrair, contar piadas, queixar-se das mulheres. Um dos convivas, na ponta da mesa, estava caído sobre o braço esticado, inconsciente, e só despertava de vez em quando para pedir mais saquê. Os outros nem prestavam atenção nele. Minha missão, de rodar pelo mundo comendo, causou grande interesse. Sugestões apareceram de todos os lados.

"Bourdain-san! Já comeu *chanko*?"

"Bourdain-san! Provou *onsen*? Comida *kaiseki*? Muito bom!"

Uma pilha de espetinhos ia se acumulando em cada canto da mesa. O saquê não parava de ser servido. Logo um deles estava exibindo uma dança parecida com twist, outros contavam piadas sobre a sogra, incompreensíveis (em qualquer idioma). Houve uma discussão acalorada sobre quem era melhor, o chef Morimoto (minha opção) ou o chef Sakai (o mais popular). Fiz o possível para explicar as reações americanas ao "incidente da tábua de picar" de Bobby Flay, durante a primeira disputa televisiva pelo título de Chef de Ferro, entre Flay e Morimoto — um acontecimento que muitos japoneses comparam a uma versão culinária da contenda Tyson/Holyfield e sua mastigação de orelha.

Foi uma longa noite de tapinhas nas costas, drinques derramados e gritos exagerados de "*Kempai*" ("Saúde!"). Pouco antes de a coisa descambar para o karaokê, fiz uma retirada estratégica, com muitos gestos de agradecimento e simpatia, deixando pelo menos dois participantes num sono profundo, com a cara enfiada nos joelhos.

Somos uns bárbaros, grandalhões, peludos, malcheirosos, pouco sofisticados, barulhentos, desajeitados, estrangeiros maldosos, obesos e desenfreados, que vamos errando sem salvação pela vida. Essa é a sensação que dá quando se experimenta o *ryokan*. Os japoneses — os que podem pagar — gostam de parar e relaxar. Adoram esquiar, jogar golfe; a pesca por voleio é uma obsessão. Mas a mais tradicional maneira de descansar é passar um fim de semana num *ryokan*, uma hospedaria campestre, geralmente situada numa área rural nas montanhas, longe da vida urbana. Lá se pode ficar uns dias meditando, mergulhado em *onsen* (águas termais), recebendo uma massagem terapêutica, assistindo a um espetáculo musical e jantando num *kaiseki*, o mais refinado e sofisticado jeito de comer no Japão. Desdobramento da cerimônia do chá, o *kaiseki* é a versão local da *haute cuisine*, uma experiência planejada para envolver todos os sentidos e também o espírito, em igual proporção, com um pouco de história e geografia. Um verdadeiro exercício yin-yang. Existe maneira melhor de um entediado e estressado executivo mergulhar inteiramente no prazer do que fugir uns dias para o século XVI?

Enquanto esperava impacientemente pelo *shinkansen*, o trem-bala que me levaria para a cidade costeira de Atami, fui tomando a dolorosa consciência da minha *diferença*. *Kaiseki* — como nenhuma outra refeição japonesa — é um campo minado de gafes de comportamento para um ocidental desinformado, como eu. Já sei como usar pauzinhos. Para os padrões nova-iorquinos posso ser considerado um sucesso. Mas à medida que lia sobre a etiqueta própria a uma refeição *kaiseki*, e, também, sobre como se comportar adequadamente durante a hospedagem num *ryokan*, meu coração foi se enchendo de pavor e apreensão.

- Não aponte seus pauzinhos para os outros.
- Não mostre as solas dos sapatos para ninguém.
- Não pise nas divisórias de madeira dos tatames.
- Nunca deixe os pauzinhos fincados na comida.
- Quando beber sopa ou chá, mantenha uma mão por baixo, com a palma virada para cima, e a outra protegendo o lado do pote.
- Se for uma sopa com pedaços, afaste os pauzinhos e leve a vasilha até os lábios para bebê-la.
- Não mergulhe o sushi no molho de soja; deixar grãos de arroz flutuando no molho é o cúmulo da falta de educação e do mau gosto.
- Quando sua gueixa servir seu saquê (morno para comidas frias; frio para comidas quentes), lave seu copo depois de beber e sirva um pouco para ela.

- Aquilo *não* era um pote de lavanda...
- Lave-se para comer. Lave-se mesmo.
- Vista-se apropriadamente.
- Lembre-se de tirar o calçado antes de entrar na sala.

Nada é capaz de nos fazer sentir mais próximos a um orangotango de meia tonelada que um jantar *kaiseki* para o qual deram poucas instruções. Eu estava bem inquieto. Shinji me levara até a estação de trens no seu carro particular, um minúsculo Renault conversível de dois lugares, com o teto abaixado. Sentei-me no banco em miniatura, a cabeça acima do para-brisa, me sentindo ridículo, imenso, inapropriado. Sabia que logo me sentiria ainda pior, mais bobo e deslocado que nunca — mais que no colégio, quando frequentei por pouco tempo aulas de danças de salão. A lembrança daqueles horrores ainda faz minhas mãos suarem e meu rosto ficar vermelho de vergonha.

Os *shinkansen* são máquinas magníficas. Deslizam silenciosamente pelas estações; seus narizes amassados de besouro parecem naves espaciais. Um grupo de limpeza com uniformes cor-de-rosa embarcou correndo, assim que o trem chegou. Poucos minutos depois, disparamos. Rumo a Atami, cruzava os subúrbios de Tóquio em alta velocidade, com um bentô na minha frente, de *unagi* (enguia) e arroz e uma Asahi gelada. Os trens-bala podem alcançar velocidades de até 270 quilômetros por hora. Seguíamos como uma cobra veloz; do final do trem era possível observar a frente, quando ele fazia curvas, sua cabeça como uma serpente, os cumes cheios de neve do monte Fuji ao fundo, atravessando campos, pequenas cidades, túneis, passando por montanhas, o mar aparecendo e desaparecendo à minha esquerda, à medida que avançava pelo caminho. Uma hora depois eu estava em Atami, subindo pela íngreme estrada na montanha, a bordo de um táxi. Estava um dia ensolarado e relativamente quente para o inverno. Fomos subindo cada vez mais, fazendo curvas em ângulos impossíveis, uma atrás da outra, até desembocarmos na pista escondida do Ryokan Sekiyou, perto do topo de um monte, muito acima do mar.

Tirei os sapatos, com cuidado para tirar um primeiro e colocar o pé com meia na plataforma elevada antes de retirar o outro. Escolhi a maior das sandálias disponíveis, mesmo assim meus calcanhares ficaram sobrando uns dez centímetros; fiz o possível para executar uma reverência elegante, saudando duas mulheres e um homem, que dobraram tanto os joelhos a ponto de quase encostaram os narizes no chão, logo que entrei. Enquanto minha bagagem era levada para o quarto, acomodei-me numa pequena sala de leitura logo na entrada, onde uns poucos carvões queimavam num braseiro redondo. Tangerinas numa travessa, um lírio quase irreal e uma pintura de um artista local eram toda a decoração. Em instantes, fui conduzido ao quarto por uma mulher em trajes típicos, seus pés se movendo veloz e silenciosamente, em passinhos miúdos sobre o tatame.

Não era propriamente um quarto, mas um conjunto de espaços, um maior para comer e dormir (meu futom viria depois); outro com uma mesa baixa e um espelho alto e regulável, umas poucas gavetinhas, e outra área com uma escrivaninha baixa e um cobertor elétrico chamado *kotatsu* — basicamente uma mesa sob a qual se entra para ficar aquecido enquanto se escreve. Havia umas almofadas achatadas espalhadas pelo chão, uma pintura e uma única flor em um vaso numa prateleira. E era tudo. No fundo do quarto via-se um pequeno jardim, uma laranjeira, o vale e os montes de Atami e, lá longe, o oceano. Todos os quartos da hospedaria tinham sido planejados de forma a que cada visitante tivesse uma visão espetacular, mantendo a ilusão de ser o único hóspede, de estar totalmente só. Olhei desanimado para as almofadas. Sabia o que significavam. Eu passaria dois dias sentando-me exclusivamente no chão duro, minhas longas pernas dobradas. Já estava bem treinado na arte de dobrar meus quase dois metros de altura em posições japonesas adequadas para as refeições — as pernas dobradas ou cruzadas e enfiadas debaixo do corpo, os joelhos para a frente. Mas voltar depois à posição normal se tornava cada vez mais duro e barulhento: os estalos e rangidos que minhas pernas de 44 anos faziam, ao recuperarem suas sensações depois de horas dormindo, não eram algo melodioso aos ouvidos. O Japão ameaçava me aleijar. Uma funcionária correu um dos painéis divisórios entre o saguão e meu quarto e fez um gesto para que me sentasse.

Troc! Ploft! Plect!

À mesa laqueada e baixa do espaço principal, ela me ofereceu uma toalha quente, chá verde e um figo cristalizado. Desapareceu um instante e voltou com umas roupas caprichosamente dobradas. E ficou, para meu embaraço, me mostrando como devia me vestir, depois do banho. Um quimono comprido, com padrão em tons de cinza e mangas bufantes, um cinto — que me deu muito trabalho até que eu aprendesse a atá-lo corretamente —, uma espécie de jaqueta da qual meus braços saíam ridiculamente e meias brancas minúsculas, que nos meus pezões pareciam especialmente inapropriadas, como soquetes de adolescentes.

Deixado sozinho para me banhar, fiquei examinando o ambiente. Olhei pela janela, banindo qualquer pensamento sobre o mundo lá fora. O quarto era quase vazio, exceto pela flor, as paredes de papel-arroz, o assoalho comprido. Em pouco tempo, comecei a sentir meu metabolismo mudando, o sistema inteiro passando por uma metamorfose temporária, indo do nova-iorquino neurótico, hiperativo e desatento para um samurai de Kurosawa. O cenário era o de um de seus filmes, idêntico. Podia ficar ali sentado para sempre, imóvel dentro de meu *yukata*, dedicado exclusivamente a contemplar uma laranja.

O banheiro tinha dois ambientes. A privada, tipicamente japonesa, cheia de geringonças, ficava no primeiro. Era uma privada comum, que parecia ter sido submetida a um grupo de engenheiros aeroespaciais amalucados. Da rede de botões multicoloridos, tubos plásticos, instruções em japonês e diagramas, consegui entender que a coisa se autolimparia e esterilizaria, após ser usada, lavando e girando o assento, direcionando jorros de água em várias temperaturas e pressões até o meu reto, algo que faria meu antigo subchef, o Steven, ficar ali para sempre. Podia lavar, limpar, desinfetar, passar talco e creme em cada cantinho de suas regiões mais íntimas. E com certeza ainda tocaria uma seleção de canções pop durante o processo. Tive medo de acionar aquele treco.

O outro ambiente tinha mais a ver com minha ideia de banho de alta classe. Uma banheira funda de cedro ficava numa parede, ao lado de uma janela aberta, de onde se viam as montanhas sem ser visto, além de um lugar para lavar-se antes de entrar na banheira. Havia um banquinho de madeira, uma bucha de banho, um balde de madeira e um chuveiro de alta pressão. A ideia era sentar no banquinho, ensaboar-se, esfregar bem a bucha pelo corpo, enxaguando várias vezes com o balde com água fria e quente, à escolha, e depois meter-se no chuveiro. O chão era todo de granito negro, com ralos e desníveis construídos com perfeição. Depois de retirar todas as camadas gastas de pele era só deslizar delicadamente para a banheira e ficar horas ali deitado, contemplando as laranjas maduras no jardim externo e deixando entrar uma brisa fria, pela janela aberta.

Depois do banho, vesti apressadamente o *yukata*, coloquei as meias, a jaqueta e o cinto, rezando para que Steven — ou, pior, um de meus cozinheiros — nunca visse a filmagem daquela ocasião. O *yukata* era comprido até o tornozelo e apertado, envolvendo as pernas como uma saia justa e me forçando a dar passinhos rápidos e curtos. Isso somado aos tamancos de tamanho inadequado e barulhentos, que usava para me mover entre os ambientes, me fez sentir como uma beldade descendo uma escadaria num vestido de noite, enquanto tropeçava rumo ao salão principal, onde o jantar me esperava.

Jantaria sozinho na longa mesa negra. "Sozinho" significa que seria o único a comer, pois seria servido por duas gueixas vestidas da maneira tradicional, que ajudariam no andamento da refeição, na comida e na bebida e ainda proporcionariam alguma música para meu entretenimento. O senhor Komatsu, gerente do *ryokan*, de casaca, fez uma reverência para mim, de uma distância mantida pelo respeito, enquanto fiscalizava e dirigia o andamento de tudo. Uma empregada trouxe a comida da cozinha, abrindo um painel e ajoelhando-se, antes de deslizá-la pelo chão, até as gueixas.

Consegui me sentar de forma adequada diante da mesinha baixa, sem exibir nenhum testículo, e limpei as mãos numa toalhinha úmida. Um cardápio manuscrito, com a aquarela de uma flor enfeitando a folha de papel-arroz (caligrafia e desenho do chef), explicava em japonês o que eu iria comer. Menus *kaiseki* são reflexos das regiões em que são servidos e se baseiam em produtos locais da estação, na medida do possível. A refeição se torna uma celebração da estação, tudo — guarnições, apresentação dos pratos, receitas, serviço de mesa — preparado para exaltar o que há de melhor na região e época do ano em que se está.

A refeição começou com um *amuse-gueule* de *hoshigaka goma-an*, caqui seco e coalhada de soja frita com pasta de gergelim. As porções eram pequenas, elaboradas de forma complicada, com cores brilhantes e, como era inverno, pensadas em torno do tema da morte e da regeneração. As guarnições simulavam folhas caídas, os pratos (alimentos retangulares em pratos redondos; os redondos, em pratos retangulares e quadrados) vinham de modo a lembrar uma floresta invernal, com contrastes criativos de cores, sabores, formatos e texturas.

Afkisetsu no sakana goshu era um arranjo de cinco diferentes entradas, com peixes das águas do lugar — do lago Ashi ou da baía de Atami —, cinco vasilhas impecáveis, atraentes já de se ver. Fiz o melhor possível com os pauzinhos, pedindo instruções com o olhar, à gueixa, sobre o que comer primeiro. Ela apontou para o pepino-do-mar e seu fígado — dois potinhos; um, que parecia ser o fígado, era dourado e gelatinoso como *uni*. Enfiei meus pauzinhos nele. O sr. Komatsu se materializou num instante, explicando — com muitos sorrisos — que a outra coisa, o pepino-do-mar, tinha de ser mergulhado no fígado para ser comido, que eu estava, simplesmente, comendo tempero puro. Fiquei vermelho de vergonha, imaginando a situação inversa: entrar no Les Halles, pedir *pot-au-feu* e meter faca e garfo com vontade na mostarda. Eu me saí melhor com um prato de truta defumada com raiz de lótus, o saquê constantemente servido pelas gueixas dando uma força, para que eu relaxasse. Ostras cozidas em molho de soja, que identifiquei sem dificuldade e devorei com prazer (deliciosas). Ova seca de salmonete com rabanete — a ova salgada durante um mês e depois seca ao sol. Sensacional. As gueixas me faziam sentir melhor em relação a tudo, me desafiando e ajudando, com muito talento para não me deixar desanimar com minha incapacidade, que as impressionava e divertia bastante.

A sopa veio num pote lindo de cerâmica: *suppon-dofu*, tartaruga de casco mole em creme de ovos, com cebolinha e caldo de tartaruga. Enfrentei bem esse prato, fazendo a dança dos pauzinhos e das mãos da maneira certa. Pelo menos não houve risinhos, nem olhares desviados, enquanto eu comia.

O prato seguinte, ao contrário, apresentava grandes desafios: *ise ebi*, lagosta espinhosa grelhada na própria casca. Encarei a coisa com desânimo, todas aquelas perninhas, até a carne da cauda resistindo às minhas tentativas de separá-la da casca. Mas uma gueixa veio me salvar. Usando seus próprios pauzinhos, ela destrinchou cada pedaço, retirando toda a carne para mim, em segundos. Eu ia servindo saquê para as duas, à medida que faziam o mesmo para mim, de modo que a atmosfera foi ficando bem festiva.

Outra tentação surgiu, do tamanho de uma entradinha: *soba tsubu tororo mushi*, trigo-sarraceno cozido em pasta de inhame ralado. Tínhamos entrado num novo território do paladar, coisas que nem sonhava em comer poucos dias antes. *Amadi kabura surinagashi*, um prato de pargo adocicado, envolvido em *yuba* (pasta de soja), com nabo ralado, servido numa vasilha de barro, com um prato de carne em seguida — *gyu shiromiso nikomi*, uma fatia de carne macia enrolada em alface *bok choy* precoce, com caldo claro de misô; e outro prato de peixe — *komochi monbu*, algas marinhas marinadas em vinagre de arroz e soja, com ova de arenque. O arenque deposita a ova diretamente na alga; portanto, eu estava comendo a coisa quase in situ. Depois *okobushi daizu hijiki*, arroz cozido com abalone, feijão-soja, alga marrom. Alga parece ruim? Não é.

Minha cabeça boiava num estado onírico de intoxicação prazerosa. Não sabia nem me importava saber em que século estava. Dormente da cintura para baixo, a circulação tinha deixado minhas pernas havia muito. Tudo ia se misturando — os trajes e as faces muito maquiadas de minhas acompanhantes, as paredes despojadas em branco e preto, o trenzinho incessante de pratos que ia desfilando pela mesa, como pequenas joias culinárias —, levando-me àquele lugar raro em que corpo e mente narcotizados igualam "importar-se muito" com "quem se importa?". Sabia que estava fazendo uma das refeições da minha vida, mas nada me intimidava. Cuidados com gastos e tempo voaram pela janela. A atenção à etiqueta da mesa desapareceu. O que iria acontecer em seguida, muito depois ou mesmo no dia seguinte dissolveu-se em insignificância. A sensação de tornar-se um simples passageiro, sujeitando-se ao que quer que seja, confiante de que o universo encontra-se em perfeito alinhamento, de que nada é capaz de perturbar ou avíltar a completude daquele instante.

Um potinho de pedra deslizou pelo chão numa bandeja e foi posto sobre um braseiro também de pedra, com duas brasas vivas. *Kuwai modoki*, cabeças-de-flechas raladas e fritas, servidas com sopa vermelha de misô. Não tinha a mínima ideia do que fosse "cabeça-de-flecha", mas eu já tinha deixado de lado qualquer preocupação — sabia que estava em mãos competentes. Fosse o que fosse um cabeça-de-flecha, certamente seria inesquecível. E foi. Mais e mais doses de saquê foram chegando. E retribuídas. Não sei como as duas gueixas, minúsculas mulheres de meia-idade, davam conta do recado tão bem. No final, uma série de sorbets de sobremesa e frutas locais, e eu estava bem próximo de abobalhado pelo prazer. As gueixas foram para o fundo do salão e começaram a tocar, em frente a um painel verde laqueado. Uma tocava um sashimisen ou koto, um instrumento de cordas de braço longo, que ela tangia com uma palheta, enquanto a outra batia suavemente num tamborzinho, cujo tom ela modulava e manipulava por meio de cordas junto ao seu ombro. Tocaram e cantaram. Uma dançou. Todo mundo sabe de que dança estou falando — aquela tradicional japonesa, que aparece na TV ou no cinema — e já escutou aqueles guinchos agudos, pensando: Nossa! Estão torturando um gato! Pois você estava com a dose de saquê baixa, insuficiente para apreciar os sons. Não estava sentado ali, naquele salão, depois daquele banho, contemplando as montanhas; nem tinha comido a refeição que eu desfrutara. A música era adorável e a dança lenta, hipnotizante. Eu me senti um senhor feudal. Deixei de me imaginar ridículo naquelas roupas; achei-me o bacana, era ótimo ser o rei, pronto a mandar a cavalaria atacar, queimar castelos, traçar estratégias com meus generais no jardim de pedras, ter pensamentos profundos, enquanto observava a florada das cerejeiras de inverno.

Andei cuidadosamente até o local de dormir, onde um futom já fora preparado para mim. Enfiei-me embaixo das cobertas e um dos painéis foi aberto. Percebi uma mulher mais velha entrando no quarto, no escuro. Ela afastou as cobertas com delicadeza e me aplicou a melhor massagem que já recebi, um tratamento incrível, que durou uma hora, suas mãos girando e apertando com eficácia cada músculo de meu corpo, sob o *yukata*, num ritmo constante e veloz, como uma ceifadeira mecânica. Pouco depois, meio adormecido, meio acordado, agradavelmente de pileque, revigorado pela massagem, enfiei os tamancos e subi uns poucos degraus, até uma versão maior e comunitária de meu banheiro. Lá me agachei, me esfreguei e tomei uma chuveirada. Era meia-noite e não havia mais ninguém por perto. Amontoei minhas roupas numa pilha, cruzei outra porta que levava diretamente ao ar cortante da noite fria, atravessei um piso macio de laje e mergulhei num *onsen*, uma banheira natural de águas quentes, aquecidas pela pedra vulcânica do alto da montanha. Fiquei deitado na água, prestando atenção em minha respiração e pulsação, até que tudo foi sumindo, numa felicidade sem igual. Quando voltei para o futom, uma hora mais tarde, entrei debaixo das cobertas, fechei os olhos e dormi o sono profundo dos mortos contentes.

O jantar no *ryokan* era para ter sido a experiência definitiva. Mas o café da manhã foi outro acontecimento, completamente diferente. Mais ou menos às oito da manhã, o painel divisório foi deslizado e removeram o futom. Pouco depois já me encontrava sentado, de pernas cruzadas, em frente à mesa baixinha, com uma vasta coleção de pratos maravilhosos a caminho. Não estava pronto, tão cedo assim, para uma refeição completa e desafiadora. Nem tampouco para enfrentar as reverências a distância do senhor Komatsu, vestido, como sempre, no seu formalismo discreto de gerente, enquanto eu comia.

Tudo ia bem com o peixe defumado, muito bom, o sushi, o arroz. Mas não estava preparado, e nunca estarei, para natô. Os japoneses adoram natô, uma gororoba ameaçadora, pegajosa, escorregadia, inacreditavelmente rançosa, feita de feijão-soja fermentado. É o *Vegemite* do Japão, adorado por todos, sem razão compreensível alguma. Havia natô de dois tipos naquela manhã: o tradicional de soja e um pavoroso de feijão-preto. O gosto não era dos piores, o problema era a textura. Não há jeito de comer a coisa. Enfiei meus pauzinhos nela e tentei levar à boca uma pequena porção, deixando um rastro de fios longos e gosmentos escorrendo dos meus lábios, como um muco horrível e incontrolável, que ia até a vasilha. Tentei cortar os fios com os pauzinhos, sem sucesso. Tentei enrolá-los, como macarrão cabelo de anjo fujão. Tentei sugá-los. Tudo inútil. Fiquei lá sentado, com aquelas linhas saindo da boca até a mesa, como uma teia de aranha, enquanto tentava sorrir para o educado sr. Komatsu. Só queria desaparecer por trás dos painéis de papel-arroz e me jogar montanha abaixo. Com sorte haveria uma bacia gigante de água sanitária ou soda fervente me esperando no sopé, para fazer um gargarejo.

Na fila estava outra mistura, conhecida como "batata da montanha". Disso só consegui dar uma provadinha. Até hoje não sei do que se trata. Não tinha gosto de batata; não posso imaginar nada numa montanha que tenha um gosto tão ruim. Nem perguntei, com medo de o anfitrião interpretar a pergunta como entusiasmo e oferecer-me outra porção generosa. A bolotinha borrachuda, escura, tinha gosto de bunda de ganso seca ao sol e salgada, um sabor fortíssimo e péssimo. A guarnição eram umas coisas enroscadas como vermes, tão asquerosos que meu paladar ocidental simplesmente não deu conta. Tive de forçar um sorriso nervoso e pedir gentilmente ao sr. Komatsu que me "deixasse só por uns instantes, para apreciar melhor e em contemplativa solidão o fino desjejum". Não tive escolha. Era isso ou morrer. Nada que comera na vida, nem besouros, nem iguana, nem miúdos de répteis vivos, nem larvas de insetos, era tão horrível quanto aqueles pratos, até banais, do café da manhã japonês. Não estou esnobando; tenho certeza de que natô e bunda da montanha são "gostos que a gente aprende a ter", como se costuma dizer. Com o tempo conseguiria apreciá-los adequadamente. Se eu estivesse na cadeia e a única comida fosse natô... Mas, na atual situação, se me derem a escolha entre comer *natô* ou desenterrar meu cachorro Pucci (que morreu há 35 anos) e fazer umas almôndegas com sua carne, desculpe, mas ficaria com o Pucci.

Fugu. O legendário e mortal peixe-balão. Uma iguaria. Muito cara. O governo precisa dar uma autorização para que seja preparado e servido, depois de muito treinamento e testes com os cozinheiros. Pode matar. E todos os anos, no Japão, muitos de seus apreciadores morrem ao comê-lo, envenenados pela toxina neurológica encontrada no seu fígado. Primeiro, sente-se uma dormência nos lábios, que rapidamente se espalha pelo sistema nervoso central, paralisando as extremidades. E rapidamente vem a morte.

Legal, não? Se havia uma lista das dez melhores coisas que tinha de experimentar em Tóquio, o *fugu* estava num dos primeiros lugares. Tinha muita expectativa e estava pronto para ele. Ansiava pela experiência de chegar perto da morte. Planejei toda a viagem para coincidir com a temporada do *fugu*. Que eu sabia — por muitas pesquisas cuidadosas em papos de botequim e um episódio dos Simpsons —, uma refeição de *fugu* era uma roleta-russa, com todas aquelas toxinas deliciosas e letais. Tinha de haver uma dimensão psíquica, ou pelo menos física, naquela experiência, talvez uma quantidade suficiente do veneno do fígado em cada porção para proporcionar uma espiadela no nada; uma sensação aguda, mas prazerosa, na boca do estômago; um bem-estar artificial; uma zonzeira de droga, uma rápida sensação de que "batera", logo que as toxinas ameaçassem o coração e as sinapses cerebrais.

Escolhi o restaurante Nibiki, dirigido pelo chef e proprietário Kichiro Yoshida. O pai dele tinha sido o primeiro cozinheiro autorizado a servir *fugu* no Japão. O Nibiki vinha sendo gerido pela família havia oitenta anos, sem um só incidente ou caso fatal. É arriscado ter um restaurante desses: um erro e se está acabado. O Nibiki é um lugarzinho simpático e caseiro, com um peixe de plástico inflado na porta, uma cozinha aberta com balcão e uma área de jantar numa plataforma elevada, com mesinhas e almofadas.

O senhor Yoshida me recebeu calorosamente na cozinha e deu uma aulinha sobre *fugu*. Um exemplar de tamanho grande do peixe estava sobre a tábua imaculadamente branca, parecendo bastante com peixe-sapo, com sua pele escorregadia, sem escamas e resistente ao corte da faca. A anatomia também era semelhante: uma espinha central, sem espinhas periféricas; pele que tinha de ser arrancada e dois lombos carnudos a serem fileteados. Yoshida-san rasgou com velocidade a pele e começou a tirar umas partes escuras. Uma pequena lixeira com corrente e cadeado estava ao lado da mesa. O chef tirou uma chave do chaveiro e abriu o cadeado, com ar grave. As partes tóxicas do *fugu* — todas elas — têm de ser jogadas fora como lixo hospitalar, segundo a lei japonesa. Sempre em separado e cercado de precauções. Ele retirou o resto da pele, uns pedaços em torno das guelras, umas manchas escuras de aparência inocente que se espalhavam pela carne, passando a mergulhar a carne branca em água fria repetidas vezes. Tenho de admitir que o fígado era lindo, cor cremosa de *café-au-lait*, intensa e atraente com uma consistência de foie gras. Parecia saboroso como o fígado de peixe-sapo. "Alguma coisa do fígado é comestível?", perguntei cheio de vontade. "Não", respondeu. Muitos ficam tentados, explicou, e a maioria dos casos fatais acontece justamente por essa aparência irresistível e uma mitologia que cerca o órgão, supostamente possuidor de poderes regenerativos e holísticos, apesar de mortal. Alguns pescadores e peixeiros não conseguem resistir e provam. De acordo com o senhor Yoshida, o problema maior é que nunca se pode saber a quantidade de toxina contida num determinado peixe. Um enorme *fugu* com um fígado grande pode ter pouca toxina. Tire uma posta ou faça um *nabe* (caldo) e tudo bem. Por outro lado, um fígado pequeno, de um peixinho, pode estar transbordando de veneno: dê uma lambidinha e caia morto, fulminado. Um fã de *fugu* pode arriscar uma mordidinha num fígado e passar bem o bastante para arriscar de novo, partindo desta para a melhor.

À medida que ele lavava repetidamente a carne, eu ia me tranquilizando, vendo que não arriscaria em nada minha vida. Sentei-me então para uma refeição deliciosa e fresca. Veio uma travessa com fatias transparentes de sashimi de *fugu* arrumadas como um crisântemo, guarnecidas por talos de cebolinha e molho. O sabor era delicado, tocando o neutro, e necessitava das cebolinhas e do molho para aparecer. Um *nabe* de *fugu* veio em seguida, servido numa sopeira quente, num fogareiro de serviço, igualmente gostoso mas longe da experiência de tirar o fôlego que eu esperara. *Fugu* empanado foi o próximo, igual a qualquer peixe frito de milhares de vendas de frutos do mar, na beira das praias, na Nova Inglaterra. Se eu não esperasse uma entortada no cérebro, um lábio adormecido e uma flertada com perigos diabólicos na mesa de jantar, até que teria adorado a comida, que era excelente, para dizer o mínimo. Mas me dei mal na expectativa errada; da próxima vez irei diretamente aos pescadores, eles é que parecem os verdadeiros doidões.

Na manhã seguinte, bem cedo, cheguei ao mercado de peixe de Ota. Michiko tinha combinado um tratamento especial. Enquanto acompanhava a atividade frenética às quatro da manhã, três peixeiros arrastaram um atum de duzentos quilos até a mesa de corte na minha frente. Com um serrote do tamanho de um homem, uma verdadeira serra de lenhador, partiram o peixe na sua extensão, retirando a parte de cima como uma tampa, deixando à mostra a carne rosa e vermelha do seu interior e a ossatura maciça do bicho, ainda em rigor mortis. O chefe deles tirou o coração, fatiou-o velozmente e enfiou numa wok quente com um pouco de gengibre. Com movimentos decididos separou diferentes tipos de carne do peixe, cada um de uma parte: cabeça, lombo e dois pedações daquele tesouro só encontrado nos melhores dentre os melhores atuns da temporada, *o-toro*. De cor mais pálida, com veios de muita gordura, aparência de um belo pedaço marmorizado de carne, era tudo fatiado em pedaços mais fáceis de manipular e deixados ali ao longo da espinha do peixe, como um arranjo apetitoso num bufê amalucado. Com uma colher de sopa foram raspando cada canto dos ossos da espinha, retirando uma carne transparente e de textura amanteigada, inacreditavelmente macia. Um potinho de molho e um pouco de wasabi fresco picadinho apareceram na minha frente, com um par de pauzinhos, me convidando a mergulhar em tudo. O peixe que eu usava como mesa seria vendido por cerca de doze mil dólares, sendo que o *o-toro* era só uns 12% do peso total. Estávamos no auge da temporada de *toro*, quando os peixes estão mais bem alimentados e tranquilos, suas carnes no máximo de gordura e sabor. Aquele atum em particular, asseguraram, era um exemplar aristocrático entre seus pares, e fiquei lá comendo; ingeri quase um quilo do que tinha de melhor, sabendo que jamais comeria outro atum tão bom e tão fresco na vida. O que é o amor? É comer setecentos gramas de peixe cru às quatro horas da madrugada.

Numa ruela, entrei por uma porta de correr, tirei os sapatos e segui por um pequeno saguão até uma porta interna, de onde ouvi imediatamente o som de carne se chocando com carne, grunhidos de incentivo, o barulho de centenas de quilos úmidos de gente em colisão. Abri a segunda porta e me sentei numa almofada na plataforma sutilmente elevada, no fundo da sala, ao lado do *oyakata*, o dono do ringue de sumô, que fumava como uma chaminé. Eu estava chamando atenção, com as pernas dolorosamente cruzadas, no fundo da sala abafada e de teto baixo, vendo o que raros ocidentais já tiveram oportunidade de ver. Poucos metros adiante, uns vinte homens enormes, quase pelados, se agachavam, flexionavam-se e distendiam-se, apoiavam suas cabeças suadas e sem pescoço nas colunas, batiam seus punhos e pés envoltos em bandagens contra o chão duro e sujo. No centro ficava uma arena, feita do que parecia palha ou cânhamo entrelaçado. Um aprendiz de lutador varria o pó com uma vassoura de palha.

O barulho! Dois lutadores gargantuélicos se defrontavam na arena, se abaixavam, os punhos roçando no chão e... de repente... *plaft*! Um impacto impressionante do encontro em alta velocidade de dois caras de 120 quilos, se agarrando e esbofeteando com as duas mãos, balançando, lutando por um equilíbrio ou por uma alavancada, buscando sustentação. Muitas lutas terminam em segundos; o vencedor permanece na arena para receber outro desafiante, depois outro, até ser derrotado. A sensação de volume era sufocante na sala pequena, um monte de músculos e carne confinado num espaço claustrofóbico. Alguns dos atletas brutamontes, quando tropeçavam na perna do adversário, depois de uma rasteira, vinham caindo na minha direção, ameaçando amassar minha espinha como um saco de *taro* frito. Um lutador gigantesco pulava como sapo sobre as pernas dobradas, bem na minha frente, para lá e para cá, enquanto um jovem noviço, não muito alto, ficava no canto da arena, agachado de forma desconfortável, segurando uma cesta de sal nos braços estendidos, gotas grossas de suor surgindo de seu rosto contorcido e vermelho. Punição? Rito de iniciação? Não perguntei. O senhor Tomotsuna, o chefe, à minha esquerda, ele próprio um ex-lutador de sumô, não inspirava intimidade e parecia concentrado demais no que se passava na sala para ser interrompido com minhas perguntas impertinentes. Mal me olhou, a não ser quando eu estava acendendo cigarros para ele. Lutadores de sumô vivem como uma família, sob o mesmo teto, com a proteção e a orientação de um *oyakata*, que controla com rigor todos os aspectos de sua rotina diária — treinamentos, horário de dormir, alimentação, quando e o que comem. Acordam cedo numa ordem hierárquica. Primeiro os noviços e depois as classes superiores (cuja distinção é o corte dos cabelos). Os noviços, como aprendizes de cozinha, fazem a faxina, lavam, limpam e executam as tarefas domésticas, inclusive cozinhar.

Fui até lá para conhecer *chanko*, a dieta do lutador de sumô. Como sempre, tinha uma ideia totalmente equivocada sobre o que comiam. Quando me falaram em comida *chanko*, que se tratava de fazer dos lutadores verdadeiras geladeiras de músculos e gordura, prontas para a luta, imaginei que sua dieta diária consistiria em montes de carne de porco gorda e cereais do tamanho de lasanhas, milk-shakes engolidos num só gole e barras de chocolate Cadbury traçadas entre as refeições, barras de Snickers do tamanho de tijolos, galetos inteiros recheados com bacon e farofa, desjejuns estilo Grand Slam e lanchinhos incessantes. Claro que estava equivocado. Como estava igualmente enganado sobre os lutadores. Eles são muito mais do que uns caras gordos usando fraldas.

Os lutadores de sumô são a face mais visível e a expressão mais óbvia de todos aqueles meandros escuros do inconsciente japonês que já mencionei, aquela vozinha interior que mora dentro de cada assalariado sofrido e que quer transformá-lo em Godzilla (*Gojira*), para que saia pisando e achatando cidades inteiras. São uma projeção do poder japonês, e, não se engane, são muito poderosos. Sob aquele volume flácido é tudo puro músculo. É como assistir ao treinamento de rinocerontes, um gordão acertando o outro, medindo forças e depois empurrando o sujeito, todos os seus duzentos quilos, para fora da arena, ou fazendo-o cair de costas. A tensão e a concentração no treinamento são tamanhas que, quando um deles consegue expulsar o outro, todos os lutadores pulam para dentro ao mesmo tempo, emitindo um som que parece "*hesssss!*", que indica algo como "terminou", "cessem as hostilidades" e "calma", contendo o agressor para que ele não continue a lutar. Ninguém gostaria de irritar um lutador de sumô.

Na cozinha *chanko* tradicional, raramente se serviam criaturas de quatro patas, pois há a crença de que lutadores que usam os quatro membros durante a luta perdem. Frango — que, como os lutadores, se sustenta sobre dois pés — e peixe eram os ingredientes preferidos. No dia da minha visita, o senhor Tomotsuna estava fazendo sopa de atum e vegetais para o almoço, uma escolha mais para Calista Flockheart, longe da orgia de carne de porco que eu tinha fantasiado. Mas ainda havia o jantar para investigar.

O restaurante Edosawa, no bairro do sumô, é um prédio de quatro andares em que os clientes comem em ambientes privativos. As paredes são decoradas com pinturas de lutadores famosos; a grande clientela fixa é formada por lutadores e ex-lutadores. Michiko, Shinji e eu nos sentamos numa sala do último andar, com uma panela fumegando sobre a mesa. O proprietário, senhor Matsuoka, veio preparar pessoalmente nossa comida. Descobri que os lutadores de sumô não comem apenas aquela sopa, como tinha visto na academia. Comem o tempo todo e dormem entre as refeições. E cada refeição é um processo de vários estágios deliciosos. Nós comemos, em resumo, *nabe*. Uma panela grande de caldo na qual uma variedade de ingredientes vão entrando e saindo, sendo substituídos continuamente. Travessas e mais travessas de vegetais, almôndegas, porco, peixe, frutos do mar e tofu iam sendo adicionadas em etapas ao caldeirão, observando-se os tempos de cozimento de cada ingrediente, e depois eram passados para nossos pratos e devorados. O líquido ia sendo renovado à medida que abaixava de volume, ou retirado com uma concha, fazendo com que os ingredientes acrescentados se tornassem mais destacados. Aqueles com sabores menos pronunciados iam primeiro, e depois se acrescentavam coisas fortes como pasta de anchovas.

Era muito divertido. Ainda não tinha visto Mishiko e Shinji tão animados. Cozinhar ao estilo *nabe* é um evento familiar, Mishiko explicou. Numa casa de família os parentes chegam com diferentes produtos para serem cozidos na refeição *nabe*, e, conforme se põem e tiram as coisas, os sabores vão acontecendo de maneira casual e alegre, como numa reunião para comer fondue. Enganado pela sopa da academia, tinha comido muito de saída, sem esperar que viessem tantas coisas, tantos ingredientes crus como os que apareceram, mal tocando em delícias como vieiras, lombo de porco e pequenas almôndegas saborosas.

Como já estava cheio de comida, fiquei atônito pelo modo como a refeição *nabe* terminava, acrescentando-se arroz cozido e ovos batidos ao caldo, que logo se transforma num mingau delicioso, mas espesso como cimento. Gemi de medo quando o senhor Matsuoka me serviu uma generosa porção da papa saborosa, mas fui um soldado disciplinado, mesmo com a barriga explodindo. Quando tudo terminou precisei de ajuda para me levantar. Fui o primeiro a deixar a sala e, quando cambaleava penosamente pelo saguão, as portas automáticas se abriram e um grupo grande de executivos animados e meio bêbados entrou, aos tropeções. Um deles me olhou surpreso, parecendo me reconhecer. Era um dos sujeitos com quem tomara um porre na semana anterior, no bar de *yakitori*. A última vez que eu o vira, ele estava dormindo com a cara na mesa.

"Bourdain-san!", gritou entusiasmado. "Aonde vai o chef louco? O que vai comer agora?"

O caminho para Pailin

Eu estava indo para o pior lugar da Terra.

O coração das trevas.

"Mas o que você vai fazer no Camboja?", foi o que perguntou o executivo da TV quando contei meu projeto. Não havia nada de errado, já que teoricamente o programa era sobre comida.

E eu não fazia a mais vaga ideia.

"Você precisa ir a esse lugar de que me falaram", outro cara da TV me disse, excitadíssimo. "Foi um correspondente de guerra que me contou de lá, uma cidade no Camboja, Pailin, no meio do nada, lá perto da fronteira com a Tailândia. Praticamente nunca vão ocidentais até tão longe. Um esconderijo do Khmer Vermelho, onde eles ainda vivem. No fim do mundo, você vai adorar. Está cheio de joias, as ruas são calçadas com rubis e safiras brutos, sem lapidar, e por isso o Khmer Vermelho gosta do lugar. E digo mais: atualmente o Khmer está metido no negócio de cassinos!"

Cassinos? Dirigidos pelos piores assassinos em massa da história, os comunas mais barras-pesadas? Bom, por que não dar uma espiada, pensei... A Las Vegas do demônio, cheia de jogos, shows de striptease e uns cassinos novinhos cercados de arame farpado e um exército privado. Uma cidade onde tudo é permitido. Sem lei e um pouco perigosa. Gostei da ideia. O último bastião dos aventureiros internacionais, espiões, especuladores, contrabandistas, mercenários e apreciadores de enormes bufês com preço razoável. Soava como música para mim. A vanguarda definitiva da cozinha extrema. O que o Khmer Vermelho serviria para as legiões de jogadores inveterados que deviam lotar seu antigo quartel-general? Quais seriam seus planos para o desenvolvimento do turismo? Como conseguiriam conciliar suas aspirações de um paraíso maoísta agrário, estilo Nova Idade da Pedra, com as necessidades logísticas e o brilho do showbiz, que fazem parte do sucesso no ramo dos cassinos rentáveis?

Fiz algo que nunca faço: li a parte sobre Pailin num guia da Lonely Planet:

Pailin ocupa uma curiosa posição como zona semiautônoma onde os líderes do antigo Khmer Vermelho procuram abrigo, distantes do longo braço da justiça internacional. Há pouco interesse turístico lá, a não ser que você seja especialista em pedras preciosas ou goste de farrear com aposentados, responsáveis por matanças em massa. O irônico é que a cidade, que já foi um modelo para o Khmer Vermelho, tenha virado um centro de vícios e jogatina.

"Vício? Jogatina?" Prometia ser o tipo de aventura libidinosa que li em *Terry e os piratas*, quando era criança. Barricadas, caras sinistros com metralhadoras e um colchão de água em forma de coração, na versão maoísta do Castelo Trump, mesmo que fosse um pouco mais rústica. Não podia ser assim tão terrível; afinal, quando Bugsy Siegel construiu o Flamingo, em Las Vegas, as coisas eram bem complicadas lá também. Ia ser muito divertido!

* * *

Voei pela Air Vietnam até Phnom Penh. No aeroporto Pochentong, num longo balcão, militares uniformizados examinaram meu passaporte, os documentos, certificados de vacina e vistos. Todos pareciam vestidos para uma parada de gala, como se os próprios chefes do Estado-Maior viessem examinar cada visitante que chegava: peitos cheios de medalhas, quepes com abas de couro, dragonas enormes, cheias de penduricalhos nos ombros. O primeiro, com ar sério, examinou a papelada e passou-a ao oficial da direita, que leu tudo com muita atenção, escreveu uns comentários em letras mínimas e passou para a direita, para um outro fulano, que meteu um carimbo em tudo e devolveu para o primeiro. E então recomeçou o processo. Meus papéis refizeram o mesmo trajeto, até o último sujeito. Uma pequena incongruência era detectada e voltavam ao início da coisa toda. Afinal, meus documentos conseguiram atravessar a junta de soldadinhos fantasiados e eu estava dentro do país. O último suspiro de civilidade: a placa de "Bem-vindo ao Camboja".

Uma vez lá, é impossível não ter vontade, a todo momento, de matar Henry Kissinger com as próprias mãos. Nunca mais abrirei um jornal e lerei sobre aquele saco de bosta mentiroso, traiçoeiro e assassino sem engasgar, mesmo que ele esteja apenas num bate-papo ameno com Charlie Rose ou num coquetel chique, de alguma revista fútil. Testemunhe o que Henry fez no Camboja, os frutos de seu gênio de estadista, e passe o resto da vida se perguntando por que o cara não está no banco dos réus, em Haia, ao lado de Milosevic. Enquanto Henry continua a atacar canapés e *remaki* em festas grã-finas, a nação neutra que ele bombardeou, invadiu e minou, tudo secreta e ilegalmente, antes de jogá-la aos cães, está tentando se reerguer, na perna que lhe resta.

Um em cada oito cambojanos — cerca de 2 milhões de pessoas — foi morto durante a campanha do Khmer Vermelho para erradicar a história do país. Um entre cada 250 cambojanos tem um membro amputado por minas terrestres, que ainda esperam aos milhares por novas vítimas, espalhadas por campos, estradas, florestas e canais de irrigação. Os cambojanos, bombardeados, invadidos, desorientados, forçados ao trabalho escravo, assassinados aos milhares, devem ter sentido um alívio quando foram capturados pelos seus arqui-inimigos, os vietnamitas.

Uma olhada pela janela do carro já afasta qualquer possibilidade de uma visita divertida: tudo é miséria absoluta na capital arruinada e de ruas sem pavimentação. Se você for um imprestável, um ex-balconista de uma loja de conveniência em Leeds ou em Tulsa, em resumo, um cara sem consciência e sem esperança de conhecer o amor de uma mulher não intoxicada, aí então o Camboja é o paraíso. Dá para arrumar um emprego de professor de inglês a sete dólares por hora (o que já torna você um dos sujeitos mais ricos do país). E o resto é fácil de achar: brilho, erva, putas, armas, remédios controlados, e tudo bem barato. Pode enfiar o pé na lama. Garotos tímidos em motocicletas levam você de bar em bar, esperando na entrada, enquanto se bebe até o coma. Por menos de trinta dólares é possível jantar, trepar com prostitutas virgens e menores, comprar um quilo de maconha, beber litros de álcool e ser levado de volta ao seu apartamento espaçoso, em segurança. O Camboja é o paraíso mundial para os perdedores — uma mulher linda, mas sofrida, amarrada a um penhasco para ser devorada ao gosto dos predadores.

A população total de Phnom Penh, quando o Khmer terminou sua tarefa de mandar os habitantes cavarem trincheiras e depois executá-los, ficou reduzida a uma dúzia de pessoas. Poucos anos antes eram cerca de 850 mil. Muitos sobreviventes voltaram depois para a cidade, encontrando suas casas em ruínas, saqueadas, sem água ou luz, uns buracos ocupados por outros pobres coitados, como eles. Tentam sobreviver fabricando artesanato para turistas; a maioria se arrasta, sem braços, pernas, coxos. E esmolam. A renda média no Camboja é menos de um dólar por dia. Crianças de quatro anos de idade vagueiam pelos mercados pedindo esmolas, carregando seus irmãozinhos de dois anos.

Aonde ir em Phnom Penh? Aonde todos os gringos vão, ao Clube dos Correspondentes Estrangeiros, para comer um hambúrguer estilo americano, tomar uma cerveja gelada e depois assistir da varanda dos fundos ao espetáculo de milhares e milhares de asas batendo, uma onda cobrindo o céu vermelho e dourado ao entardecer, como uma nuvem de fumaça escura, em movimento frenético: são os morcegos saídos do telhado do Museu Nacional. Depois, cair de volta na rua, onde uma multidão de adolescentes ossudos e desnutridos espera por você, chamando pelo seu nome — a esta altura eles já o conhecem e sabem de suas preferências —, subir na moto de um deles, afastando alguns pedintes amputados, e seguir direto para "o Coração", apelido carinhoso do bar Coração das Trevas. Depois há os clubes noturnos e bordéis (pouca coisa separa os dois), talvez uma fatia de pizza temperada com verdinha da boa e um papelote para cafungar e arrematar. Se tiver sorte, sua camisinha cambojana não se arrebenta, os meganhas não o extorquem ou atiram em você, nem tropeça com algum parente do primeiro-ministro Hu Sen — pois todas essas hipóteses são sinônimo de tragédia. E, se o pior acontecer, nem pense em recorrer à lei para se proteger.

Uma matéria publicada no *Phnom Penh Post*:

'Tha Sokha, 19, condenado pelo estupro de uma menina de seis anos, ficará preso somente por seis meses, por atentado ao pudor, porque a violação não foi "tão profunda", conforme decidiu o juiz Kong Kouy da Corte de Kandal [...] depois de ignorar a petição dos familiares da criança contra Sokha, a polícia local arbitrou uma compensação, a ser paga pelo infrator à família da vítima. Os pais da menina assinaram, com a impressão de seus polegares, um contrato em que receberiam 1,5 milhão de *riel* como multa pelo estupro da filha, mas o dinheiro nunca foi pago. A vítima e sua irmã levaram o caso até a delegacia local de polícia, no dia 11 de janeiro, mas foram ameaçadas de morte por um oficial chamado Lon se continuassem a "falar sobre violação".

Outra história bem típica, do mesmo dia, do *Phnom Penh Post*:

MUTILAÇÃO POR ÁCIDO, CRIME MENOR: O primeiro caso de uma vítima de ataque mutilante usando ácido que deu queixa de seu agressor escandalizou observadores legais por ter resultado numa pena de dois anos a ser cumprida em liberdade. O juiz Tith Sothy da corte municipal de Kampong Cham negou um pedido para aumentar a qualificação do crime [...] Sothy justificou-se dizendo que não houve intenção de matar a vítima, mas, somente, "danificar sua beleza em razão de ciúme".

Deu pra entender? Quem manda no lugar? Difícil saber. A resposta mais fácil seria dizer que é Hun Sen, um ex-oficial do Khmer que se bandeou para os vietnamitas e foi "eleito" primeiro-ministro, que venceu a competição via um *coup d'état*. O príncipe Sihanouk está de volta, instalado no palácio depois de jogadas complicadas com os Estados Unidos, o Khmer Vermelho, a China e o mundo todo. Ele é uma tênue capa de legitimidade e tradição para o que, no fundo, é só uma ditadura militar. E há os remanescentes do Khmer e de seus aliados, gente pouco simpática — uma frágil coalizão de interesses, mantidos por conveniência, entre diversos exércitos privados, o crime organizado, testas de ferro dos vietnamitas e uns grupos extremistas. O Khmer Vermelho foi "derrotado" pelo "governo central" (aquele saco de gatos), mas trocou apoio por uma anistia e voltou a ter o controle de sua velha fortaleza, sua galinha dos ovos de ouro, no norte do Camboja, livre para cuidar exclusivamente de seus passatempos favoritos: madeireiras clandestinas e contrabando de pedras preciosas — e seus novos negócios no ramo do jogo. Os adeptos do Khmer ganharam uniformes do governo, logo depois do armistício, o que significa que quase todo homem adulto parece ter a mesma aparência, na indumentária, tornando bem complicado saber quem está extorquindo você num dia ou no outro. Existem as temidas milícias privadas (todo mundo possui a sua), que atuam basicamente como segurança para os variados patifes despóticos e suas famílias, com um séquito de guarda-costas; é portanto muito perigoso revidar, mostrar algum desconforto mais acentuado, se um bebum idiota pisa no seu dedão numa boate.

Passando perto do aeroporto, numa noite, o motorista do meu táxi deu uma guinada violenta e saiu da estrada, como todo mundo que estava trafegando naquele momento. Uma escolta policial passou abrindo caminho, sirenes ligadas, seguida de perto por um escandaloso Humvee preto novinho de vidros escuros.

"O sobrinho do Hun Sen", explicou o motorista, com desdém. A família e os amigos de Hun Sen são tema de vários casos de espancamentos, bebedeiras, tiroteios e apunhalamentos quando um deles fica alterado numa discoteca, por qualquer coisinha. Há a história famosa de um sócio deles que chegou num voo comercial ao aeroporto de Pochentong. Ao saber que a linha aérea tinha extraviado sua bagagem, dizem que desceu do avião, pegou a arma de um assecla que estava esperando por ele e começou a atirar nos pneus do aparelho, até que seus pertences reaparecessem. E nem é preciso acrescentar que não houve nenhuma prisão…

Se você tem dinheiro suficiente no bolso, atirar no que quer que seja é algo liberado no Camboja. As bebidas são grátis no Clube de Atiradores, mas a munição, por outro lado, é cobrada por pente.

Meu garçom, um cara magrinho do Khmer, bem amigável, ficou me espiando sobre os ombros enquanto eu examinava o cardápio. Uma bandeja de cervejas Angkor e Tiger estava no meio da mesa. Sobre o teto de palha do longo galpão havia uma mesa ocupada por soldados musculosos, com seus macacões de paraquedismo. Eram da base militar vizinha e tomavam refrigerante e cerveja, caras amarradas ocultas por óculos escuros.

"Acho que vou começar por três pentes para o quarenta e cinco... três para o AK-47... seguidos de cinco para o M16. A guarnição pode ser umas granadas?"

"O senhor gosta do James Bond?", o garçom perguntou, enquanto enchia meu copo. "Gosta da arma dele?"

"Depende. Sean Connery ou Roger Moore? Se estamos falando de Roger Moore, pode esquecer."

"Olha só!", balançou uma pistola colada na minha cara. "Walther PPK! A arma do James Bond!... gostou?"

"Claro", juntei a coisa a um sanduíche de baguete com linguiça que tinha trazido num saco. "Vou testá-la."

É preciso admirar um local que convida os clientes para testar, à vontade, armas automáticas, depois de ficarem devidamente bêbados. Ao lado das prateleiras de armas e dos armários de munição do clube há um cartaz pedindo, em letras garrafais: "FAVOR NÃO APONTAR SUA ARMA PARA ALGO EM QUE NÃO PRETENDA ATIRAR". Em se tratando do Camboja, há uma enorme gama de interpretações para esse texto. Um executivo japonês, bem alcoolizado, estava pertinho de mim, retirando o pino de detonação de uma granada; lançou-me um olhar gélido, sorriu e atirou a coisa num alvo uns vinte metros adiante. BUM! Na outra vez em que olhei, ele estava brincando com um M16, tentando armar o rifle com um pente cheio, mas de cabeça para baixo.

Contudo, estaria mentindo se não admitisse que me diverti muito. Abrir fogo com armas pesadas sobre russos fujões, impressos em alvos de papel, é genial. Eu me saí muito bem com o AK-47 e o 45, acertando na mosca muitas vezes. Em certo momento, o garçom, com as mãos nos ouvidos para protegê-los da metralha aberta que saía das minhas armas, veio puxar minha manga e perguntar: "E aí? De onde você é?".

"Nova York."

"E o que faz?", continuou.

"Sou um chef."

Ele examinou meu alvo, que eu tinha retalhado do pescoço até o saco, deu-me um sorriso encorajador e disse: "Podia ser pistoleiro de aluguel!". Deve ser um cumprimento em Phnom Penh, acho.

No clube eles têm uma variedade impressionante de armamentos disponíveis. Munição custa por volta de oito a quinze dólares um pente. Preferi o AK-47 porque o M16 parecia travar toda vez que o colocava no automático, e também porque minha pontaria se deu melhor com armamento mais pesado. Não pude resistir e testei uma velha metralhadora M50, antiga arma da resistência na Segunda Guerra Mundial — pelo menos foi o que me disseram. Tinha um tambor enorme, como uma versão aumentada da velha Thompson, e descarregava numa rajada demorada e ruidosa, com um belo coice. Na minha primeira tentativa, rasgou o alvo do chão ao teto, por ser bem difícil de manter firme sob controle, sacos de areia explodindo mastigados pela chuva de balas. Também era possível brincar com um M60 inteiro e montado, mas o garçom disse que pararam porque os petardos de alta potência estavam atravessando a área de segurança e irrompendo no mosteiro vizinho, causando muita confusão para os monges. Entretanto, se eu quisesse atirar num búfalo d'água ou numa vaca com, digamos, um morteiro B-40, seria fácil arrumar tudo.

Aprendi um par de lições no Clube dos Atiradores. Por exemplo: quando se vê Bruce Willis ou Sylvester Stallone num filme atirando por um tempo que parece eterno com uma arma automática, devem estar trocando pentes de munição o tempo todo. Quando se aperta o gatilho num M16, com o seletor regulado para automático, é tudo muito rápido, a munição se esgota em segundos. Bruce e Sly também devem passar maus bocados com o aquecimento, porque mesmo um AK-47 no automático esquenta à beça, o tambor fica fervendo. E a possibilidade de que alguém possa manejar duas metralhadoras ao mesmo tempo, uma em cada braço, com um mínimo de pontaria e controle, é totalmente ridícula. Tente a brincadeira, disparar dois M16 simultaneamente. Na melhor das hipóteses, vai explodir apenas os próprios pés.

Atravessamos a ponte em estilo japonês para o outro lado do rio. Uma longa faixa de restaurantes imensos, do tamanho de estádios, tinha sido erguida sobre palafitas instáveis, em cima do pântano. No estabelecimento que escolhemos havia lugar para umas quinhentas pessoas, apesar de sermos, Philippe e eu, os únicos clientes. Uma banda khmer tocava uma mistura de canções khmer com sucessos da música pop, num grande palco com iluminação de discoteca. O cardápio, do tamanho de uma lista telefônica, oferecia umas 150 opções, com fotos coloridas em tamanho grande de cada uma. Na maioria, frituras com aparência pouco atraente. Comemos *chrouk pray* (javali selvagem), *popear* (cabrito assado) em molho apimentado e *chilosh* (veado) com salada de repolho, tomates e berinjela. Parou um ônibus na porta e despejou as "cervejeiras". A venda de cerveja num restaurante ou clube é disputada. As companhias produtoras contratam moças em uniformes especiais — trajes supostamente sensuais — para trabalhar nos lugares em que suas marcas são oferecidas. Elas chegam juntas, as moças da Angkor, as moças da Carlsberg ou as da Tiger, e de umas duas ou três outras marcas. Recebem por latinha ou garrafa que consigam vender, o que as faz muito competitivas. Em segundos fomos cercados por um verdadeiro cabo de guerra de jovens agressivas, todas empenhadas para que bebêssemos seus produtos. Quando pedimos Tiger, as outras evaporaram, deixando só uma "Tiger" atendendo nossa mesa. Toda vez que ia pela metade minha garrafa, ela abria uma outra.

Na mesma noite, saímos com alguns estrangeiros residentes. Misha, um búlgaro; Tim, um inglês; e Andy, um americano, que se sentaram comigo bebendo cerveja com pedras de gelo, comparando suas feridas de bala. "97", disse Misha, mostrando uma marca brilhante e funda no pescoço. "93", foi a vez de Andy, exibindo, através da camisa aberta, um afundamento horroroso no peito.

Junto da parede havia uma fila de garotas sentadas em cadeiras dobráveis, umas treze ou quinze delas, silenciosas e com uma animação de paciente na sala de espera do dentista. Uma estava embalando um bebê.

"Olha aquela putinha", Andy apontou uma delas, que tinha uma cara triste de lua cheia, agarrada na sua cadeira e iluminada pelo pisca-pisca da luz fluorescente. "Tremenda gorduchinha, não é?", disse em inglês e traduziu para o khmer, para que ela entendesse.

Ainda paramos em três ou quatro bares, o do Clube dos Correspondentes, o "Coração" e um clube cheio de putas adolescentes. No final da noite, perguntei a Tim quanto deveria dar de gorjeta ao motoqueiro, um garoto que me levara para cima e para baixo a noite toda, esperando pacientemente do lado de fora para me levar a outro lugar.

"Três dólares está ótimo."

Dei cinco. Mas que diabo! Só dois dólares a mais, que ele precisava mais do que eu.

"Que é isso, cara?!", Tim reclamou, "está inflacionando o lugar!"

Psar Thmei é o mercado central, uma bagunça fedorenta e nojenta, com bancas de comida na temperatura ambiente fermentando nos corredores atravancados sob barracas de lona pesada, nada com aparência (ou cheiro) de fresco.

A diferença entre ele e os mercados do Vietnã era como a do dia para a noite. Mas é que os vietnamitas dão-se ao luxo do orgulho. Passei por peixes malcheirosos de olhos turvos, vegetais molengos, aves acinzentadas e intumescidas. Mas nada detinha Philippe, que mergulhou numa montanha de línguas e tripas cozidas na erva-cidreira, com uma expressão deliciada no rosto: "*Hummmm! Nham-nham!*", falou com o tripeiro, batendo palmas e fazendo uma reverência exagerada. "Tony! Experimente um pouco, está uma delícia!" E veio se aproximando com uma porção fumegante de tripas, segura com pauzinhos e cheirando a cachorro morto. Abri a boca e engoli, pensando o tempo todo que mais tarde telefonaria para Nancy, pedindo que me marcasse uma consulta com o gastrenterologista. Philippe tentava me matar.

Tentou outra vez na barraca de gelatina do mercado, insistindo para que provasse a coisa melequenta e de cores berrantes que se comia em potinhos gelados. Mas Philippe é um aventureiro e um gourmand, no melhor sentido dessas palavras. Não tem medo de nada, põe de tudo na boca. Talvez seja o fato de ser francês. Quando visitamos uma vila de palafitas no Tonle Sap, ou grande lago, no Vietnã, passamos por casas, lojinhas, fazendas de bagre e chiqueiros, tudo flutuante. "O que ela está comendo?", perguntou, apontando para uma mulher que cozinhava numa wok, na minúscula entrada de sua casa frágil, com crianças nuas ao redor. Fez que parassem o barco. Chegou todo sorridente para ela, pediu se podia nos dar um pouquinho da comida. Ela foi simpática, nos passou um bocado do peixe moído com carne de porco, cozido em molho doce de camarões secos. Tinha um sabor bastante razoável. Quando fomos deixando o local da refeição improvisada e gostosa, mostrei para ele: a mulher lavava a wok na água barrenta do rio, a mesma em que um menino tomava banho, só uns metros abaixo de um chiqueiro.

"Como se diz em francês: gastrenterite?", perguntei.

Sabia que estava perto, porque seu cheiro já estava no ar: a lendária fruta chamada durião. É possível senti-lo a centenas de metros de distância. Imagine uma bola grande de futebol americano, verde e ameaçadora, com espinhos. E que solte um cheiro gasoso, inesquecível, penetrante e podre. Um odor de decomposição, que paira sobre todos os mercados e bancas de frutas da Ásia. Dizem que é uma delícia. O que me deixou curioso. Uma fruta feia e cara, difícil de transportar — é até mesmo proibido carregar um durião na maioria dos transportes, como aviões, ônibus e trens —, que tem a fama de ser uma das mais apreciadas iguarias do Oriente. Eu tinha de experimentá-la. Comprei uma enorme e linda; não fossem os espinhos, passaria por uma jaca, que é muito mais delicada. Meu plano era levá-la para o hotel, mas em dez minutos de trajeto no carro, em companhia da coisa malcheirosa e inebriante, minha equipe estava gemendo e pedindo clemência. Precisamos desviar para Wat Phnom, um parque e mosteiro, no centro da cidade, onde a escavei sob o olhar atento de um elefante. Parti a casca rígida do durião e me cortei na sua armadura de estegossauro. Nossa, como fedia! Parecia que tinham enterrado alguém com um queijo *stilton* inteiro nas mãos e, algumas semanas depois, exumado tudo. Aberta a casca, separei a polpa fibrosa e amarelada, expondo gomos de um material gosmento, viscoso, parecido com queijo, que estava em volta dos caroços do tamanho daqueles do abacate. A aparência dessa parte era como a de foie gras. O cheiro do interior era menos intenso. Dei uma provada num pedaço generoso, com a consistência de um St. André bem curado, e fiquei impressionado. Era fantástico. Frutado, saboroso, algo de queijo e um longínquo gosto de defumado. Tente imaginar uma mistura de camembert, abacate e gouda defumado. Tudo bem, nem tente. Não fui feliz na descrição. Mas, provando a coisa, começa uma luta necessária com as palavras. Porque o gosto não tem nada a ver com o cheiro; o sabor é menos pronunciado e estranhamente viciante. Durião foi um dos poucos — e verdadeiros — "novos" sabores que pude experimentar. Diferente de tudo o mais, na sua singularidade, na sua estranheza. Lembra a primeira vez em que provou caviar? Ou foie gras? Ou um queijo cremoso, curado? Aquela mesma sensação de ter penetrado um território novo e excitante. É possível até mesmo não gostar de cara, mas sabe-se que algo importante e intrigante está sendo provado.

Lambendo a deliciosa gosminha na lâmina da faca, fiquei pensando aonde aquela novidade poderia me levar. O que eu poderia fazer com durião em Nova York? Como estocá-lo? Mesmo envolto em seis camadas de linho, enterrado em papel-alumínio e encapsulado em cimento, o maldito cheiro daria um jeito de escapar, como um espírito do mal. Teria de ser manuseado como um tipo de material radiativo, mantido separado, num compartimento fechado, num anexo da despensa, construído para essa finalidade, com ventilação especial. É um produto fascinante, e algum dia um chef, ou alguém, vai conseguir domá-lo e servi-lo em Nova York, e estarei lá para comê-lo, reencontrar seus poderes estranhos e fascinantes. Sozinho, com certeza...

Voei para Siemreap pela President Air. Um avião de carga Antonov, com 41 anos de idade, adaptado, com poltronas colocadas de maneira improvisada para passageiros. Os cintos de segurança estavam quebrados, dependurados de cada lado, inúteis. Quando ocupei meu assento, a poltrona assumiu imediatamente a posição reclinada. Enquanto taxiávamos pela pista, a cabine se encheu de uma espessa nuvem de vapor. Quando a aeromoça serviu as refeições de bordo — na verdade, umas caixas de papelão com uns sanduíches de carnes misteriosas, envoltos em plástico —, todos os passageiros explodiram em risadas nervosas e as descartaram sem pensar duas vezes, metendo-as debaixo das poltronas. Chris e Lydia, meus acompanhantes, estavam petrificados, os olhos saltando das órbitas, enquanto o avião sacudia e sibilava em cima de Tonle Sap e depois, quando começou a lenta descida sobre as planícies pantanosas, à medida que nos aproximávamos de Siemreap. Misha, o adorável e sinistro búlgaro que conheci em Phnom Penh, estava no mesmo voo, a caminho de uns "negócios". Do que pude entender anteriormente, ele vendia serpentes exóticas para clientes russos. Mas meu tradutor e guia, o Kry, tinha outra impressão. "Ele vai ver KV", disse, "melhor não saber de nada. Acredite. Melhor eu não saber nada."

Misha deu um suspiro de alívio quando pousamos. "Quando servia como paraquedista na Bulgária, gostávamos muito deste avião. Claro que tínhamos os paraquedas..."

Desisti de tirar fotos em Angkor Wat. Nenhuma máquina dá conta do recado. É grande demais, impressionante demais, para ser capturado por qualquer lente. Não dá para descrever em simples imagens o maravilhamento que se sente ao encontrar as cidades de Angkor brotando do meio da selva fechada. Quilômetros e quilômetros de templos cheios de detalhes intrincados, de muitos andares, gigantescos, cobertos por baixos-relevos, enormes cabeças estilo Dean Tavoularis e ruínas de pedra, tudo emaranhado nas raízes de árvores centenárias. Foi o centro do império Cham, a poderosa dinastia que se estendia até Nha Trang e o oceano ao leste, cobrindo toda a parte sul do Vietnã e um pouco do que é hoje a Tailândia e do subcontinente indiano. É inimaginável o tempo que deve ter levado para construir apenas uma das centenas de estruturas que compõem o conjunto, bem como a quantidade de artesãos, artistas e operários envolvidos. Admirando a variedade compacta dos relevos sente-se uma intimidação interior pela impossibilidade de ver tudo. O KV fez o que pôde para arruiná-lo, em anos recentes, espalhando minas pelo território, derrubando templos e estátuas. Saqueadores e comerciantes de antiguidades inescrupulosos arrancaram a maior quantidade possível de efígies, limparam dos templos o que conseguiram carregar e venderam tudo nos mercados negros da Tailândia e em outros lugares. Mas o pessoal da Unesco está lá, no momento, restaurando o possível, corajosamente. Boa parte das minas foi retirada e dá para zanzar pelos interiores soturnos de pedra, com uma espécie de guia turístico mirim do Khmer, ao seu lado, dizendo o que cada coisa significa, apontando as figuras com línguas bífidas nos cantos escuros e sugerindo que se deem alguns *riel* aos monges em trajes cor de açafrão, que cuidam de pequenos altares budistas. Os interiores lodosos e sem luz cheiram a incenso queimado e se estendem interminavelmente. De pé, na frente da imensa cabeça de pedra, posso apenas ter uma pálida ideia do que os primeiros franceses que ali chegaram devem ter sentido.

Os bundinhas mãos de vaca da produtora de TV me hospedaram noutro buraco deprimente em Siemreap. Dei uma geral no saguão e decidi cair fora, por minha conta, já que teria alguns dias penosos pela frente. Eu me registrei no Angkor Grand, gerido pela cadeia Raffles, meio quilômetro adiante, na mesma rua. Pensei que passar uma noite como um opressor colonialista me faria bem. Nunca aproveitei tanto um chuveiro de água quente com alta pressão como naquela noite, uma sensação gloriosa de água sem fim, depois de tantas pocilgas cobertas de mofo em que passara as semanas anteriores. Tinha uma piscina gigante, três restaurantes, um bar e um salão, onde os atendentes, de uniformes, chapéus pontudos e com *kromahs* verdes, preparavam drinques afrescalhados, decorados com guarda-chuvinhas de plástico. Quando voltei para o quarto, depois de uma massagem, umas braçadas na piscina e um croque-monsieur, havia um buquê de jasmins frescos sobre o travesseiro.

Curti tudo do ambiente luxuoso, porque na manhã seguinte iria começar o desafio. A equipe estava nervosa. E eu estava nervoso. O plano era seguir num barco alugado pelo Tonle Sap, cruzar a nascente de um rio e prosseguir até Battambang. No outro dia alugaríamos uma 4×4 com motorista e percorreríamos setenta ou oitenta quilômetros, na pior estrada do Camboja, pesadamente minada, até Pailin, quase na fronteira tailandesa. Não era a época mais favorável para visitar o Khmer Vermelho. Acontecimentos recentes, na capital, indicavam que o governo queria revogar o acordo com Ieng Sary, líder da facção do KV de Pailin, e levá-lo a um tribunal internacional de justiça, por crimes de guerra. O clima na cidade deveria estar meio ruim, ponderamos.

A estrada para Pailin. Não se tratava de um filme da dupla Bing Crosby/Bob Hope, e Dorothy Lamour não estaria nos esperando num sarongue apertadinho, no final da jornada. Escolhi seguir, por um rio sem nome, até o pior covil da Terra, só para expiar meus pecados, e consegui.

Saímos de Siemreap de manhã cedinho, Chris, Lydia e Kry.

Kry, que tem bastante conhecimento do Khmer, tinha estado antes em Pailin durante as últimas escaramuças. Mesmo assim, a partir do momento em que tomamos o rumo de Battambang, partindo de um riacho lamacento, perto do lago, ele ficou mudo e permaneceu quase calado durante todo o percurso. Desde o princípio as coisas não andaram como o esperado. Nosso barqueiro e seu ajudante — cuja preocupação principal era um motor chumbado, barulhento e pouco confiável — não chegavam a nenhuma conclusão exata sobre onde estava a nascente do rio. Depois de seguir um pouco pela água, ficamos flutuando em círculos pelo lago, procurando referências, torrando no sol a pino do fim da manhã. Comi um almoço preparado pelo Angkor Grand — sanduíche de *saucisson*, queijo camembert e uma garrafa deliciosa de Côte du Rhône — e esperei.

O rio, finalmente encontrado, era largo, de águas claras e bonito de se ver. Quase cinquenta quilômetros depois, quando nos aproximávamos de uma cidade de palafitas, o barqueiro rumou para um posto de polícia fluvial, sem qualquer aviso ou explicação. Na plataforma, que flutuava sobre tanques vazios de combustível de 55 galões, estavam nos esperando uns poucos oficiais com chiquérrimos óculos de sol estilo "esquadrão da morte", e dois sujeitos com aparência encardida, usando *kromahs* vermelhos e fardas verde-oliva. Sem pedir licença, os dois sujeitos de roupa militar e *kromahs* pularam para o barco e se instalaram na ponte de comando, junto com o barqueiro. Os policiais deram tchauzinho para nós.

Preciso explicar que o *kromah* vermelho é — praticamente — o acessório de vestuário comum a todos no Camboja. Usado como turbante, como cachecol, como bustiê pelas mulheres, como sarongue. Em caso de necessidade, pode ser usado até para puxar um carro de bois que caiu numa vala, ou como sacola ou fralda. Mas usado por sujeitos mal-encarados e de poucos sorrisos, estranhos com olhos injetados e metidos em uniformes militares que acabaram de embarcar no seu barco privado, sem pedir permissão, o *kromah* vermelho adquire um aspecto sinistro. A memória nos leva de volta às cenas de um KV vitorioso, entrando em Phnom Penh em tanques de guerra, pouco antes de começarem os massacres.

Pouco depois percebi que o barco tinha diminuído a velocidade até quase parar e que nossos novos convidados discutiam com o barqueiro, apontando para uma direção totalmente contrária à que o rio nos conduzia. Olhei para o Kry, esperando uma tradução, mas ele desviou os olhos para outro lado. Nem uma olhadinha. Fixou um ponto remoto no espaço e ficou lá, aparentemente ausente. Quando o barco mudou de rumo, seguindo as instruções das visitas, rateando e batendo latas até um riacho estreito e sem nome, tive de gritar para o Kry: "O que aconteceu? Que é isso?".

"Pegamos atalho", respondeu, e voltou para uma espécie de estado de coma.

"Atalho!" A palavra me encheu de temores. Desde quando atalhos funcionam? Pelo menos em filmes de terror, os atalhos sempre precedem a morte e o esquartejamento. Um "atalho" raramente termina bem. E no Camboja, com nosso barqueiro nos enfiando por um canal estreito, cheio de ramagens, balançando de maneira instável nas águas profundas, seguindo para um destino ignorado, com dois fodidos dando as ordens, tudo transmitia uma insegurança nada confortável. Consultei o mapa no meu guia do Lonely Planet, só para desanimar mais ainda, descobrindo que aquele braço de rio nem constava lá.

Fomos indo, rio acima. Horas e horas sem um ponto de chegada à vista. A viagem estava planejada para levar seis horas. Já tinham se passado nove. O terreno ficava mais e mais agreste, e mais estreito a cada curva. Puxávamos e empurrávamos, mergulhados em sujeira até a cintura, tentando romper galhos pendentes e avançando com dificuldade por bancos de areia e poças de lama. Aquele roteiro estava fazendo o equivalente em *Apocalipse Now* parecer com o *O barco do amor* — a paisagem cada vez mais primitiva, os sinais de vida mais atrasados e isolados, à medida que entrávamos mais fundo na selva. Os raros *sampans* que cruzavam em direção contrária passavam ralando na gente, mas nem se davam conta. Olhavam só para os passageiros vestidos de verde-oliva e viravam rápido a cara, com uma expressão de pânico. Não havia mais saudações de "alô!" ou "tchau" do pessoal nas margens, só olhadelas, caras fechadas, hostilidade muda, indiferença.

Não vi nada por horas, exceto uma ou outra cabana sobressaindo do meio da água ou da folhagem, nas margens do rio; homens e mulheres vestindo farrapos, quase pelados exceto pelos *kromahs*, vivendo em barracos na beira da água, passando unguentos em porcos doentes, lavando roupas nas águas turvas, afiando machadinhas nas pedras. Comecei a ficar preocupado. Nem uma simples casa, um predinho, uma antena de televisão, nem um fio de eletricidade ou telefone, nada que pudesse ser chamado de muro ou parede, nada visível naquele tempo todo. Podíamos estar fazendo aquela viagem mil anos atrás, e a diferença seria nenhuma. E se o motor pifasse? E se falhasse a hélice? Se uma pá se rompesse e ficássemos à deriva? A quem apelaríamos? Se ao menos tivéssemos um celular, mas nada... Ninguém no barco, eu suspeitava, seria capaz de dizer nossa localização. Em qual dos milhares de riachos, canais, correntes de água, ribeirões estaríamos? O representante do American Express, com certeza, não estava me esperando na próxima parada... Onde dormiríamos quando a noite caísse? Só havia água, lama, plantações alagadas de arroz, selva e uma rara estrutura de bambu e madeiras finas, como uma casinha de criança, feita na árvore e quase despencando, esquecida. E os companheiros misteriosos de viagem? Quem seriam? Aonde iriam? Quais seriam suas intenções? O mais mal-encarado dos dois me deu o que seria, para ele, um sorriso, quando lhe ofereci um Marlboro em lugar dos cigarros de Alain Delon que fumava, mas foi tudo.

Íamos nos enfiando cada vez mais pela densa vegetação, quilômetros sem fim de cabanas demolidas, *sampans* inutilizados e meio afundados na água, e margens de rio barrentas. De vez em quando aparecia uma galinha, um galo, um búfalo e umas poucas palmeiras, a distância. Fizemos outro desvio; num vilarejo quase submerso havia mais dois passageiros nos esperando, com mochilas arrumadas. Um usava uma camiseta do Piu-Piu e calças com padrão de camuflagem. Beleza, pensei, eis meu carrasco: seria assassinado por um cara vestindo uma camiseta da Warner Bros.

A escuridão aumentava, mas nem sombra de Battambang ou outro lugar qualquer que parecesse, minimamente, com a civilização. Nem esperava mais por conforto ou prédios de escritórios, queria só algum indício de energia elétrica. Insetos estavam fazendo a festa em mim. Quando a luz sumiu de vez, o rio foi se tornando mais largo e apareceram traços de fumaça no céu. Umas poucas famílias tomando banho juntas nas margens trouxeram um pouco de esperança. Mais fumaça, vinda de fogões a lenha. Vi uma casa na mata, com uma parede de verdade — outro bom sinal. O rio foi se tornando mais movimentado. Balsas puxadas por cordas levavam motos e seus donos de uma margem para a outra. Mais casas e abrigos. O barco ia subindo o rio, já totalmente às escuras. A fumaça ficou mais espessa e vi minha primeira lâmpada elétrica, tremelicando longínqua. E, de repente, uma imagem surreal no meio da escuridão total e da densa fumaça, mais luzes, tochas. Vinda de alto-falantes distantes, música khmer estridente e sons de tambores ecoavam pelo rio.

Amarraram o barco no fundo de um barranco barrento; mãos saídas do nada me ajudaram a desembarcar e subir pela escarpa escorregadia. Silhuetas escuras pegaram e carregaram nossas bagagens lá para cima. Fomos colocados numa caminhonete e levados ao inacreditável Hotel TEO, o "melhor" de Battambang.

Chão de lajotas brancas, paredes de azulejos brancos e tetos de estuque branco. O hotel era um fortim de quatro andares, sem frescuras decorativas. Uma placa na recepção mostrava o desenho negro de um AK-47 cortado por um xis vermelho. As características da indústria hoteleira do Camboja estavam todas presentes: uma porta ao lado do saguão dizia, em letras vermelhas: KARAOKÊ MASSAGEM. Tradução? "Putas disponíveis."

No quarto, mais lajotas brancas e um ralo no centro, como se tudo tivesse sido planejado para ser despejado com um aperto na descarga. O banheiro funcionava pelos mesmos princípios: abra o chuveiro, dirija o jato calcificado do chuveirinho para seu corpo, sente-se na privada e dará tudo certo. O único rolo de papel higiênico estava ensopado — arte do hóspede anterior. Um pacote molengo, de algo que pode ter sido um sabonete ou uma camisinha, estava na saboneteira da pia. No ralo da banheira, um band-aid usado flutuava num resto de espuma misturado com um chumaço de cabelos. Nem liguei. Pelo menos não dormiria ao relento, com serpentes, mosquitos e cobras listradas. Eu me lavei o melhor que pude; em seguida corri para o restaurante vazio do TEO, onde fui ajudado por um garçom solícito a selecionar a comida de outro daqueles cardápios de fotos coloridas. *Congee*, curry verde, *pad Thai*, *amok*, a seleção esperada de frituras e tigelas fumegantes, metade do menu de pratos tailandeses, a conta pagável em *riel*, *baht* ou dólares. Após saber que eu estava indo para Pailin, o garçom contou ter estado lá uma vez, na esperança de ficar rico com o comércio de pedras preciosas, mas voltara só com malária, como recompensa pelo esforço. Acrescentou tristemente: "Gente ruim. Gente ruim em Pailin".

* * *

A primeira coisa que se via eram as placas.

Pequenas, cor de laranja, a uns cem metros uma da outra, em toda a extensão da estrada. CUIDADO! MINAS TERRESTRES! E uma imagem de uma caveira com ossos cruzados, para reforçar.

Tente imaginar a pior estrada do universo: cem quilômetros sem pavimentação, alternando terra batida, buracos, despenhadeiros, frinchas e colinas tão íngremes e escarpadas que o veículo quase capota ao subi-las. Carros que estavam só uns metros na frente sumiam de vista nas lombadas e irregularidades da estrada. Caminhões com madeira e feno, equilibrados em torres perigosas de quase cinco metros de altura e ainda por cima com famílias inteiras sentadas no alto, tão carregados que iam se inclinando para os lados. Poças enormes de barro grosso, águas paradas, transbordando de campos de arroz vizinhos. E o costumeiro desfile de obstáculos, como carros de bois quebrados, desvios, barreiras, postos policiais, pontes caídas e bandidos armados.

Negros utilitários esportivos nos ultrapassavam, gângsteres do KV e traficantes de madeira escondidos por vidros fumês, seguranças armados com metralhadoras. Os poucos 4 × 4 brancos eram dos caras legais, os rastreadores de minas terrestres trabalhando duro no noroeste do Camboja. Uns cartazes coloridos mostravam, em tamanho grande, um camponês andando feliz pelos campos com seu filho. Do lado esquerdo do painel. E, do lado direito, o mesmo sujeito e seu filho são mostrados depois de serem surpreendidos pela explosão de uma mina, braços e pernas amputados e com sangue jorrando em vermelho-vivo. Nosso veículo era um 4 × 4 branco, com um motorista de aparência bastante tensa. Ele não gostava de nós. Nem de nosso destino. E parecia descontente com o que a estrada fazia com seu carro, que alugáramos.

De quando em quando, atravessávamos uma ponte sobre uma garganta profunda ou um riacho nas rochas. Ripas gastas e soltas batiam e cediam sob nossas rodas, as pedras e a água lá embaixo visíveis pelos vãos das pontes, enquanto avançávamos vagarosamente. Algumas pontes eram de fato mantidas por cabos, de forma que as preocupações vinham não só do chão desintegrando-se sob os pneus, mas de toda a estrutura, que balançava de forma pouco confiável nos suportes provisórios. Os caminhões sobrecarregados paravam em cada uma delas, e os passageiros e o motorista avaliavam suas chances, depois aceleravam o máximo possível, torcendo para que fosse o veículo seguinte o próximo a se arrebentar nas pedras do fundo, quando a ponte cedesse de vez.

Sacolejo, derrapada, freada, salto, freada, derrapada, raspada, sacolejo. Frequentemente era preciso parar para que uma velha, uma criança sem calça ou um adolescente armado e de farda e sarongue de *kromah* removesse uma pedra maior ou uma tora de madeira que impedia nossa passagem — pedágios improvisados — e fizesse sinal para que prosseguíssemos.

Cada vez se viam mais armas nos postos policiais. E crânios. Arrumados em fila sobre plataformas parecidas com oratórios ou poleiros de aves, ao longo da estrada, crânios e ossos humanos. Uma advertência? Ou um monumento? Não sei. Quanto mais próximo do que era a linha de frente do mais recente conflito armado, mais se viam, no acostamento, TPAs (transporte de pessoal armado) detonados e furados de balas. E tanques de guerra de fabricação chinesa, queimados.

Os caras armados, no último posto, não pareceram nada contentes com nossa presença. Mas e os cassinos? Eles não queriam movimento? Comecei a ver que estava errado ao pensar que logo estaria num salão de jogos, entretido por um showzinho cômico ao estilo de Don Rickles. Algo como um bufê, ou uma cozinha para fazer meu próprio omelete, parecia ainda mais remoto. O motorista não tirou os olhos do retrovisor, enquanto guiava, cuidadosamente, a quinze por hora, fazendo coro com o garçom do hotel TEO, comentando de vez em quando: "Gentes ruim... gentes ruim aqui".

Paramos numa aldeia para comer algo, esticar as pernas e endireitar o pescoço. Num bar de beira de estrada, ao lado de um mercado, um grupo de khmers agitados torcia com entusiasmo exagerado, assistindo a uma luta televisionada de boxe tailandês, gritando e sacudindo os punhos no ar toda vez que alguém recebia um golpe. Pedi uma cerveja com pedras de gelo e um pouco de *tom yan*, espécie de sopa de macarrão tailandesa. Foi a melhor coisa que comi desde que chegara ao Camboja... comida tailandesa. Tudo naquela região se tornava cada vez mais tailandês quanto mais próximos da fronteira estávamos. Comida tailandesa, dinheiro tailandês, televisão tailandesa. Depois da refeição e uma descansada partimos outra vez, com mais duas horas até Pailin.

"Aqui ficava a linha de frente", disse Kry pouco depois, falando pela primeira vez, que me lembre. Apontou para um pico escarpado na montanha, com um templo no alto. "KV jogava corpos nessa montanha. Milhares de ossos dentro dali."

Quase na entrada de Pailin a estrada melhorava, possivelmente por causa dos caminhões de madeira. (Estão cortando, uma a uma, todas as árvores do Camboja, para vendê-las aos tailandeses, o que está deixando o campo mais devastado do que já é. Cada temporada de chuvas ameaça submergir Tonle Sap, Bassac e o Mekong, inundando a capital.) Aceleramos sem falar nada e, num instante, chegamos.

Pailin. Ruas sujas de lixo, sem pavimentação, cães vadios e

habitantes macambúzios nos fitando. Umas poucas placas anunciando massagem karaokê, um barbeiro, uns raros locais de venda de pedras preciosas, com rubis e safiras do tamanho de bolachas, um mercado arruinado e sem perspectivas. Nenhum cassino, nenhum neon. Nem sombra de estacionamentos imensos, novos centros de diversão, nada de fliperamas com jogos variados, salões com cara de funerária com ar-condicionado e cheios de caça-níqueis e Keno. Sem Siegfried ou Roy. Sem Debbie, Stevie ou Edie, nada de gente comum. Somente hostilidade sem disfarces, miséria e sujeitos armados de meter medo. O Hang Meas, único hotel do lugar, era apenas uma versão menor e piorada do TEO. Mesmo aviso no saguão sobre AK-47s, mesmo cubículo para massagem, mesmos azulejos brancos, gosmas repugnantes e ralo no chão.

No restaurante do hotel, comi umas frituras encharcadas e depois dei uma volta pela cidade na garupa de um motoqueiro, que queria me mostrar onde comprar rubis a preço de ocasião. Quase nada para ver. Edifícios caindo aos pedaços, lojas de dois andares, um templo. As casas com antenas parabólicas, 4 × 4s e utilitários esportivos estacionados na porta pertencem aos KV. Parece que no Camboja só os comunistas sabem ganhar dinheiro. Compro uns rubis caríssimos e minúsculos. É verdade que há rubis sem lapidar por todo lado, nas margens do rio, nos jardins, no chão, mas são transformados em gemas na Tailândia e raramente fazem o caminho de volta, como todos os demais recursos do país.

Mandamos Kry para conversar com o funcionário responsável pelo turismo e divulgação, um antigo membro do alto escalão do KV. Sem surpresa alguma ele não queria falar sobre o futuro de Pailin como local turístico, em vista das recentes declarações de Phnom Penh. Nem estava interessado em nos mostrar os cassinos. Na realidade os cassinos estavam a trinta quilômetros de distância, nas montanhas no meio da selva, perto da fronteira com a Tailândia.

"Ele diz: se você vai lá fazer filme, vai levar tiro", informou Kry ao voltar do encontro. O cara do KV não queria falar sobre desenvolvimento econômico, hotéis do Hard Rock ou qualquer outro assunto ligado a turismo. Só queria falar sobre o que fariam se Ieng Sary fosse mesmo processado e levado aos tribunais. Queria falar sobre guerrilha na selva, rearmamento e ir à luta coberto de glórias, seguindo seu líder. Nada do que queríamos ouvir.

Na mesma noite, às três da madrugada, alguém esmurrou a porta do quarto de Chris e Lydia. Lydia, que eu já tinha visto dependurada num carro em alta velocidade para não perder uma tomada, que já tinha filmado em bases de paraquedistas, campos minados ou selvas fechadas, sem medo algum, me contou depois que pulou da cama e se encolheu, tremendo num canto, enquanto Chris abria a porta. Por sorte era um negociante tailandês, bêbado, que voltava de uma massagem, confundindo as portas dos quartos, e não um segurança do KV com fones de ouvido e pinos para interceptação telefônica.

Na manhã seguinte comi no hotel. Estava deprimido. Nada aconteceu como eu planejara. Dois dias de viagem por um rio sem nome e pela pior estrada do mundo, para quê? Não chegara a um paraíso para apostadores. A "capital dos vícios" era a mesma fila de galpões decadentes e bares, como qualquer outro lugar, e muito menos convidativa. Os moradores pareciam sonados, letárgicos, amedrontados e irritados, nada do que se espera num resort turístico. Meus sonhos de me tornar uma espécie de Bugsy Siegel do Sudeste Asiático estavam bem abalados. Todos queriam ir embora — o motorista khmer e Kry mais do que os outros. A comida, especialmente se comparada com as delícias vietnamitas, era sem graça, comida tailandesa aguada, servida em condições distantes da palavra "fresca". Enquanto bicava meu café solúvel, dois sujeitos de farda chegaram numa moto e despejaram no chão, com um *ploft*, uma caça com aparência de veado. Desceram e foram falar com o chef. Duas crianças andrajosas correram para a carcaça, enfiando os dedos no buraco da ferida que o bicho tinha no pescoço e depois cheirando, enquanto moscas se amontoavam.

"É uma espécie ameaçada", disse, em inglês, uma voz.

Eles estavam sentados atrás de mim, num canto escuro do salão de jantar do hotel, vestidos com roupas de couro dos pés à cabeça, roupa para motocross, e cobertos de pó da estrada: Tim e Andy. Os olhos de Tim eram de um azul profundo, com pupilas mínimas e um sotaque de inglês do norte, podia ser de Leeds ou Newcastle. Andy era americano, cabelos loiros e a aparência saudável e bem-alimentada do Meio-Oeste, além do sotaque típico. Logo atrás se viam suas motos, no estacionamento do Hang Mea, potentes e bem sujas.

Tim tem um bar e restaurante em Siemreap e Andy é o chef do lugar. Aonde você for, no fim do mundo, parece que vai haver um chef americano por lá. Kry, com cara de exausto, se juntou a mim para o café da manhã e, ao ver os dois caras vestidos de couro empoeirado, cumprimentou-os.

"Kry! Como é que vai, seu filho da mãe?"

"Tudo bem, Tim. E você?", Kry respondeu.

"Ainda frequentando as Ervas do Bem?", Andy perguntou.

Tudo indica que todo mundo se conhece no Camboja. Estávamos do outro lado do país, no meio do nada, e os cabeças de capacete e Kry agiam como se fosse normal se encontrarem assim a toda hora.

"Tem visto Misha?", foi a vez de Tim.

"Acabamos de vê-lo, vindo para cá, conversando com dois caras do kv", disse Andy.

"Ele veio no mesmo avião que a gente", me meti no assunto.

"Como ele chegou até aqui vindo de Battambang? Não cruzamos com ele no caminho...", comentou Tim.

"Talvez ele tenha tomado um helicóptero", respondeu Kry.

"Ahhhh... é claro", disse Tim com um sorriso malicioso.

Os dois homens estavam numa viagem pelo Camboja, por estradas secundárias, um obstáculo intransponível para a maior parte dos viajantes, mas uma festa para motos incrementadas. Pretendiam descer de Pailin para Sihanoukville e depois até o mar, mas tiveram problemas quando toparam com uma madeireira clandestina no meio da selva, e tiveram de dar meia-volta.

"Vamos tentar outra rota", disse Tim, "mas se der errado nos veremos, provavelmente, em Battambang."

Não víamos a hora de cair fora da cidade, mas o motorista entendeu errado as instruções de Kry e acabamos tomando a direção da fronteira, enquanto ele resmungava baixinho. Levou uma hora para percebermos o equívoco, que íamos na direção errada, entrando quilômetros selva adentro e passando por pequenas fazendas, com antenas parabólicas nos telhados, os onipresentes carros negros na porta, utilitários, Land Rovers, Land Cruisers Toyota, casas bem-cuidadas perdidas naqueles ermos. As árvores estavam todas cortadas, como se tivessem sido vítimas de um exército de lenhadores selvagens que cortavam tudo o que vissem pela frente. As nuvens cobriam os altos picos das montanhas, e as pessoas, quando percebiam as câmeras no nosso carro, pareciam assustadas, como se tivessem sido pegas no meio do banho. O motorista parecia no auge do descontentamento. Quando Kry conseguiu que ele entendesse que o que queríamos era voltar a Battambang, na direção contrária, ele quase chorou de alívio.

No trajeto todo, até Pailin, o motorista tinha mantido a velocidade soporífera de quinze quilômetros por hora. Na volta, sem se importar com os danos que poderia estar causando à carroceria ou à suspensão do carro, fez uns cinquenta, o tempo todo. Estava apavorado, foi o que percebi. Muito apavorado. Quando passamos por uma milícia toda de negro, em formação de parada, cujas cabeças se viraram para nós ao mesmo tempo, ele acelerou ainda mais, olhando assustado, pelo retrovisor, durante os quarenta quilômetros seguintes. Num posto policial, que atravessamos no dia anterior e no qual havia apenas umas duas armas, velhos M1S ou sucatas chinesas, agora brilhavam AK-47s novinhos. Todo o caminho de volta o motorista se manteve em alerta. Cada civil com cara neutra, pelo qual passávamos na estrada, metia medo nele — um provável espião avançado para uma suposta emboscada, que viria mais adiante. Nunca pensei que adoraria rever o hotel TEO. Quando se visitou Pailin, Battambang parece uma megalópole.

Meia-noite em Battambang.

Tim conduzia a moto, comigo na garupa, curtindo a vida. Andy dirigia a outra, com Misha atrás. Corríamos pelas ruas tranquilas de Battambang, em alta velocidade, fazendo um barulhão; passamos por uma ponte estreita para pedestres, até o extremo da cidade, onde ficavam os bares e bordéis. De maneira geral, sendo ocidentais, cruzamos barreiras policiais tentando passar batidos. Conscientes de nossa posição privilegiada como homens brancos com dinheiro no bolso, apenas diminuímos a velocidade, damos um sorrisinho e seguimos leves como uma brisa — como se barreiras, policiais ou militares armados e revistas não fossem destinados, nunca, a nós. E me garantiram que sempre funcionava. Era o que Tim e Andy também pensavam, quando atingimos uma praça bem iluminada, onde uma barreira policial detinha o tráfego. Desaceleramos um pouco, no típico estilo dos gringos, mas não paramos.

De repente a coisa ficou preta.

"*Parem! Vocês, parem já!*", gritou um cara de uniforme, com mais estrelinhas no peito do que os outros que estavam ao seu lado, com armas engatilhadas. É pouco comum ver alguém muito nervoso num país asiático. Quase nunca acontece. Quando alguém começa a gritar e fazer uma cena, perdendo o controle, consideram que é porque não tem razão na discussão. Mas essa regra não se aplicou na situação. O policial que aprontava a gritaria estava lívido, a voz desafinando, enquanto urrava em inglês e em khmer para que parássemos e descêssemos das motos. Sua cara estava contorcida de ódio, os músculos se movendo sob a pele como um punhado de cobras num saco de algodão fino. Houve aquele barulho de *tlec-tlec-tlac*, quando seis policiais destravaram suas armas e as apontaram para nós.

"Merda!", exclamou Misha, que já tinha levado um tiro numa dessas ocasiões surpresa.

"Puta que pariu." Tim parou e desligou o motor, enquanto Andy fazia o mesmo.

"Parem! Vocês descem!", gritava o comandante, enquanto os outros faziam coro em khmer, as armas em riste. Desci primeiro e me enfiaram um cano de espingarda na cara, seis sujeitos falando ao mesmo tempo. Outro rifle me forçou a virar de costas, o oficialzinho dando a entender que queria que eu pusesse as mãos na cabeça. Misha desceu da moto de Andy e, acostumado com a rotina, pôs as mãos na posição que queriam, calmamente. Andy e Tim foram os últimos, porque levou um tempo para baixar os suportes das motos. A gritaria e as ameaças continuaram, as armas cada vez mais intrusivas, cutucando e empurrando. Quando estávamos todos lá no meio da rua, mãos sobre a cabeça, motos silenciosas, o oficial perguntou se estávamos armados. Isso agradou a Misha, que traduzia.

"Aonde vão?", perguntou o comandante, cara vermelha de raiva e tremendo.

"Vamos ao puteiro", Tim respondeu em inglês. Acrescentando umas poucas palavras em khmer e seu riso malicioso de novo.

Como se fosse mágica, a cara do policial relaxou. Ficou com uma imagem instantânea de cordialidade e serenidade. Todo sorrisos. Como o maître de um restaurante chique, o policial baixinho que, uns segundos antes, parecia a ponto de nos matar a todos, ou no mínimo nos meter na cadeia, deu um passo para trás, os braços num gesto de boas-vindas e, de modo teatral, fez sinal para que seguíssemos.

A Inglaterra está pegando fogo

Ligue a TV, abra o jornal e vai ver montes de vacas, esticadas, mortas, queimando em fogo lento. E mais quarentenas, barreiras, postos de controle, desinfetantes e contagem de corpos. Ninguém sabe quando a matança vai ter fim. Talvez, ao que parece, quando toda criatura comestível do Reino Unido tiver sido executada, calcinada, levada por uma escavadora e enterrada bem fundo num buraco. Justamente na hora em que os comensais estavam aprendendo a conviver com a remota possibilidade de que a carne que comiam podia abarrotar seus miolos de bactéria espongiforme, transformar seus córtices cerebrais em buchas, daquelas de trepadeira, aparece a aftosa (que não afeta os humanos), espalhando o medo, deixando a plebe cheia de incerteza e proporcionando mais conforto, alegria e consolo às forças do mal e da escuridão perpétua.

Os campos de batalha estão divididos. O Bem e o Mal se encontraram — e a linha de fronteira é a Inglaterra. Em nenhum outro lugar a ameaça se mostra tão bem definida. Em nenhum outro lugar os bons meninos e os maus são tão visíveis, as escolhas tão pretas e brancas, sem nem sequer um leve tom cinzento.

Amo a Inglaterra. Vou lá sempre, de modo que tenho uma curiosidade especial, um direito adquirido de me interessar pelo resultado. Poucas culturas estão, como a inglesa, tão firmemente assentadas na apreciação de um belo bife, grosso e gordo, um chope e uma cerveja feitos como manda o figurino.

Nenhum país a não ser a Inglaterra estava experimentando essa corrida ao ouro gastronômico, essa psicose em massa, que enfiou todo mundo, de repente, numa obsessão por tudo o que tivesse a ver com comida, restaurantes, chefs e *cuisine*. A não ser, talvez, a Austrália.

As coisas estavam indo superbem. Agora? Acabou-se. É uma guerra. Uma luta pelos corações, mentes e almas das gerações futuras. E se as forças das trevas vencerem? Lançarão seus olhares sobre o Atlântico, não duvide. Já têm seus operadores à espera. Vão chegar a sua casa, olhar seu prato, inspecionar sua geladeira. Já estão fazendo isso. Querem tirar a sua carne.

Querem até o seu queijo.

A pornografia japonesa é feia, violenta e perturbadora. A alemã é feia, fetichista e perturbadora. A americana é burra e produzida em versões múltiplas (a quantidade de sexo explícito depende da cadeia de hotéis em que você está hospedado), sexo como um esforço corporativo produzido em massa. A pornografia britânica... é o fundo do poço — um negócio tão sem graça, obtuso, triste e estranho, capaz de fazer qualquer um esquecer que o sexo pode ser divertido.

Os atores são grosseiros, toscos, gordos e pelancudos, com dentes ruins e pés sujos. Até suas tatuagens são sem graça. Pelo jeito, são obrigados a fazer sexo usando roupa íntima, lambendo calcinhas e cuecas sumárias, molhadas de cuspe. Acabam mostrando a razão de os britânicos serem tão problemáticos na sua sexualidade: a julgar pelos vídeos que vi, o problema gira em torno de lingerie e prazer em ser espancado. Sem esperança à vista... Aguentem um pouco, que estou no meio da fabricação de uma metáfora.

Tentando, pelo menos.

À primeira vista, é fácil pensar que as únicas pessoas que transam na Inglaterra são astros de rock e chefs. (O que é um pensamento justo e adequado. As duas profissões têm sempre estado na vanguarda sexual.) Na Inglaterra, como nos Estados Unidos e na Austrália, a população ficou com mania de chefs, lendo sobre eles nos jornais, vendo-os na TV, comprando seus livros de receitas, perdendo-se em fantasias libidinosas de penetração na bancada da cozinha e de suados amassos na despensa. Se a comida é a nova pornografia — uma alternativa menos perigosa à trepada anônima e desprotegida, nas décadas passadas —, então a missão é muito urgente.

Uma amostra dos chefs ingleses mais quentes incluiria um rapaz louro, pouco peludo, chamado de "O Chef Nu". Até onde sei, ele é um cara rico que finge correr desabaladamente numa vespa, mora num flat sem água quente, no East End, e faz curry verde para seus amiguinhos. É um chef de TV, então pouca gente come de sua comida. Nunca o vi pelado. Acredito que "nu" se refira a sua comida simples, honesta e sem enfeites, apesar de achar que muitas mães de família e donas de casa preferissem que fosse no outro sentido. Sempre que vejo seu programa, dá vontade de voltar no tempo para pentelhá-lo na escola.

Outra semideusa da TV é Nigella Lawson — o objeto de desejo de todos os homens que encontrei. É uma viúva rica e bonita, que veste, na cozinha, uma jaqueta de brim. Quando se curva sobre a superfície de trabalho, seus seios se tornam o foco de contemplação despudorada e dos elogios entusiasmadíssimos de sua audiência masculina.

Da última vez em que estive na Inglaterra, todo mundo só queria conversar sobre esse assunto. "Os peitos de Nigella... você reparou?" Apesar de não ter nada a ver, na aparência, com a maioria das cozinheiras que conheço, prepara pratos cheios de queijo, gordos, oleosos — não foge da manteiga e do creme —, o que, na minha classificação, a coloca ao lado dos anjos. Quantas viúvas de classe alta você conhece que dizem "Vamos comer o que é gostoso e foda-se..."? Não muitas. Gosto dela.

Tem a Delia Smith, que é a Martha Stewart deles. Tem Gary Rhodes, cheio de gel no cabelo. E Ainsley Harriot — o homem que faz Emeril parecer William Buckley. Harriot, que um tempo atrás tentou levar seu programa a Nova York, se especializa em virar os olhos, arrulhar, guinchar, bajular, fazer caretas e mandar beijinhos. Me irrita bastante vê-lo, um negrão crescido, fazendo graça, dando cambalhota, dançando e mimando seu público de imensas mulheres brancas, verdadeiros bisões, mulheres que, se ele não aparecesse na tv, chamariam a polícia ao vê-lo rondando pela vizinhança...

Os caras legais, os craques, são os que cozinham em restaurantes (que é o que se espera que um cozinheiro faça, não é?). São eles que travam o bom combate e que tornam o panorama culinário inglês interessante. São exibidos, excêntricos, agressivos, competitivos, muitas vezes brilhantes, e um refrigério se comparados a seus colegas americanos nesse ramo de cozinheiros célebres.

Nos Estados Unidos, quando um cara de classe baixa consegue algum sucesso comercial, para imediatamente de engolir letras, começa a caprichar nas consoantes e deixa de usar a palavra "foda" como vírgula. Pode até, como no caso de um colega muito badalado, contratar os serviços de um cabeleireiro pessoal e de um fonoaudiólogo. Na Inglaterra é diferente. Depois que alcança um pouco de sucesso, o chef se sente livre para se tornar o que sempre quis, um hooligan violento e marginal, deixando vir à tona numa boa o menino sacana que esconde lá no fundo. Eis um dos motivos pelos quais me sinto em casa em Londres.

A competitividade lá é tremenda. Quando, casualmente, mencionei a um colega inglês que eu havia emprestado um caixote de *mesclun* (hortaliças e ervas precoces) ao chef do restaurante bem em frente ao meu, em Nova York, ele ficou escandalizado.

"O quê? Puta merda! Nunca faríamos uma coisa dessas."

Então, o que ele faria se ficasse sem *mesclun*? Pediria emprestado?

"Ah, não daria esse gostinho ao filho da mãe…"

A camaradagem é uma raridade. Ficar amigo dos outros chefs é, com muita facilidade, ficar face a face com o inimigo. Quando um subchef deixa um emprego para começar seu próprio negócio, é como se tivesse desertado. Torna-se o Sujeito-Sobre-O-Qual-Não-Se-Fala-Mais. Em Nova York, se o chef do restaurante em frente rouba seu *saucier*, você não fica alimentando ressentimentos. Todo mundo sabe que, se você tiver oportunidade, vai roubar o chapeiro dele. E todos os envolvidos vão acabar trabalhando juntos um dia desses. Então, roubar cozinheiros e receitas é parte do jogo — até parte da graça para muitos…

Na Inglaterra, brigar com críticos de restaurantes, jornalistas gastronômicos e outros chefs é um ato a ser encorajado — e pode até ser um bom passo político no decorrer da carreira do chef. Em Nova York, botar na rua, rudemente, o crítico do *New York Times*, com os convidados dele (se você tiver a felicidade de reconhecê-lo), seria considerado um gesto completamente idiota e suicida. Na Inglaterra é uma jogada inteligente de marketing.

Dei uma festa à noite, há pouco tempo, no bairro dos açougues, em Londres, para lançar meu último livro. Convidei muitos chefs, um bom número de gente da imprensa e livreiros. A esperança era que os chefs aparecessem, depois do trabalho, para se divertirem um pouco. Foi o que fizeram.

Um número aterrador de cozinheiros sujos de sangue e molho cambaleou porta adentro, muitos fedendo a peixe e suor, e foram direto para o bar. De lá começaram a provocar e intimidar os civis, francamente minoritários. Em pelo menos duas ocasiões, precisei intervir para separar algum chef vestido de branco e um jornalista, ou para proteger um gerente de livraria a ponto de levar um chute no saco, evitando uma carnificina sem sentido. À medida que o número de chefs se transformava numa multidão de beberrões descontrolados, os sotaques se reforçavam, o tom de voz se tornava mais beligerante e os representantes da imprensa foram se contraindo num território defensivo perto dos banheiros. Todos se divertiram à beça.

Passemos aos caras legais.

"Este foi um porco feliz", comentou Fergus Henderson, olhando com prazer a cabeça de um porco de médio porte, assado com carinho. Ele mostra seu orgulho e respeito pelo que sabe ser uma delícia (pele perfeitamente crocante, docemente amanteigado — uma gordura etérea, tenra, grudenta), e enfatiza sua opinião mexendo os braços, para cima e para baixo, como um robô. Atrás das claras lentes dos óculos, tem o rosto corado, o canto da boca um pouco endurecido, manca levemente no fim da noite — uma perna já não está dando conta do recado. Fergus representa a esperança de salvação para a Inglaterra, o homem de ponta, um combatente, um pioneiro, um filósofo, um defensor do que é bom — do que sempre foi bom — na comida inglesa; ele sabe tudo sobre a pura perfeição de um porco de alta qualidade e dos derivados suínos.

Há algumas horas, voltamos do mercado de Smithfield, onde passamos as primeiras horas da manhã olhando carne, cutucando vísceras, carcaças e exaltando poeticamente a gordura animal. O dia começou às seis da manhã, num pub de porão, o chef e eu curtindo um desjejum de Guinness e rins recheados, a sala cheia de açougueiros com capacetes de plástico branco e longos uniformes brancos de laboratório. Agora, conversando junto à minha mesa, Fergus está cansado. De pé há muito tempo, acompanhou o almoço do restaurante e preside uma degustação elaborada, de quase todo o menu, para o meu jantar.

Podem existir chefs melhores na Inglaterra, mas Fergus é meu favorito, um herói para mim, o honesto cavaleiro solitário, de alma pura, um filho da mãe atrevido. Hesito mencionar que está às voltas com a doença de Parkinson porque, a meus olhos, sempre foi um Titã, muito antes de eu saber de sua luta. Se há um verdadeiro chef herói neste livro, um homem que deliberadamente se afastou da matilha, que marcou seu lugar e sua posição, conseguindo mantê-los — contra todos os novatos que chegavam —, esse herói é Fergus Henderson, chef do que talvez seja o meu restaurante preferido no mundo: St. John, na área de Smithfield, Londres. Nunca seu país precisou tanto dele.

Há alguns anos, quando a moda entre os *foodies* ditava porções diminutas, esculpidas, estranhas, de pedacinhos coloridos disto e daquilo — leves em proteínas e pesadas nos vegetais —, Fergus estava desbundando com o porco: com a gordura do porco, com as partes do porco, com as vísceras do porco. Seus pratos, paletas de colorido rústico, marrons, bege, ocre, um golpe ocasional de verde; tudo simples, modesto, despretensioso, absoluta e despudoradamente inglês.

Enquanto a maioria de seus contemporâneos, com o poder das estrelas do Michelin e um público louco por comida, corria atrás do tubo de plástico para borrifar o molho formando desenhos, do anel de metal para enformar tudo, dos clássicos franceses e japoneses como inspiração, Fergus carregava sozinho a bandeira inglesa. Mudou-se para uma vizinhança onde ninguém queria pisar, abriu o negócio num espaço todo branco com cara de abatedouro, numa viela aparentemente hostil, e começou a servir o que ele chama de comida "do rabo ao focinho", um menu tão incrivelmente reacionário para sua época que ele poderia, em outro país, ter sido até preso... Hoje, quando os mortais menores com suas sandálias de cânhamo se curvam sobre seus pratos vegetarianos, encolhendo-se só de pensar em contaminação pelo produto animal, os devotos de St. John — e há muitos deles — correm em bandos para aquela sala de jantar, simples, sem decoração, para se alegrarem com seu tutano assado, enrolado de miúdos, coração de boi grelhado, barrigada na grelha e rabo frito de porco.

Era uma posição de quem tinha colhões no começo dos anos 1990 — e hoje é ainda mais, quando se unem os poderes de um Eixo do Mal, os nazis da saúde, o Talibã vegetariano, os burocratas da União Europeia, os adoradores antitabagistas de cristais, fundamentalistas do Peta (People for Ethical Treatment of Animals), ricaços donos de restaurantes temáticos de fast food e seus simpatizantes. Estão consolidando sua amedrontadora influência sobre hábitos e práticas culinárias populares.

Fergus é uma exceção às minhas observações gerais sobre o comportamento de um chef — sendo uma exceção a quase todas as regras. De pé, ao lado da minha mesa, ele descreve o rabinho de porco, que preparou para mim, carinhosamente, com toda a serenidade, assegurando que vou adorar.

"Era um animal bem nobre", diz, com seu ar de simpático cientista louco, no seu uniforme e avental brancos, com movimentos contidos e formais. Ele fala mansamente; tímido, discreto e educado demais para um chef, a última pessoa do planeta que você pensaria possuir um lugar que celebra nada menos que tripas e coração.

Estes são duros tempos para um chef que se especializa em porco e vísceras. A União Europeia está de olho no queijo não pasteurizado, em tudo o que é artesanal, frutos do mar, carne, tudo o que tenha a menor, a mais infinitesimal possibilidade de risco ou o mais leve potencial para o prazer. Há uma conversa de se banir queijo não curado, ossos para caldo, ovos crus ou quentes. Nos Estados Unidos houve a ideia de uma lei obrigando a avisar, por escrito, dos perigos ao cliente que queira pedir ovos de gema mole ou salada César ("Aviso! Garfo — se enfiado no olho — pode causar danos!"). Uma mulher ganhou uma causa reclamando que seu café estava quente demais e que, ao pisar com toda a força no acelerador ao sair do estacionamento do McDonald's, escaldou-se toda ("Aviso! Uma barra de chocolate Mars, frita — se enfiada dentro das calças —, pode deixar cicatrizes genitais irreversíveis!").

Qual será o resultado desse comércio do medo, a corrida louca para legislar novos extremos de segurança para uma sociedade sem micróbios, embrulhada em filme plástico? Muito parecido com o que aconteceu depois que o livro *A selva*, de Upton Sinclair, matou de medo os comedores de carne no início do século xx: a compra de empresas pequenas e independentes por gigantescas fazendas industrializadas e abatedouros do tamanho de estádios. Experimente uma galinha americana e veja a tragédia: sem sangue, sem gosto, sem cor e cheia de salmonela — um subproduto da morte do pequeno produtor e da política de deixar os grandes conglomerados trabalharem do jeito que lhes interessa.

É só você visitar um pub inglês, digamos, em Bristol ou Birmingham — que já foram um dia orgulhosos bastiões da tradição culinária britânica, no que tem de mais simples e honesta —, para ver que o inimigo já atingiu os muros e está batendo à porta. Um cardápio vegetariano! Bem ali! Ao lado da torta de rim e da salsicha com purê de batata! Pior — muito pior — é quando você olha o balcão e vê ingleses, fabricantes de algumas das melhores bebidas alcoólicas do mundo, cervejas maravilhosas, *ales* e *bitters*, antigamente servidas no mais nobre dos copos de quase meio litro, chupando Budweisers de garrafas pescoçudas.

É a guerra. De um lado, um grande exército crescente de chefs muito talentosos, britânicos, escoceses, irlandeses e australianos redescobrindo seus próprios e invejáveis recursos e combinando-os com conceitos novos e audaciosos ou com clássicos há muito esquecidos. E do outro? Uma grande onda destruidora de almas, reproduções enganosas de coisas que já eram ruins, comida mexicana falsa. *Nachos* horríveis e pegajosos, feijão "refrito" no micro-ondas, margaritas que parecem amaciantes de roupa. *Enchiladas* moles, encharcadas, aguadas, sem tesão nenhum, e molhos que não passam de ketchup ralo. Bibocas pan-asiáticas, sem eira nem beira, onde qualquer fedelho imberbe e inexperiente com um vidro de leite de coco e um pouco de curry pensa que é Ho Chi Minh (desistam, o Ho sabia cozinhar). Sushi é quase impossível de se achar, apesar de os frutos do mar serem magníficos no Reino Unido. Você consegue mais alma, coração e sabor numa lojinha de tortas no East End do que em qualquer dessas horríveis imitações simplificadas e idiotas de "italianos", "fusão japonesa" ou purgatórios temáticos. Até o bacalhau fresco — o ingrediente básico das *fish and chips* — está desaparecendo. (Perguntei a razão a um importador português de bacalhau. "As desgraçadas das focas comem o bacalhau todo", foi a resposta dele. "Matem mais focas!", sugeri.)

Felizmente, Fergus e outros sujeitos como ele estão nas trincheiras avançadas e não vão abandonar suas posições. Sentado no St. John, pedi a melhor coisa que já comi na minha vida: tutano assado com molho de salsa e alcaparras, croûtons e sal marinho.

Oh, meu Deus, é bom, bom demais. Como é que alguma coisa pode ser tão... tão luxuriante? Uns pedaços tamanho Flintstones de perna de vitela, uma salada com um temperinho leve... Nossa!... enfiar-se nesses ossos, besuntar aquele tutano cinza-rosado e branco sobre uma torrada, polvilhar com um pouco de *sel de gris*... dar uma mordida... os anjos cantam, soam trombetas celestiais... seis gerações de meus ancestrais sorriem do Céu. É a manteiga de Deus.

Há alguns anos, a vizinhança do St. John estava tão fora de moda que a região parecia estigmatizada. Agora, aparecem por lá caras e corpos, geralmente associados a lanchinhos de tofu e leite de soja batido, mulheres magrelas, bem-vestidas, estragando todo o batom quando roem — entusiasticamente — ossos, gemendo *ohs* e *ahs* sobre as glórias da barriga de porco, do pé, da tripa — todos aqueles miúdos cozidos com tanto carinho. É o lugar onde as pessoas que gostam de comida, de verdade, que sabem o que pode haver de bom em se limpar a gordura da boca e do queixo, podem se congregar sem medo, livres das nuvens escuras da comida processada que estão se formando nos céus da Europa. Uma refeição no St. John é somente uma das grandes experiências gastronômicas que se pode ter na Inglaterra. Não vou encher vocês com uma listona de todos os nomes dos chefs bem treinados, ambiciosos, inteligentes, que nos anos mais recentes reverteram completamente a ideia de que a comida inglesa era uma merda. É o bastante dizer que a maioria desses sujeitos podia dar um chute na bunda de seus pares franceses, logo ali ao lado. Um inglês na cozinha — seja em Nova York, Melbourne ou em outro lugar qualquer — é uma promessa de coisa boa. Uma refeição no St. John não é só uma das grandes experiências do planeta — é uma chamada às barricadas.

E a coisa toda não acaba com o tutano (que já precisa ser comprado na Holanda). O inimigo quer seu queijo. Querem que você nunca mais se arrisque à possibilidade do prazer de um stilton fedorento e não pasteurizado, um vinho artesanal, uma ostra na sua meia concha. Eles têm planos também em relação aos caldos. *Caldo!* (Ossos, já sabem, não se pode comer isso...) A coluna dorsal de *tudo* que é bom. Querem sua salsicha. E suas bolas também! Em resumo, querem que você sinta o mesmo nível de mal-estar ao se aproximar de um prato de comida que tantos sentem ao chegar perto de sexo.

Exagero? Vá a Wisconsin. Passe uma hora no aeroporto, ou numa praça de alimentação no Meio-Oeste, observe a quantidade de adolescentes morbidamente obesos, pálidos, massudos, engordados a batatas Pringles, e me digam se estou preocupado à toa. Eis os produtos finais das cabeças pensantes da Segurança e da Ética, inchados com queijo que não tem queijo, batatas fritas em óleo que não é óleo, discos cinzentos cozidos demais, feitos de alguma coisa que já foi carne algum dia, uma dieta firme de bolinhos e Ho-Hos, *muffins*, pipoca sem manteiga, refrigerantes diet, cerveja light sem gosto. Uma manada dócil, inconsciente, tocada para um abate estúpido, lento e triste.

Nunca comi a comida de Marco Pierre White, apesar de ter manuseado demoradamente e com interesse seus livros de cozinha. Parece que não trabalha mais nos seus restaurantes — e não é mais o menino levado e com cara de perseguido do cenário da culinária inglesa. Hoje em dia se parece mais com um mercador veneziano, um príncipe. Mas, no passado, foi uma figura extremamente importante no firmamento do Reino Unido e um baluarte na genealogia dos chefs da geração que se seguiria à sua. Para mim, continua um herói, por dois motivos. Primeiro, sua comida foi importante — desaforadamente retrô (por exemplo, com sua receita de pés de porco, sem vergonha de ser francesa) —, jogou com os sacanas no campo deles e ganhou. Sua comida era (e continua) criativa, bonita de se ver e — sei por fontes seguras — deliciosa. Segundo, porque expulsou de seus restaurantes os clientes de quem não gostava — uma atitude que causou arrepios de felicidade entre todos os chefs do mundo. E terceiro — e mais importante para mim —, o livro dele era o primeiro em que o chef se parecia com os outros chefs que eu conhecia — macilento, exausto, sobrecarregado. As fotos revolucionárias de Marco fumando um cigarro, de uniforme, fez com que quase todos nós, em todos os lugares, exclamássemos: "Não estou só! Há outros como eu!". (Não estou dizendo, de jeito nenhum, que cozinho tão bem quanto Marco Pierre White. Só que também fumo na cozinha.)

Finalmente, temos o maior chef inglês, ou o maior valentão da paróquia, dependendo de qual jornal você assina — o terrível e prodigiosamente talentoso Gordon Ramsay. Escutei falar desse sujeito durante anos. Ex-jogador de futebol. Trabalhou com Robuchon, Ducasse, Guy Savoy, Marco Pierre White. Um legendário feitor na cozinha — famoso por esfolar vivos os de sua brigada, expulsar do recinto críticos de restaurantes, falar o que lhe passasse pela cabeça sem um pingo de diplomacia. Há pouco tempo, ouvi dizer que em *Boiling Point* (ponto de ebulição), série de *cinéma vérité*, mostravam o perseguido Ramsay tratando monstruosamente mal o pessoal de sua cozinha. Intrigado, consegui uma cópia da série de vídeos. Para mim, Ramsay comportou-se bem e até me pareceu cheio de compaixão, do começo ao fim. Torci para ele desde o banquete de Versalhes, pouco equipado, com gente contratada na hora e montes de patetas despreparados para ajudá-lo. Adorei quando dispensou um garçom sumariamente, ali, no ato, por beber água em grandes goles na garrafa, à vista de todo o salão. "*Pour décourager les autres*", foi o que julguei. Sofri com ele a interminável espera por sua — desejadíssima — terceira estrela e fiquei desolado quando não a conseguiu (depois disso, tudo já mudou). Aqueles que não aceitam que um chef da estatura de Ramsay fique de mau humor, ou gente que trabalha em frequências mais altas e com mais visibilidade do que o patrão, simplesmente não entende o que é trabalhar numa cozinha profissional. Certamente não compreendem o que é preciso para ser o melhor daquele universo. Não é só quanto a pessoa cozinha bem que faz um grande chef, mas a capacidade de cozinhar brilhantemente — dia após dia — num ambiente onde mil coisas dão errado. De trabalhar com empregados que estariam perfeitamente felizes enterrados numa lojinha de conveniência e que estão, na verdade, num mundo inconstante, que só pensa em custos, caprichoso, onde todos esperam que você falhe e não aguente o tranco.

Seria ele tão filho da puta assim? Vejamos. Numa visita recente a seu restaurante em Chelsea, reconheci um bom número de empregados do salão e da cozinha — que vira em *Boiling Point*. Anos se passaram e ainda estão lá. Quando Ramsay saiu do Aubergine, a equipe inteira, vejam bem, incluindo estafe de serviço, uma inacreditável soma de 45 pessoas, escolheu ir com ele. Essa é a estatística que vale, a mais esclarecedora. Ele ainda goza do respeito de sua brigada? Claro. Nenhum cozinheiro aparece todo dia na cozinha de Gordon Ramsay, trabalha aquele número de horas, se oferece em holocausto diário aos rigores de um três-estrelas, trabalhando num lugar pequeno e sufocante, onde a qualquer momento pode levar um doloroso e humilhante chute na bunda, só porque Gordon Ramsay é o maior filho da puta ou o maior déspota da Inglaterra! Eles aparecem todos os dias e trabalham como troianos porque ele é o melhor. Porque, quando do finalmente deixarem aquele lugar para um voo-solo ou para ganhar mais dinheiro, não vão precisar nem mesmo de um currículo. É só dizer que trabalharam três anos para Gordon Ramsay e pronto, é tudo que qualquer chef ou dono de restaurante quer saber.

Há outro fator que não se observa na pressa de tachar Ramsay de rude, grosseiro, bruto, cruel. Na cozinha profissional, se você olha alguém no olho e o chama de saco de bosta, inútil e sifilítico, não quer dizer que não goste dele. Pode ser — e muitas vezes é — um jeito carinhoso de falar, acredite.

No fundo a coisa é uma só. A comida dele é boa. Afinal o negócio todo é a comida, não é?

Comi duas vezes no restaurante dele em Chelsea, e nas duas vezes a refeição foi a melhor que pode haver. Um grande chef no auge de sua capacidade. Há outra dimensão em Ramsay que não calha com a descrição de um cara arrogante, um palerma de classe baixa movido a testosterona. Ramsay teve formação de *pâtissier*. Isso é muito significativo; é como descobrir que um político de direita foi um bolchevique na juventude. Poucos chefs sabem assar de verdade. A maioria deles tem uma profunda desconfiança das ações precisas, extremamente detalhistas, próprias aos colegas do ramo da *pâtisserie*. Toda aquela massa difícil de lidar, delicada, doce, grudenta e gosmenta. Massa de doce — onde tudo tem de ser medido com exatidão e feito do mesmo jeito, absolutamente igual de cada vez — é tudo que a maior parte dos chefs não faz e não quer fazer, muito diferente do que vivem e respiram todo dia, que é improvisar, jogar um pouco disto e daquilo, em qualquer droga de lugar que queiram. A comida de Ramsay reflete sua habilidade com massas. É precisa, colorida, esculpida com arte e obrigada a se dobrar à sua vontade. Mas sem exageros. É o produto final do desenvolvimento de um chef, o equilíbrio perfeito entre masculino e feminino, entre yin e yang, sacou?

O que quero dizer com isso? Olhe o Roberto, o homem que toma conta da minha grelha. Tem um piercing de aço atravessado na sobrancelha, uma tatuagem de um crânio em chamas no peito, músculos nos músculos. Rob Zombie e Metallica são a ideia dele de música de elevador. Já foi preso por assalto. Não é um cara que se convide para uma noite na ópera. Mas repare nele cozinhando. Inclina-se sobre o prato e delicadamente salpica o molho com sua colher favorita e cuidadosamente coloca um círculo externo de caldo, depois sensualmente passa um palito por ele, formando um desenho. Experimenta de tudo. Olha seus pratos com olho de decorador para a cor e a textura. Trata um filé de peixe com tanta ternura e amor como se acariciasse o mamilo intumescido de uma mulher. Empilha enfeites bonitinhos, coisa de menina, em alturas de fina teia de aranha crocante. Faz o que todo mundo lhe explicou, a vida inteira, que era serviço de mulher. (O próprio pai de Ramsay dizia a ele que cozinhar era basicamente coisa de bichinhas e que todos os chefs eram cafetões.) Trabalhamos de avental, porra! É preciso ter colhões do tamanho de jacas para fazer cozinha de alto nível, em que é necessária uma fina sensibilidade para sabor, uma tendência para o bom design assim como as virtudes da brutalidade e da vigilância. E ainda se tem de estar preparado para passar como um trator por cima dos babacas que se atravessam no seu caminho.

Nas duas vezes em que fui ao restaurante, Ramsay estava na cozinha, supervisionando cada prato que saía, cavalgando sua brigada como se fossem jumentos alugados. Não estava deslizando pela sala, vampirizando a atenção do seu público. É um cozinheiro do século XXI na Inglaterra, o que significa que é um obsessivo, paranoico e controlador nato. Um trabalhador, manipulador da mídia, artista, artesão, mandão, e ávido por glória — em resumo um chef de chefs. Vai morrer de vergonha por eu o ter achado educado, charmoso, engraçado. Peço desculpas. Seus caluniadores deveriam ter a sorte de provar a carne de panela com foie gras que comi no seu restaurante, absolutamente perfeita — um prato tão suntuoso que sou forçado a usar essa detestável palavra. Uma terrine de mocotó, de um sabor extraordinariamente sutil, um ravióli de lagosta com purê de ervilhas frescas que revelava — como toda comida revela — a verdadeira natureza do criador, um nível de percepção e sensibilidade que pode ser uma fraqueza nesse ninho de víboras das cozinhas profissionais. Ele é um sujeito que arriscou tudo na sua carreira, mais de uma vez. Largou o futebol, quando se tornou claro que nunca jogaria na primeira divisão. Suportou uma sucessão de estágios em algumas cozinhas francesas, muito duras. Saiu do seu primeiro restaurante enroscando-se em compromissos potencialmente enormes, bem na hora em que estava começando a ver o topo da montanha. Em alto e bom som avisou que estava concorrendo às três estrelas do Michelin e continuou na corrida até consegui-las. Em vez de bajular todos os que poderiam, em circunstâncias normais, ajudá-lo, tem consistentemente puxado seus tapetes, ou até maldosamente exibido a estupidez deles. Para mim, é muito difícil não gostar de um cara desses. E todos os dias, a toda hora, essas estrelas pesam sobre ele como lajes de seis toneladas, desafiando a todos que tentam jogá-las ao chão.

O pior patrão da Inglaterra? Não acho. O pior patrão é aquele que não liga a mínima, alguém que faz o empregado perder tempo, sem desafiá-lo a qualquer coisa de mais importante do que aparecer para trabalhar. Entenda que nos botequins de quinta e restaurantes de beira de estrada é simplesmente um deslize se o cozinheiro se esquece de uma fava sem descascar no meio das outras ou deixa uma manchinha de gordura no prato, mas num restaurante três-estrelas isso é traição. Na matemática cruel dos restaurantes de duas e três estrelas, um cliente que come bem vai contar a duas ou três pessoas. Quem não ficou satisfeito vai espalhar para dez ou vinte. É muito mais interessante falar dos erros do restaurante, e não de seus acertos. Aquela fava com casca é o fim do mundo. Ou poderia ser.

É o que a maioria dos bons cozinheiros, ou *commis*, trabalhando na mesma situação sabe e diz sem pestanejar: meta-se com o chef por sua conta e risco. É o nome dele que está na porta, não o seu.

De onde vêm os cozinheiros

Há uma cidadezinha no México de onde vêm os cozinheiros. Se você é um chef, se passou um bom tempo numa cozinha profissional, sabe bem o que fazer quando seu *saucier*, Hector, é posto na gaiola por roubo e há necessidade absoluta e imediata de um substituto. Diante dessa situação, de estar precisando de um sujeito pau pra toda obra, trabalhador, treinado em francês, confiável, preparado, que saiba o que fazer quando você precisa de um prato caprichado de linguado, bem tradicional, e só dá tempo de descrever *grenobloise* aos gritos de: "salta um filé salteado... com alcaparras, limão, *vin blanc*, chalotas e manteiga"... Bom, ao enfrentar esse problema você sabe aonde ir? Em que porta você bate, para que fonte telefona para encontrar os melhores chefs italianos e franceses? Não na França. Muito menos na Itália. Se está atrás de um chef profissional, profissional no modo de trabalhar, responsável por sua comida, com o qual se pode contar, um cara com senso de humor, um caráter razoável, com um repertório de clássicos italianos e franceses e que pode preparar 250 refeições sem ficar louco ou sem inventar desculpas tão criativas que deem na vista, o jeito é você ir até o Carlos, seu chapeiro, e implorar: "Carlos, *mi carnale*... preciso de um *cucinero*. Você conhece alguém que saiba fritar?". Provavelmente Carlos vai pensar um pouquinho e dizer: "Ahn, deixa eu ver... uhn... acho que meu primo...". Ou: "Claro, com certeza, tenho um amigo...". Alguns dias depois, alguém aparece na porta da cozinha, um alguém bem parecido fisicamente com Carlos — ou com o já encarcerado Hector — e vai entrando direto na praça do Hector como se calçasse um chinelo velho. Hector, é claro, veio de Puebla, México. Carlos também. Assim como todos os outros cozinheiros e lavadores de pratos dos Estados Unidos. Se houvesse um dia de descanso obrigatório — ou um feriado público para os *poblanos* —, muitos restaurantes americanos teriam de fechar suas portas. Na verdade, no dia seguinte ao 5 de maio, metade dos cozinheiros dos Estados Unidos estará de ressaca. Tenha sempre essa data em mente.

Há quinze ou vinte anos, estaríamos falando sobre mão de obra barata. Sabe aquela velha história do mexicano ilegal, trabalhador não qualificado e explorado, horários desumanos, trabalho servil, um salário-mínimo ou menos, pago em dinheiro por baixo do pano? As coisas mudaram um pouco. Para melhor. Apesar de ainda não termos possibilidade de ver tantos chefs mestiços com sobrenomes espanhóis gerindo sofisticadas cozinhas francesas — como gostaríamos de ver e como seria justo —, todos esses lavadores de pratos e porteiros não vieram para cá decididos a passar o resto de suas vidas limpando nossa sujeira. Observaram, aprenderam, treinaram no *garde manger*, na grelha, na chapa, na fritura, na preparação — geralmente na hora de trabalho —, e quando um meninote inconstante e irresponsável resolve que quer tirar férias de inverno para ir esquiar no Colorado, os *poblanos* estão lá, a postos, prontos para substituí-lo. Quando o subchef francês não der conta de trabalhar sem duas horas demoradas de almoço e sem um bate-papo com seus camaradas socialistas bem em frente do restaurante, quando o chef se encher de seu relógio de ponto e mostrar preguiça de prima-dona, os *poblanos* estarão na reserva. Muitas áreas de Puebla são como um depósito de talentos, onde se recruta a fina flor dos cozinheiros, como se faz no esporte profissional — e os trabalhadores são procurados, protegidos, disputados pelos chefs empregadores, que prefeririam cortar a ponta de um de seus dedos vermelhinhos a perder tais talentos para outro time. Foram treinados por vários chefs franceses, americanos e italianos — a maioria dos quais vai e vem, fazendo um rodízio rápido, mas sempre deixando para trás certo conhecimento, uma nova técnica, algumas pérolas de informação, ideias inovadoras. Assim, peça ao Carlos que faça alguma coisa com os siris-moles e com aqueles aspargos velhos e pode esperar, com razoável tranquilidade, que ele surgirá com uma salada de siri-mole com aspargos e vinagrete com limão, num estilo misto, clássico-*nouvelle* francês. Um inesperado pedido de tamboril ou uma sopa? Não se aflija, Carlos está por ali, atento, lembrando-se das receitas de um chef francês há muito desaparecido da cena (o velho Henri-Pierre pode ter sido um idiota sacana comunista, mas cozinhava como um anjo). Muitas vezes, entro numa cozinha desconhecida para agradecer ao chef por alguma cortesia ou dar um alô para os cozinheiros — e vejo o familiar pelotão mexicano vestido de branco, escutando a estação espanhola de rádio perto do lava-pratos, e, claro, quero saber como vão e de onde são.

"*Poblanos?*", pergunto, já sabendo muito bem o que vão responder.

"*Viva la raza!*" é a resposta.

Meus cozinheiros são quase todos de Puebla, mas não só de lá, da mesma pequena região em volta das cidades de Izúcar de Mata Moros, Atlixco e Tlapanala, situada ao alcance dos famosos vulcões de À *sombra do vulcão*. Se existe um epicentro de boa comida francesa é Tlapanala, uma cidadezinha sonolenta cercada de campos de cana e mangueiras, a mais ou menos cinco quilômetros de Izúcar. Foi onde nasceu meu subchef Edilberto Perez. De onde veio Isidoro, meu veterano chapeiro; Antonio, meu entregador, e outros cozinheiros, gerentes, auxiliares, lavadores de pratos, passados, presentes e futuros. Suas famílias ainda moram lá, eles as visitam sempre que podem. Anos a fio tenho ouvido falar muito sobre a cidade, sobre a casa de Eddie, seu sítio, seu tio, o *heladero*, que faz sorvete à moda antiga, sobre a família de Antonio que mora ao lado, sobre a turma de Bautista, auxiliar de cozinha, os aterradores *Vatos Locos*, cuja marca, muitas vezes, vejo rabiscada nas paredes do vestiário e dos quais conheço o modo de se cumprimentarem (um "V" e um "L", representados com uma girada nos dedos da mão direita, fazendo uma espécie de sinal de paz, com o polegar distendido). Ouvi falar da *pulquería* da família de meu ajudante Miguel, da doceira da família do Isidoro, e escutei tanto sobre os prazeres de *mole*, *pulque* e *barbacoa* (churrasco mexicano)... eu queria ir lá. Queria muito. Brinquei com os cozinheiros que iria visitar seus pais e contar tudo, que seus filhos tinham se transformado nuns *desgraciados*, agora que estavam vivendo a *vida loca* em Nova York. Assim que comecei a organizar meu roteiro para a jornada do "*borrachón* viajante", traçando-o para apresentar ao editor, sabia pelo menos de um lugar ao qual iria de qualquer jeito. Num canto da cozinha sussurrei para o meu subchef: "Eddie, quero visitar sua cidade. Preciso que vá comigo, para me mostrar tudo. Quero conhecer as famílias de todos. Quero que sua mãe cozinhe para mim, se ela quiser, é claro. Quero tomar *pulque e mezcal* e comer *menudo* e *pozole* e *mole poblano* de verdade — o de Puebla — e *barbacoa* — igual ao que você me descreve há anos. Quero usar um chapéu de caubói bem chique, montar um cavalo, descobrir onde aquele *serial killer*, o Bautista, nasceu. Quero ir lá com você e me divertir muito. E quem paga é o pessoal da TV".

"Vou telefonar para minha esposa", animou-se o Eddie. "Ela vai primeiro, para começar os preparativos."

E é por essas e outras que me encontro sentado no mercado, na pequena praça central de Tlapanala, numa tarde lânguida com o sol se pondo devagar, observando as mulheres e as crianças da cidade no posto telefônico, enquanto esperam chamadas de empregos nova-iorquinos na cozinha e apartamentos em Queens, com o horário combinado por carta.

Ruas calmas e poeirentas, as crianças chutando velhas bolas de futebol, jogando argolas no pátio perto do mercado, onde mulheres velhas vendem pimentas, abóboras, *chayotes*, iúca e legumes. De vez em quando passa um velho guiando algumas cabeças de gado, um rebanho de cabras, alguns poucos burros, pelas ruas limpas de Tlapanala. Um vira-lata veio me cheirar, para saber se tinha comida para ele; jovens mães sentam-se em bancos com seus bebês. Crianças, ainda de uniforme, brincam nos degraus de trás do posto, e o silêncio da tarde é às vezes quebrado pela música monótona do caminhão de gás propano tocando a canção inesquecível de "*Gaaazzz! GaaaaAAAaazz!*", e anúncios num alto-falante descrevem os produtos à venda no mercado. Às quatro horas, soa uma sirene informando aos moradores que já podem ir comprar o pão, que está saindo fresco e quente do forno da padaria. Uns poucos metros atrás de mim brilham os trilhos da estrada de ferro, o trem para Tijuana e, mais além, *Nueva York*. O ponto de partida, o começo, onde gerações de jovens de Tlapanala iniciaram a escalada longa e difícil, a fuga da pobreza, para se tornarem cozinheiros nos longínquos Estados Unidos.

A cidade tem poucos rapazes. Só vi mulheres, crianças e homens bem velhos. Em Tlapanala, você adivinha quais são as casas que têm um filho ou um pai atrás de um fogão em Nova York: são aquelas com as antenas parabólicas e malhas de ferro saindo dos telhados à espera de ampliações e anexos (em vez de cobri-las ou cortá-las, ficam ali, brotando do concreto; se o dinheiro chegar, pode-se acrescentar um segundo andar com mais facilidade). Fiquei sentado no meu banco, bem contente, observando e escutando, um objeto de curiosidade, um *gabacho* solitário, bebendo *cerveza* Modelo, rindo sem razão aparente. Olhei a rua lá embaixo e vi meu subchef com sua mulher, carregando o bebê num braço e arrastando a filhinha com a outra mão. Há treze anos, Eddie tomou o tal trem, nadou e se esgueirou até a fronteira, atravessou-a e pegou outro trem, em direção a Nova York. Dormiu no metrô nas primeiras semanas, no chão dos apartamentos dos amigos quando conseguia, até que arranjou um emprego, como porteiro da noite. Agora é um subchef, um título inadequado para descrever sua importância. Já participou da abertura e trabalhou em todos os restaurantes da rede — Washington D.C., Miami, Le Marais — e, claro, para mim — na matriz de Nova York. Muito antes que eu entrasse em cena foi o braço direito de todos os chefs que entraram porta adentro. Hoje é um residente permanente, com todos os documentos em ordem (e em breve será um cidadão), dos Estados Unidos da América, um estudante recém-matriculado no Instituto Culinário Francês, onde vai ombrear, conviver, com luminares da culinária como Jacques Pépin e André Soltner. (Vai aprender de onde e como vem toda aquela comida francesa que ele sabe fazer tão bem. Eddie sabe fazer uma *gastrique* como ninguém, só não sabe lhe dar nome. Adoraria vê-lo na aula quando lhe mostrarem *glaçage* ou como fazer *liaison*, ou explicarem os princípios de *déglacer*. Ele dirá, com certeza: "Ah, isso! Fácil, igual ao ravióli do Les Halles".) Eddie aluga um apartamento em Park Slope, tem uma casa e um sítio em Tlapanala — e muitas cabeças de gado. É empregador no México, um exemplo e um líder em Nova York. Meu amigo. Gostaria de ter pelo menos um pouco de crédito pelo sucesso dele, pela história de Edilberto Perez. Mas não posso. Fez tudo sozinho. Ao vê-lo andar pelas ruas do lugar em que nasceu, sinto orgulho só de conhecê-lo e de ter tido a sorte de trabalhar com ele. Antes de visitar Eddie, no entanto, eu tinha um dever penoso a cumprir, outra marcha forçada, em nome do entretenimento televisivo. "Tony... Tony... É um programa de comida. Está passando no Food Network. Precisamos de novidades. Não dá para mostrar você vadiando e se embebedando em Puebla com seu subchef! Não se aborreça! Estamos aqui para ajudar. Temos muitas ideias brilhantes." Eis o motivo pelo qual fui primeiro para o estado de Oaxaca. Para que enfiassem iguana pela minha goela abaixo.

MOTIVOS PARA NÃO FAZER TELEVISÃO:
NÚMERO QUATRO DE UMA SÉRIE

Eu estava em Puerto Angel, uma vila de pescadores na costa do Pacífico, num refúgio remoto, estranho, desproporcional, construído em volta de uma ravina na encosta de uma montanha, em frente ao mar. Os outros poucos hóspedes eram Martin, meu motorista; dois câmeras; um hippie detonado conhecido como Dave Paradão, que falava em sussurros confusos. E o proprietário, sua mulher e assistentes, mais um ex-chefe da CIA da base de Nha Trang, durante a guerra do Vietnã, e sua namorada chinesa. Como eu acabara de voltar de Nha Trang, tínhamos muito que conversar.

Eis exatamente o que eu esperava de Puerto: um pedaço de praia esquecido, um hotel quase vazio, nada luxuoso, um punhado de excêntricos. Mais abaixo, perto da estrada, ficava o balneário de Zipolite, uma espécie de última parada para surfistas já bem bronzeados, mochileiros, riponas de praia, "pilotos de disco voador" saídos dos anos 1970, drogadões. O habitual grupo de artesãos de joias e badulaques. É o tipo de lugar onde você acorda — depois de uma dose mais exagerada de ácido no centésimo concerto do Grateful Dead a que foi assistir — sem ter a mínima ideia de onde está e, pior, sem se importar a mínima.

À tarde, em Zipolite, gravamos uma tartaruga sendo assada inteira, vimos os barcos de pescadores entrar em Puerto Angel a toda, cavalgando as ondas até a praia, carregados de atum. A cidade toda correu para recebê-los.

Fomos de carro para Hatulco, a uns trinta quilômetros de distância, com a ideia de fazer pesca submarina. Mais um desses inúteis e ridículos artifícios televisivos, tão apreciados por pessoas que olham a vida atráves da telinha: "Pegue uns ângulos legais de Tony debaixo d'água! Ele pode pescar junto com um cara daqui! Aproxime a câmera, ele está parecendo gostoso numa sunga Speedo, vestido de chef, grelhando peixe e morrendo de frio na praia, o sol se pondo dramaticamente ao fundo!".

Ouro para o vídeo!

Duas horas improdutivas no mar, o equipamento para gravação submarina encheu-se de água depois de ter filmado algumas cenas de meu peito côncavo ofegando na praia, enquanto Leo, nosso guia contratado para a pescaria, continuava a querer mostrar serviço, sem conseguir pescar absolutamente nada, nem um peixe de araque, que haviam comprado para a cena falsa. Desanimados, desistimos.

Matthew resignou-se a filmar com peixes congelados, conseguidos numa lojinha para turistas, terminando com o tema sempre popular: "Tony fica bebum com a bebida típica do lugar e senta-se afastado de todos, num silêncio mal-humorado, odiando a si próprio e a tudo que tenha a ver com a produção".

Eu jamais quisera provar iguana. "Mas agora você quer", insistiram os cabeças da TV. Nunca tive a mínima curiosidade sobre esse bicho. Sabia, por conversa com os cozinheiros, que quem come iguana é porque está sem grana para comida de verdade. É barato e abundante. Até Leo, que vivia contando de suas saídas semanais com um cachorro farejador para caçar esses lagartos, confessou que só o fazia por não ter dinheiro.

Eu não achava que um grande lagarto pudesse ser gostoso e não queria que matassem um só para ver minha hipótese comprovada. Mas Matthew achava a cena do iguana interessante demais, um prêmio Ace garantido para a melhor Cena de Réptil Numa Série de TV a Cabo. Pode ser que neste momento, em algum lugar do mundo, estejam fazendo um iguana marinado e grelhado, com a pele crocante e a carne macia. Talvez, se fosse refogado primeiro, cozido numa panela o tempo suficiente para que se impregnasse de outros sabores, pudesse chegar a ser uma refeição interessante, para paladares aventureiros. Talvez. Eu não consegui descobrir a emoção da coisa.

O dono do nosso hotel foi despachado para arrebanhar um espécime gorducho, um iguana no auge da iguanice. Mas, depois de três ou quatro horas de investigação, voltou tão pobre quanto a linha de pescar de Leo... Foi então que resolveu sacrificar o pobre bicho de estimação do hotel, um lagarto todo coberto por manchas brancas, algo que parecia problemas de fígado, de uns dez anos de idade, enrugado, pele de couro, além de tudo meio paralítico, com uma cauda bifurcada e um agradabilíssimo astral, cheio de amor para dar. Fui olhar a criatura e tentar me safar da situação do jeito que pudesse.

"Oh, meu bom Jesus! Matthew! Puta que pariu, não vê que é um mascote? Deixa ele viver! Como pode ser saboroso? Olhe bem para ele!"

O dono do hotel não ajudou em nada. Acariciava a barriga do lagarto e insistia: "Ele está preparado. Quer morrer". Fiquei consternado.

O que chegou à mesa foram *tamales* de iguana, o mascote do hotel fervido, servido em pedaços e simplesmente enrolado em palha de milho com *masa* e molho. Depois do natô, talvez tenha sido a pior coisa que provei na minha vida. O iguana estava mais para cru que para cozido. Quando desembrulhei meu *tamale* vi que havia sido agraciado com a cabeça e a coxa dianteira — ainda no osso. Era como mastigar o soldado desconhecido, se ele tivesse sido enterrado num tanque de tartarugas, há muito esquecido. Carne mesmo, que é bom, não havia, só uma pele dura, borrachenta, nodosa, com ossinhos melados. Quando eu eventualmente conseguia catar um pouco de carne entre os ossos e a pele, me arrependia amargamente. Era escura, oleosa, viscosa e com um aroma pungente de salamandra no vapor.

Na cena, felizmente rápida, que se vê na versão editada, parece que estou comendo com um revólver apontado para minha cabeça.

Depois dei uma chegada em Oaxaca, lugar famoso pela comida. É uma cidade bonita: hotéis em estilo *hacienda* e magníficas catedrais e igrejas espanholas. Um *zócalo* pitoresco, onde se pode sentar num café e olhar o mundo passar, um mercado fabuloso, gente simpática. Infelizmente é um ímã para os turistas mais feios do mundo. Manadas de mochileiros horrendos, piscando contra a luz, manchados por queimaduras de sol, de meias pretas, arrastando os pés em sandálias, batendo fotos. Bichos-grilo com piercings extravagantes, sujos de estrada, sentados no parque dedilhando desajeitadamente velhos sucessos de Dylan em violões arrebentados. Alemãs de canela grossa à cata de amor, hordas de otários em excursões, exércitos de compradores compulsivos espalhando-se, dispostos a comprar a inevitável tonelada de figuras de papier mâché, esculturas de arame, prata barata, ponchos, mantas, chapéus engraçadinhos, camisetas e cerâmica. Estudantes adolescentes, depois de assistirem ao show de burros em Tijuana, empilhavam-se ruidosos, sentados nos bancos, sem grana e frustrados, esperando o dinheiro que viria pela Western Union, mandado pelo papai e pela mamãe. Mas, ao anoitecer, com os turistas aos poucos se afastando, a coisa muda de figura: os nativos da cidade começam a aparecer nas suas *guayaberas* e vestidos de babados, enchendo as mesas do café a nossa volta. Martin — meu motorista — e eu começamos a nos divertir.

Foi servido *mezcal* com tequila em copinhos, acompanhados por goles de *sangrita*, bem suave, numa mistura com suco de tomate picante. Com a fatia de limão *de rigueur*, vinha uma mistura de verminhos de *maguey*, torrados e moídos, com pimentas e sal, um acompanhamento inesperadamente delicioso. Martin e eu ficamos sentados no café, beliscando *tortas* (sanduíches) de queijo fresco e presunto, tomando cerveja e *mezcal*, uma banda de mariachis passando de mesa em mesa. Atrás de nós um cinquentão, com o rosto marcado de varíola e punhos e cenho de ex-pugilista, estava sentado sozinho bebendo Modelo Negro, o cabelo liso e preto esticado na cabeça com gel, olhar perdido no espaço em infinita tristeza. Depois de um tempo comendo em silêncio, com a mesma cara de mau humor, fez um gesto para que todos os mariachis se aproximassem, deu-lhes alguns pesos e sussurrou um pedido. Eles tocaram bonito e, quando acabaram a canção, o homem, sem aparentar emoção alguma, lhes deu mais pesos e pediu outra música. Monopolizava o sexteto, impassível.

De repente, triste, sem levantar os olhos da mesa, começou a cantar. Ainda sentado, sem olhar para ninguém, cantou amores e perdas e corações partidos, a voz rica, profunda e lindamente modulada. Todos os clientes do café escutavam, extasiados. Mais pesos, mais canções. O homem de cara triste, vestindo uma *guayabera*, olhos agora quase fechados, cantou e cantou, e a turma aplaudia loucamente depois de cada canção. Ele parecia não ouvir os urros de aprovação; seus olhos, que eram só uma fenda, permaneciam focalizados num ponto longínquo ou para dentro de seu próprio crânio avariado, a voz enchendo o mercado, agora vazio, e entrando pela noite.

Comi bem em Oaxaca. *Atole* de chocolate, uma bebida espessa, quente, com textura de mingau de aveia, feita com o chocolate local, canela e fubá. Experimentei um sorvete de *leche quemada* (leite queimado) surpreendentemente delicioso. Provei o mistério dos sete *moles*, vi fazerem *queso fresco* — queijo fresco de fazenda —, vi como uma fôrma pode ser tratada para fazer variedades mais secas e mais curadas, e também uma curiosa versão com consistência de coalhada. No mercado comprei *morcille* e linguiças de *chorizo*, de um dos açougueiros; pedi que as grelhasse como acompanhamento. As tortillas eram fáceis de achar nas barraquinhas de "faça você mesmo o seu taco". Comi um *menudo* maravilhoso de dobradinha e outras vísceras, um caldo/ensopado picante; voltei depois para experimentar *pozole*, um prato semelhante feito com grão-de-bico. Fora do mercado encontrei uma barraquinha de tacos, muito cheia, com os *oaxaqueños* sentados em bancos à volta dela. Um cozinheiro e um ajudante trabalhavam duro, sem parar, picando a cabeça recém--cozida de um porco, enrolando pedaços ainda mornos de porco macio em tortilhas de milho e depois banhando com *salsa verde*.

Consegui um espaço entre eles e pedi alguns. Foram os melhores tacos da minha vida. Poderia ter ficado ali para sempre, debaixo da lâmpada nua, cercado por mexicanos que comiam alegremente com suas crianças. Mas havia gente esperando sua vez. Voltei na noite seguinte e na outra.

Na beira de uma estrada de terra em Oaxaca de Juárez, a capital do estado, Dominga me fez *tamales*. Sua cozinha ficava do lado de fora da casa: fogão a lenha, panela de barro, panela para cozinhar no vapor, um *comal* para torrar, pilão, almofariz, rolo de macarrão feito de pedra. Galinhas e galos passeavam pelo quintal cheio de poeira e no jardinzinho perto do chiqueiro.

Estávamos indo para o *molino*, o moinho comunal, aonde os mexicanos vão todos os dias moer o milho para a sua *masa*, suas pimentas secas para o *mole* e o chocolate e os grãos de café em mós de pedra. Dominga era uma mulher baixa, atarracada, mestiça, braços e mãos fortes que mostravam o trabalho de muitos anos. Milho de molho num balde de plástico de um lado, uma tina de pimenta e alho do outro. Ela caminhou alguns quarteirões no sol quente até um barraco com telhado de zinco, onde uma fila de mulheres, os aventais sobre os vestidos bem parecidos, de babados, esperavam para usar uma das duas moendas movidas por geradores. Lá dentro, o dono do *molino* alimentava uma máquina com pimentas e outra com punhados de milho, e uma pasta gorda e lisa saía das duas. *Mole, masa, atole, café* — tudo fresquinho, feito diariamente pelas mamães.

Você pode achar que já comeu comida mexicana, mas nunca comeu… A menos que tenha ido ao México e jantado numa casa de família, não terá provado a coisa certa. A comida mexicana não é aquela meleca espumante fermentando no centro da mesa perto de umas chips de milho, velhas, com um pouco de coentro apodrecendo no meio das cebolas já podres. Não é guacamole cinzento ou de pacote, batido no processador até que atinja a consistência de comida de bebê. Não se joga queijo cheddar ou Monterey Jack por cima de tudo (queijos que você não vai nem ver no México), tudo servido com feijão supostamente refogado. No México tudo é fresco. Dominga não tem um processador Cuisinart. Não tem freezer. Seus molhos não vêm em potes, e as receitas não chegam via fax de uma central, com as porções separadas para consumo. A comida mexicana não é picante nem condimentada demais. Não é feita de *chimichangas* empapadas, congeladas, soltando ingredientes na panela de fritura. Não é a droga sem graça e monocromática que se vê por toda parte, Estados Unidos, Austrália e Reino Unido.

Dominga fez para mim *tamales* de galinha ao estilo de Oaxaca e, em vez de embrulhar a galinha em *masa* e o molho numa palha de milho, como se faz em todo o México, ela enrolou em folhas de bananeira. Quando voltou do moinho, Dominga retirou uma galinha que cozinhava em fogo baixo numa panela e desfiou a carne (*pollo pelado*). Misturou e trabalhou a *masa* fresca com banha de porco derretida (os pacotes de banha são um dos principais ingredientes daqui), tostou de leve as folhas de bananeira no *comal* e mexeu seu *mole* negro, cheirosíssimo, que fervia devagar no fogo, horas e horas.

A proximidade do gado e das fezes dos animais que presenciei nas minhas viagens não é necessariamente indicador de uma refeição ruim. Pelo contrário, em experiências recentes, foi sinônimo de esperança de coisa boa a caminho. Por quê? Talvez tenha a ver com o frescor. Vivendo perto da fonte e da origem de sua comida, não há necessidade de geladeira ou congelador. O equipamento e as condições são primitivos. Não se pode ser preguiçoso, pois não existe opção a não ser a tradicional.

Onde há congeladores e geladeiras logo vem a preguiça. Os comprometimentos, a intromissão sub-reptícia do comodismo. Por que passar o dia inteiro fazendo *mole* se posso fazer uma porção gigante e congelar? Por que fazer *salsa* todo dia, quando dura bastante na geladeira? Experimente uma *salsa* ou um *mole* moído à mão num almofariz de pedra e logo entenderá o que quero dizer.

Os *tamales* de Dominga estavam maravilhosos. Comi quentes, saídos do vapor, debaixo de uma pequena *palapa* entre moscas, galinhas e porcos, e foi quase uma experiência religiosa.

Martin, Eddie e eu paramos numa *pulquería* fora da cidade. Era um galpão azul da cor do céu, com uma vitrola automática de som distorcido e um bêbado zonzo e sozinho sentado por ali. O *pulque*, a seiva fermentada de cacto *maguey*, estava em tanques de 55 galões atrás do bar, com cheiro agridoce. O cara do bar passava a bebida grossa, viscosa, leitosa, com uma concha, para dois baldes de plástico, do tipo que as crianças usam para brincar na praia e fazer castelos de areia. Sentamos a uma mesa velha de piquenique e nos servimos de drinques em copos altos e não muito limpos. "Epa!", disse o cara da equipe de TV vendo Martin enfiar o dedo com entusiasmo no *pulque*, para verificar a consistência, e trazendo agarrado, dependurado nele, um fio grosso de muco, uma gosma. O teste do dedo não ajudou em nada meus problemas estomacais. Eu já havia jantado poderosas porções de vermes e ovos de formiga fritos, uma especialidade da casa. Os vermes estavam legais — enterrados em bastante guacamole e *salsa roja* — e os ovos de formiga me lembravam nozes e tinham um retrogosto prolongado, de madeira. Mas o fim foi a pedida de *chiles en nogada*, o prato nacional do México — pimentões *poblanos* recheados com carne moída, nozes, frutas secas e canela, servido com dois molhos (da cor da bandeira nacional). Foi ruim demais, até difícil de explicar. Não gosto de carne com canela, principalmente se é com molho. Sentado na *pulquería*, bebendo balde após balde da bebida levemente alucinógena — a preferida dos mexicanos com pouca grana que estão procurando um porre barato —, eu percebia muito bem que debaixo da turva poção feiticeira de *pulque*, já começando a borbulhar na minha barriga, havia uma base nada sólida de ovos de formiga, vermes e aqueles horríveis *chiles en nogada*. A volta para meu quarto de Izúcar de Matamoros foi pura agonia.

A casa de Eddie, em Tlapanala, era térrea, bonita, limpa — dois quartos, sala de estar, sala de jantar, cozinha grande, um bom quintal e um puxado externo. Quando cheguei, a mulher de Eddie, a mãe, as crianças e a babá estavam sentadas em sofás e cadeiras assistindo à TV por satélite. Na cozinha havia uma mesa coberta com os ingredientes para o *mole poblano*: pimentões *poblanos*, bananas-da-terra, chocolate, nozes, ervas. Na cozinha de fora, a mãe de Antonio, meu chapeiro, fazia tortillas, enquanto na casa vizinha a mãe do meu antigo saladeiro, Gilberto, observava. Percebi que estava em maus lençóis quando entrei no quintal bem cuidado de Eddie e vi um peru de doze quilos se exibindo de cá para lá, furiosamente. Eddie sorriu e me informou que, como convidado de honra, a responsabilidade era minha.

"*Matelo!*", disse ele, me entregando um facão. Eu nunca matara um animal antes. Me sentia mal com a ideia, mas a pressão era forte e afinal eu era o patrão de Eddie, e, se desse a impressão de ser um bundão, ele pareceria um bundão por trabalhar para mim. Eu sabia também que qualquer uma das mulheres — e provavelmente a maioria das crianças — poderia facilmente tomar meu lugar e matar o peru como se estivesse escovando os dentes. Olhei o bicho com cuidado. Era grande e vivaz. Brandindo o facão, dei um passo à frente e com a ajuda de Eddie consegui segurá-lo. Eddie dobrou a cabeça da ave para trás e despejou uma dose de *mezcal* por sua garganta abaixo. Sua mulher arrastou o peru para um banco, torceu-lhe o pescoço de modo que ficasse preso ao banco e aí deixou por minha conta.

Sei que os perus são idiotas. Sei que quando se corta a cabeça de uma galinha, por exemplo, ela leva algum tempo para morrer e fica batendo asas pelo quintal, burra demais para entender que morreu. A expressão "rodando como uma galinha sem cabeça" vem logo à mente. E eu sabia que não deveria esperar por mais inteligência num peru do que numa galinha. Os perus às vezes se afogam, olhando para cima, para a chuva que cai, e esquecem de fechar o bico (tipo fãs do Bon Jovi). Eu sabia de tudo isso e queria, como alma sensível que sou, despachar o bicho — para onde quer que vão os perus quando morrem — com muita limpeza, rapidez e a menor dor possível. Não vacilaria, não hesitaria nem titubearia, absolutamente resolvido a dar fim àquilo, acabar com a vida do bicho de uma só cacetada. Desci a mão com a facada retumbante, a lâmina fazendo "ploct" na madeira.

O corpo do meu peru enlouqueceu, batendo asas, tonto, rodando à minha volta! Oh, meu Deus, pensei, errei o golpe. Estraguei tudo. Convencido de que havia de algum modo deixado de cortar uma artéria principal, ferido mortalmente sem matar o animal com minha inépcia, comecei a balançar a lâmina outra vez, num frenesi aterrado, como um *serial killer* novato, esfaqueando às cegas, atacando um fino fio de pele conectiva que segurava corpo e cabeça juntos. Um jorro de sangue alcançou as lentes de Matthew — uma boa tomada que ele perdeu. O sangue me sujou dos pés à cabeça, olhei para baixo e vi que a cabeça convulsiva do peru estava na minha mão, mas o corpo, ainda se debatendo loucamente, havia sido levado por Eddie, que com toda a naturalidade o pendurara no teto do barracão para ser depenado. Eu agora não passava de um assassino. Sentei perto da minha vítima por muito tempo, antes de pôr mãos à obra e começar a puxar as penas do corpo ainda quente, pensando que diabo acontecera comigo.

Foi uma tarde longa e sonolenta enquanto a comida cozinhava. Os parentes apareceram para jantar, a mesa foi posta no quintal. A certa hora nos sentamos diante de um belo *mole poblano de qua jobte* acompanhado de *enchiladas*, *salsas*, saladas e cerveja. Olhei as caras à volta da mesa e enxerguei meus cozinheiros de Nova York.

"Bem-vindo ao meu sítio", disse Eddie.

Ele tinha preparado um "Woodstock mexicano" no sopé das montanhas, no seu rancho, nas redondezas de Izúcar. Parecia a coisa mais importante que havia acontecido na cidade desde que haviam se rebelado e assassinado os franceses. Era a volta triunfante de Eddie Perez. Tinha contratado mariachis, uma banda pop, um vaqueiro cantor com *palomino* dançarino e um espetáculo de rodeio. Estavam acabando de erguer um palco, num lote poeirento, seco de tanto sol, atrás de uma fileira de construções baixas. Galinhas, galos, gado, porcos, burros e cabras passeavam livremente entre os cactos típicos, nas montanhas circundantes. Ele havia convidado a cidade inteira: o prefeito, o representante do crime organizado local, notáveis de toda espécie. Tinha contratado toda a força policial de folga naquele dia como seguranças, e um exército de mulheres havia sido levado para trabalhar. Rancheiros cavaram um buraco para a *barbacoa*. Meninos de camisas abotoadas e meninas vestidas de primeira comunhão levavam e traziam recados e mexiam nos utensílios de cozinha de cá para lá. Estocaram caixas e caixas de cerveja, tequila e *mezcal*. Litros de ponche de frutas frescas estavam sendo preparados. Arrumaram mesas compridas, sob um teto de palha de uma *palapa*. Ia ser uma baita de uma festa.

Enquanto isso eu curtia meus cinco minutos de Homem Marlboro. Uma coisa é usar calças de brim e botas de vaqueiro em Nova York. Mas bater o pé para tirar a poeira e o esterco das suas botas de Tony Lamas, sentar num canto sombreado, encostado numa parede de adobe, inclinar a cadeira e colocar os pés na cerca, isso já é outra coisa. Um chapéu de vaqueiro em Nova York é um acessório que não deve jamais ser usado, a não ser que você seja um cantor de música country. Em Puebla, ao sol do meio-dia, no entanto, é uma necessidade. Baixei a aba do meu novíssimo chapéu sobre os olhos, para proporcionar um pouco de sombra ao meu nariz torrado e me senti legal à beça. Passei por um galpão onde os rancheiros já estavam despejando tequila em copinhos sujos. Bati a poeira do chapéu e pedi com voz rouca: "Tequila... *por favor*".

Sentado com Eddie e Martin, todos nós de vaqueiros, chapéus e botas, observando uma mulher com a cara do Antonio fazer tortillas num *comal* a poucos passos de distância, reconhecendo o pessoal com quem eu trabalhava nos rostos das mulheres que cozinhavam o arroz em panelas de barro sobre uma fogueira, as moças limpando cactos para a *ensalada de nopalitos*, o velho *heladero* fazendo sorvete de limão fresco à mão, sobre o gelo, na sua batedeira de madeira, me senti o mais feliz possível por fazer parte daquela estranha família, a milhares de quilômetros de distância, na minha cozinha de Nova York.

O grande evento começou ao se cavar um buraco no chão do tamanho de um túmulo descomunal. Armaram uma fogueira no fundo e deixaram que a lenha se tornasse brasa. Quando ficou no ponto desejado, alguns vaqueiros baixaram grandes caldeirões de sopa de cabeça de bode no buraco. Os crânios magros caíram por último — pelos chifres — e arrumou-se uma pilha de folhas de abacate à volta. Buchos de carneiros recheados com sangue, temperos e hortelã, uma espécie de versão mexicana de *boudin noir*, foram colocados dentro do buraco, com muito cuidado. Depois arranjaram-se por cima cinco bodes inteiros, limpos e abertos ao meio como borboletas, sobrepostos, cobertos com mais folhas de abacate (os bodes tinham sido mortos durante o dia, e as peles já estavam esticadas, secando no telhado de Eddie). O buraco foi fechado com um trançado grosso de palha

— que havia sido posto de molho na água e cuidadosamente coberto com terra. Os vários ingredientes cozinhariam assim, por cerca de três horas e meia.

Por todo o terreno árido o ritmo se acelerava. O rancho sonolento e empapado de sol foi se transformando rapidamente numa colmeia ativa. Em todo lugar as coisas iam se encaixando, à medida que os convidados chegavam. Os mariachis começaram a tocar, cantores pop bebiam cerveja e afinavam seus instrumentos; um menino — que reconheci como um ex-ajudante de garçom em Nova York — chegou com arranjos de flores. As crianças brincavam de pegador. Os homens se acomodavam nas mesas compridas; as mulheres mais atrás, em cadeiras de dobrar. Eddie, que não bebe nem um pingo em Nova York, já estava bêbado, distribuindo o ponche letal, ao qual ainda insistia em acrescentar um pouco de tequila. Os rancheiros pareciam também estar no mesmo estado, e a festa nem bem começara.

"Não se preocupe com nnaadddda", dizia Eddie, mostrando os seguranças armados, espalhados pelas vizinhanças. "Beba! Tudo o que quiser. Tequila, *mezcal*, *mota*. Sem problema, vai se divertir. Você dorme *adonde quiera*. No chão, com as galinhas. Qualquer lugar. Aqui você seguro. *Policía* está aqui. Ninguém enche seu saco."

"Puxa, Eddie", eu disse, "você deve estar muito orgulhoso… não acredito que tenha conseguido armar tudo isto aqui."

A sopa de cabeça de bode estava fabulosa — uma das melhores coisas que já provei. Pratos de bode assado e cortado em pedaços grandes e desiguais chegavam à mesa, surpreendentemente tenros e absolutamente deliciosos. O bucho recheado foi uma revelação. Uma imensa e maravilhosa linguiça picante de uma gostosura sanguinolenta e acebolada. Tentei comer de tudo, inclusive a salada de *nopalitos*, as *salsas*, pegando a comida com as tortillas ainda quentes, tiradas dos montes colocados por todos os cantos em cestas cobertas com guardanapos. Comi arroz, mais saladas, *enchiladas, tamales,* uma *quesadilla* incrível de flores de abobrinha frescas e *queso* fresco.

E existe música mais evocativa de um lugar, mais romântica e sentimental, do que a dos mariachis mexicanos? (O.k., talvez o samba.) Mas, naquela tarde, com o cair do sol sobre as montanhas de Eddie, ao som da música, dos risos e do espanhol dos mexicanos à minha volta, nunca havia escutado nada tão bonito.

O vaqueiro deu seu show de laço. Outro cantou a cavalo, o cavalo dançando embaixo dele, levantando, deitando, ajoelhando ao seu menor toque. Sob projetores luminosos alugados e um fio de lâmpadas de Natal, o sol já há muito escondido, o vaqueiro desmontou, segurou o microfone com uma gravidade oficiosa e no tom reservado aos locutores de eventos esportivos gritou, enrolando seus erres em volume máximo e apontando para mim:

"Señores y senõras... el hombre, el chefe norteamericano, el chefe de Nueva York, muy famosooo!... Anthony... Bourdain!"

Ufa.

A turma gritou e aplaudiu. A música parou. Os mariachis me olharam, na expectativa. Eu sabia o que queriam de mim — e fui andando em direção ao cavalo que me esperava no centro de um círculo de luz. Escutei umas vaias e uns *AIÔÔÔ!* — vindos de Eddie e da equipe de TV e de algum outro engraçadinho da plateia. Pus uma bota no estribo e me alcei com leveza até a sela (algumas semanas de acampamento de verão e duas lições de equitação me valeram bastante). Eu estava bêbado, desequilibrado, mas o cavalo que me deram era pura mágica. Treinado para dançar, respondia ao menor movimento da bota, virando-se às minhas ordens. Dei uma volta razoavelmente competente no quintal, tirando o chapéu para todos ali reunidos. Parei no lugar apropriado, desci da sela como um vaqueiro de rodeio, sentindo-me completamente bobo e totalmente encantado ao mesmo tempo.

O amigo de Eddie, que ele me apresentara como o chefe da máfia local, insistiu muito para que os câmeras e eu o acompanhássemos em algumas rodadas do que ele chamava de "*cucarachas*". Seria uma disputa amistosa, Estados Unidos contra México. Um de cada vez, os câmeras e eu, seguidos pelo cara da máfia e seus dois "associados", fomos apresentados a uma mistura meio a meio de Kahlua e tequila, acesas e ainda em chamas. A ideia, explicaram, era enfiar um canudo no elixir inflamado e chupar de uma vez só, antes que as chamas se apagassem. Isso deveria continuar até que um de nós pedisse água ou caísse desmaiado.

O time americano não fez feio. Para nosso crédito, nos conduzimos com honra, cada um de nós bebendo cinco daquela mistura devastadora sem queimar o cabelo ou engasgar. Os mexicanos, no entanto, acompanharam direitinho. Finalmente, graças a algumas manifestações de boa vontade internacional, concordou-se sem palavras que, ao vir a sexta rodada, todos os jogadores, dos dois times, enfiariam os canudos juntos na bebida e chupariam pela última vez, salvando nossas caras, pois àquela altura já cambaleávamos perigosamente.

Matthew conseguiu chegar até a porteira de Eddie com seus dois pés, como nós, mas, na hora em que entramos no carro, botou a cabeça para fora da janela e pediu que parássemos. Verdade que o Matthew, nos últimos meses e continentes, tinha sido muito insensível aos meus desconfortos estomacais. Nunca hesitara em me fazer engolir alguma porcaria nauseante — mesmo se eu estivesse mal — se achasse que pareceria muito engraçado na televisão. Nunca teve problema em me filmar doente na cama, chorando por um alívio ou remédio, engatinhando sobre um chão de ladrilhos. De modo que, quando paramos para que Matt pudesse andar desnorteado em frente dos faróis do carro e depois deitar-se numa vala de esgoto, de barriga no chão, eu estava com a câmera dele na mão. Era a minha vez. Vingança. Vídeo de ouro. Tudo o que eu tinha a fazer era apontar, apertar o botão, e daí todo mundo nos escritórios de Nova York — editores, produtores, todos nós — poderia passar e repassar a imagem do justo castigo de um torturador contumaz. A luz estava perfeita. Não poderia ser mais dramático: uma estrada de terra deserta, tudo negro além da circunferência dos faróis, e uma escura plantação de cana no fundo. Levantei a câmera, mirei…

Não consegui, não tive coragem.

Acabamos por puxar o infeliz de volta para o carro e depois para o quarto. Tiramos seus sapatos; deixei sua máquina e a fita gravada ao seu lado, na cama. Quando ele acordasse seria uma das primeiras coisas que procuraria.

Afinal de contas, ele é um profissional.

Charlie vai surfar?

Acordo no meu quarto no Bao Dai Villas, a antiga casa de verão do último imperador do Vietnã. Um toque de alvorada entra pela janela, junto com hinos patrióticos vindos de uma escola vizinha, onde as crianças se reúnem, barulhentas. A chuva tamborila mansamente nas folhas, galos cantam. Alguém corta lenha, e escuto o som familiar de uma vassoura de palha varrendo ladrilhos. No mar, ali perto, logo depois do pontilhão, o motor de um cargueiro vibra preguiçosamente na manhã nevoenta.

Todas as minhas roupas estão ensopadas e sob ataques de mosquitos. Fico debaixo do cortinado da cama, enquanto tento me lembrar de onde deixei o repelente. Batem na porta. É Lydia, perguntando se tenho Lomotil. Ontem fui sozinho à praia de Nha Trang, comi um pargo inteiro, com as mãos, debaixo de uma palmeira. Chris almoçou sopa de caranguejo no hotel. Está à morte com uma intoxicação alimentar. Claro que tenho Lomotil, o melhor amigo do chef na estrada. Dou alguns comprimidos para Lydia e desejo as melhoras de Chris. Sei como ele se sente. É, parece que hoje vou me virar sozinho.

Depois de achar o repelente, pulverizo toda a roupa, escolho as peças mais secas e me visto. Na recepção tem uma locadora de motonetas e motos; escolho a mais potente e me mando até a cidade para tomar café. Legalmente os estrangeiros são proibidos de dirigir qualquer coisa que tenha mais potência que um cavalo, tipo uma patinete, mas o sujeito da locadora não encrencou comigo, de modo que em poucos minutos já me juntava ao mar de ciclistas matinais indo em direção do maior cruzamento de Nha Trang, bem em frente à praia. É bom, sinto-me bem, cercado de todos os lados por homens e mulheres com chapéus cônicos, passando ao lado das palmeiras, um longo trecho de praia branca e deserta, e umas ondas se espraiando, leves, à minha direita. Os vietnamitas não são viciados em praia. Vê-se muita gente pálida, branquela — como no Camboja e no resto do Oriente —, a palidez indicando status e berço. Gasta-se muito dinheiro em branqueadores de pele, ácidos esfoliadores e muitos outros processos fraudulentos e prejudiciais para se parecer mais branco. As mulheres de Saigon gostam de se cobrir dos pés à cabeça para se protegerem dos raios de sol. Parece que Charlie não vai surfar. Não em Nha Trang, pelo menos.

Ao virar para sair da estrada principal, o tráfego aumenta ainda mais. Carros, caminhões e ciclistas — em motos, bicicletas, motonetas e lambretas — juntam-se ao bando apressado. Atravessar uma encruzilhada é uma manobra assustadora e emocionante, com o barulho de todos os motores acelerando ao mesmo tempo, enquanto, em conjunto, cruzamos a praça, a meio metro de distância das pessoas, que se amontoam dos dois lados. Eu me espremo bem e passo ao lado de uma fila de caminhões sobre a ponte do canal. Na água, os barcos de pesca, brancos-azuis-vermelhos, vistosos, se aproximam da praia.

Dizem as más línguas que, quando Nha Trang era a base da atividade militar americana na área, a CIA e as Forças Especiais costumavam jogar os prisioneiros para fora dos helicópteros sobre esse canal — com umas calotas metálicas de pneu amarradas no pescoço... Hoje há poucos sinais do que um dia foi a avassaladora presença americana. Como em todos os lugares do Vietnã, restou uma ótima infraestrutura, que os vietnamitas habilmente adaptaram para uso civil, mas os sinais mais óbvios desapareceram. Acabaram-se as favelas construídas com latas amassadas e sucata militar, abrigando putas, faxineiras e lavadeiras. Casas metálicas pré-fabricadas, clubes de oficiais, quartéis e pátios de desfiles evaporaram-se — ou foram convertidos para finalidades mais úteis. Os grandes hotéis e as vilas antes usados para hospedar militares de altas patentes são agora de propriedade de funcionários do governo e alugadas para turistas. As únicas pessoas na praia de Nha Trang são uns poucos franceses, alemães e australianos, na maioria hospedados em resorts modernos, construídos pelos estrangeiros, reunidos numa extremidade da baía. Ontem, na praia, um menino se aproximou de mim com uma caixa de livros velhos, em inglês. Era a onipresente coleção vietnamita: edições pirateadas de Tim Page, Michael Herr, David Halberstam, Philip Caputo, Neil Sheehan e Graham Greene — coleção muito parecida com a de lá de casa. Mas, entre capas toscamente xerocadas e cópias bem estragadas de livros de capa mole, desses de bancas, o menino exibiu um romance de autor vietnamita: *Os pesares da guerra*, de Bao Ninh.

"Este livro proibido", disse o menino, virando os olhos, teatralmente, para a direita e a esquerda.

Como eu estava mesmo precisando de alguma coisa para ler na praia, comprei o livro. O autor, herói de guerra, serviu o exército vietcongue na gloriosa 27ª Brigada Jovem. Dos quinhentos oficiais e pracinhas que lutaram ao lado dele, só dez sobreviveram. É um documento extraordinário. Mudem-se os nomes e é um filme de Oliver Stone. Os membros do pelotão do herói têm apelidos, como em todo filme de guerra americano que você já viu. Os conflitos são sanguinolentos, inúteis e terríveis; os soldados, amedrontados e supersticiosos. Ficam loucos com maconha, com qualquer substância psicoativa que apareça, a qualquer hora e em qualquer lugar. Os inocentes são mortos com crueldade e gratuidade, e os "bonzinhos" são responsáveis por estupros brutais e atrocidades. O herói volta para Hanói, cínico, amargo e irreversivelmente detonado, só para descobrir que sua namorada se tornou prostituta. Passa a maior parte do tempo com outros veteranos também acabados — bebendo e brigando, tendo perdido a fé em tudo aquilo em que acreditavam. É um livro extraordinário, principalmente por suas assustadoras semelhanças com romances americanos do mesmo tipo. Um livro sobre a guerra do Vietnã — como tantos outros —, só que contado da perspectiva deles.

Perto de um templo Cham no alto de um morro, viro à direita numa estradinha de terra, espalhando lama das poças d'água até encontrar o mercado de peixe. As pessoas comem em todos os lugares. Sobre os engradados de carregar o peixe, sobre os carrinhos de mão; a multidão de gente, velhos, jovens e crianças, se senta em banquinhos de plástico, se apoia em paredes, fica de cócoras, chupa o macarrão das vasilhas, toma chá, mastiga bolinhos de arroz e come baguetes com patê. Tem comida cozinhando por todo lado. Em qualquer canto arranjam um jeito de fazer um fogo com uma panela em cima. Pequenos *coms* à beira-mar vendem *pho* e macarrão e "faça seu próprio rolinho de carne". Vendedores de rua oferecem rolinhos primavera, camarão no espeto, sanduíches de patê de dar medo, baguetes, peixe frito, frutas, doces e caranguejos no vapor. Outros parecem ter se sentado onde caíram, acendido um fogo e começado a comer com um bando de amigos ou a família. Sou pelo menos uns trinta centímetros mais alto que toda a população do mercado e muita gente me encara, enquanto caminho na beira d'água. Uma mulher sorri e levanta seu bebê, uma criança saudável com um bonezinho colorido e roupa nova. A mulher está em trapos. "Olá", diz, segurando a mão do menino e ensinando-o a acenar para mim. "Até logo!" Ela me pede com gestos se posso emprestar a máquina para tirar uma foto minha com o menino. Claro, por que não? Ela rapidamente consulta um grupo de mulheres de uma barraca de peixe próxima. Uma arranja um banco e coloca a criança em pé sobre ele. Mostro como apertar o disparador e ela enquadra a foto, com um grupo grande de mulheres atrás e ao lado, todas querendo olhar pela objetiva, todas rindo de pura alegria e orgulho de que o que há de melhor dentre elas esteja sendo fotografado junto ao estranho americano, quase monstruoso de tão alto.

Aqui quase só as mulheres trabalham. São elas as peixeiras, escamando e eviscerando os peixes em longas mesas de madeira, perto da água. Consertam redes, descarregam a pesca do dia dos botes coloridos, que se parecem com celeiros dos Amish, e cozinham nas barracas. Mulheres em *thung chais* — barquinhos redondos, feitos de bambu trançado e cipós — remam e levam aqueles botes trêmulos em direção às docas — uma difícil proeza de equilíbrio (como eu logo iria descobrir...). Onde estão os homens?

Eu me sento a uma mesa com um grupo grande de mulheres e seus filhos. A cozinheira sorri e coloca caprichosamente um pouco de peixe cozido, macarrão de arroz, alguns bolos de peixe, pimentões, brotos de feijão, pimentas e coentro numa tigela. Depois me entrega os pauzinhos, um prato de pimenta-do--reino, uma rodela de limão, mais pimentas ainda, *huac nam* e molho de pimenta. Tem café esquentando sobre brasas; ela enche uma xícara para mim. Como sempre, no Vietnã, tudo é fresco, vibrante, delicioso. As mulheres continuam vindo até a mesa para apresentar seus filhos. Não tenho ideia do que querem. Não pedem nada, a não ser que eu deixe que os bebês e as crianças pequenas me toquem o braço, apertem minha mão, acenem para mim, as crianças de boca aberta, sem entender nada, e as mulheres chorando de rir, achando tudo engraçadíssimo. Todas aquelas mulheres se levantaram de madrugada; muitas delas ficaram na água por horas, carregando o peixe nos seus pequenos barcos redondos e descarregando na praia. Nenhuma parece cansada. Ninguém parece desanimado ou acabado pelo trabalho. As que chegam agora vêm em pé nos seus periclitantes barquinhos de cesta, sorrindo alegres depois de carregar quilos e quilos de peixe pingando água no chão do mercado. A cozinheira me pergunta se eu quero mais café e me dá outra xícara, olhando se minha lata de leite condensado não está vazia. O sangue de peixe corre pelo chão de concreto do mercado; perto de nós deixam uma cesta de lulas e outra de peixe. O canal está cheio de barcos que chegam, os tremelicantes *thung chais*. As nuvens se agrupam no topo dos morros de Nha Trang como tufos de cabelo branco. Estou adorando.

Ao largo estão as ilhas de Hon Tre, Hon Tam e Hon Mieu. Além delas, bem mais para dentro, umas poucas rochas altas, cercadas por arrebentação brava, perigosa, constantemente patrulhadas por canhoneiras. É ali que as *salanganes* (uma espécie de andorinha) constroem seus ninhos, lá em cima de precipícios perigosos infestados de cobras. Os ninhos, formados de secreções salivares endurecidas das próprias andorinhas, alcançam no mercado dos "médicos" práticos chineses a fortuna de 4 mil dólares por quilo e são muito procurados por todo o Oriente para a sopa de ninhos de andorinha. Chris e Lydia já perguntaram se eu gostaria de subir num penhasco daqueles, passar pelas cobras venenosas e engatinhar um bom tempo sobre rochas pontiagudas, com ondas batendo nas pedras, para que possam filmar uma cena de sopa de ninho de andorinha. Argumento que a sopa é remédio, não é propriamente comida, e que tenho tanto interesse por essa sopa quanto pelo próximo thriller ecológico estrelado por Steven Seagal. O negócio das patrulhas armadas é que os faz desistir da ideia de me ver fazendo rapel pelos penhascos, mas continuei, lá no fundo, com um certo medo de que o assunto ainda voltasse à tona. Apesar disso queria ainda visitar algumas ilhas. Linh e seu amigo Dongh — nosso motorista em Nha Trang — disseram que conheciam um lugar em Hon Mieu, uma pequena vila pesqueira chamada Ba Mieu, onde os frutos do mar não podiam ser melhores. Espetaculares. Botei fé nas opiniões de Dongh sobre comida. Ele é um *foodie*; foi me encontrando e dizendo que eu tinha tido sorte, pois estava na melhor cidade do país para comer bem. Depois que jantamos, na primeira noite, continuou me mostrando os pontos altos da refeição, perguntando se eu havia notado a quantidade de ovas estourando dos caranguejos verdes, o frescor e o sabor das lagostas, os olhos límpidos e o formato perfeito do peixe inteiro. Já havíamos comido muito bem por indicação dele numa praiazinha e, quando Chris me perguntou sobre a comida do hotel, ele virou os olhos para o céu e deu uma resposta que não queria dizer sim nem não, muito pelo contrário.

Chris, pelo que se viu, deveria ter prestado mais atenção nele. Eu me surpreendo que Linh queira me trazer aqui, que esteja deixando que eu veja isso e ainda por cima filme tudo.

O nosso barco alugado vai chegando à ilha de Don Lon, e Dongh grita alguma coisa para dois homens na praia, magros e malvestidos. Uma lancha estreita e comprida sai da praia ao nosso encontro, atravessando a arrebentação, e consegue parar ao lado. Só tem lugar para dois passageiros de cada vez, e é uma lancha de chão esburacado por onde entra água. Lydia e eu subimos nela com dificuldade e somos levados para a praia, cavalgando as ondas nos metros finais. Chris ainda está em Bao Dai, provavelmente abraçado à privada, travando relações cada vez mais íntimas e pessoais com o encanamento do hotel.

Aquele era um Vietnã que eu ainda não tinha visto. Uma praia de areia fina e branca, à volta de uma pequena enseada, toda suja de detritos jogados pelo mar, um lugar esquecido por Deus. Atrás, nas margens barrentas do que parece ser um escoadouro de esgoto, aparece uma vilinha por entre as árvores. Cabanas, barracões, choças — úmidas, encharcadas e tão frágeis que fica difícil descrever — quase que desabam sobre a água marrom aparentemente nada saudável. Nem sinal de luz elétrica, telefone, TV ou qualquer dessas coisas modernas que apareceram depois da metade do século XVII. Há uns amarrados de lenha e um *thung chai* virado na areia. Nem um sinal de vida.

Lydia e eu ficamos sozinhos na praia, e resolvo dar um mergulho. As ondas são altas, de bom formato, quebrando longe o bastante para pegar uma até a praia. Quero fazer um pouco de *bodysurf*, pegar um jacaré. Mas somos atacados de repente. Mulheres saem de suas palhoças, com cestas de bijuterias baratas feitas de conchas (do tipo feito em Macau e que se encontra em todas as praias do mundo). Gritam desesperadamente e nos cercam, brandindo os filhos pequenos como se fossem armas, ao som de: "Olha, criança, criança! Bebê, bebê!". Somos rodeados, e vão fechando o cerco, sacudindo agressivamente punhados de colares e pulseiras no nosso nariz. Impossível detê-las. Sacudo a cabeça dizendo: "Não, não, muito obrigado… não…", digo e repito, mas não adianta. Puxam nossas roupas, nos encurralam. Consigo sair de perto, mas elas me seguem por onde vou. Lydia olha para o barco, nervosa, e Linh e Dongh esperam a lancha voltar… Faço a burrice de comprar duas bugigangas, esperando apaziguar as mulheres, mas com isso ficam mais desesperadas e agressivas. Começam a brigar umas com as outras, gritando, berrando, sacudindo os punhos para nós. Uma delas me mostra o bebê, uma criança linda com um brinco só, de ouro com um sininho dependurado — provavelmente mais valioso do que a vila inteira —, e me implora que compre um fiozinho de conchas. Desisto de reagir e compro, o que faz com que as outras dobrem seus esforços frenéticos.

"Tenho um plano", digo para Lydia. Corro até a beira da água, arranco a roupa, mergulho e nado para o mais longe que consigo. Lydia prefere ficar na praia.

As ondas se curvam lindamente. Nenhuma razão aparente para que Charlie não possa surfar. Tenho certeza de que ele achará onde fazê-lo. Algum soldado americano deve ter esquecido uma prancha velha para trás. Deve haver um surfista vietnamita em algum lugar. Na próxima vez vou verificar em Nha Trang e Da Nang. Fico na água por algum tempo e finalmente volto para a praia. Encontro Linh sem roupa, de sunga, fazendo jogging e ginástica pela areia afora, animadíssimo, feliz como jamais o vira. Ri para mim e mergulha. As mulheres desistiram de nós. Sentaram e observam sem muito interesse.

O progresso passou ao largo. Não posso imaginar o que deve acontecer na estação das chuvas, quando a água cai dos céus por semanas e semanas sem parar. A vala de esgoto deve se transformar numa torrente. As casas — já periclitantes sobre estacas de madeira bambas — devem inundar. Os telhados e paredes, do jeito que estão, não aguentam chuva nenhuma. Não vejo animais, plantação ou jardins. A não ser o barquinho emborcado, nada de outras embarcações. Mais tarde pergunto a Linh: "Quem é essa gente? Como vivem?".

"Gente muito pobre, famílias de pescadores", responde.

Quando terminamos o banho, é a volta para o bote furado e a viagem arriscada, cortando de frente a arrebentação, ondas batendo na proa. As tábuas do chão não encostam uma na outra, e não entendo como conseguimos ficar por cima da água. Atrás do bote um homem maneja furiosamente um remo só, empurrando o barco contra as ondas.

Hon Mieu, só um pouco mais longe, já é uma outra história. Também vejo uma favelinha na praia, mas a baía está cheia de barcos de turistas e de aluguel, baleeiras, barcos de pesca e *thung chais* com mulheres acompanhando os turistas para a praia. Ao nos aproximarmos e emparelharmos com outro barco, observo uma fileira de restaurantes. Montes de turistas vietnamitas enchem mesas compridas em varandas mais altas.

"Por aqui", diz Dongh. Linh, Lydia e eu o seguimos, pulando de barco em barco, até chegar a uns enormes cais flutuantes, um labirinto de passadiços construídos à volta de quadrados descobertos por cima e fechados por baixo com redes de pescar. Uma empresa inteira, flutuando dois quilômetros mar adentro. Os barcos amarrados, os peixeiros discutindo preços e os clientes debruçando-se sobre os cercados aquáticos com a mais impressionante coleção de peixes que já vi. Fico lá, descalço, tentando me equilibrar com o vaivém das tábuas debaixo de meus pés, vendo enormes lulas, atuns se debatendo, pargos, uns parecidos com garoupas, e peixes que jamais havia visto antes. Camarões gigantes, lagostas azuis e amarelas e caranguejos fogem precipitadamente, bem na superfície, esperando minha escolha. Eu me ajoelho, ponho a mão dentro d'água e puxo para fora uma lagosta de mais ou menos um quilo e meio. Linh pega umas lulas e alguns atuns enquanto Dongh negocia o nosso transporte para a praia. Lydia e eu andamos pelas tábuas flutuantes, até o fim, e subimos com o maior dos cuidados num *thung chai*; as duas mulheres encarregadas nos mostram onde sentar nas bordas, distribuindo com jeito nosso peso para que o bote não se desequilibre. Linh e Dongh tomam outro barco.

Parece o pior projeto de embarcação já idealizado. Absolutamente esférico, como uma bola de pingue-pongue cortada ao meio e atirada na água, o barco sobe e desce com cada movimento de dentro ou de fora, ameaçando jogar alguém na água a qualquer minuto. Uma das mulheres rema, enquanto a outra, na direção exatamente oposta a ela, rema no outro sentido. Para a frente e para trás, em ziguezague. Eu me apaixono imediatamente pelas capitãs do navio, duas senhoras coradas de chapéus cônicos seguros por faixas muito bem amarradas debaixo dos queixos. Batem um papo descontraído o tempo todo. Ao desembarcarmos com muito, muito cuidado, sobre uma rocha escorregadia, todos os que ficaram no barco deveriam mudar de lugar imediatamente para redistribuir o peso e não desequilibrar a coisa.

Num desses momentos mágicos que faz com que você queira abraçar o mundo, Dongh (marinheiro de primeira viagem) e Linh (menino de cidade, de Hanói, com sua camisa branquinha) tentam sair do barquinho-cesta redondo. Dongh perde o pé e cai de cara no cais, quase virando o bote — e escapando de uma boa pancada na cabeça. Todas as mulheres começam a rir. De outros barcos próximos vem o som de vaias e gozações, o pessoal todo se divertindo com o papelão de Dongh. A história continua por muito tempo, todos rindo histericamente. Cada vez que os olhares se encontram, começa tudo de novo. Um raro momento que ultrapassa as culturas, quando se percebe que, no fundo, somos de fato todos iguais.

Bem ao lado do cais, subindo uns degraus escorregadios e cheios de limo, um cozinheiro do restaurante de Hai Dao examina com seriedade os peixes que trouxemos e os pesa numa balança. Paga-se a refeição por quilo. Sentados numa mesa grande e sem toalha, Dongh, Linh e eu nos juntamos ao piloto de nosso táxi aquático. Linh nos estimula a pedir uma garrafa de Neo Moi, a vodca de Hanói. Um garçom se aproxima com minha lagosta, ainda se debatendo, segura-a sobre um copo e enfia uma faca nos seus órgãos genitais. Sai um líquido translúcido e levemente leitoso — que é rapidamente misturado à vodca.

"*Ruou tiet tom hum*... sangue de lagosta", explica Linh. "Faz você forte."

O Hai Dao está cheio de fregueses, todas as mesas repletas de famílias vietnamitas muito entusiasmadas, comendo, alguns visitantes dos Estados Unidos, outros de Hanói e Saigon, de férias. Ouve-se a toda hora o barulho daqueles pacotes de plástico com toalhas molhadas se abrindo, o chão coalhado de carapaças de lagostas, pernas de caranguejo partidas, ossos de peixe, baganas de cigarro, garrafas de cerveja rolando.

A comida começa a chegar a nossas mesas: *Tom hum nuong*, minha lagosta, grelhada na lenha; *muc huap*, lulas no vapor com gengibre e cebolinha verde; *ca thu xot ca chau*, atum grelhado na chapa com tomate e coentro; *banh da vung*, bolos de arroz polvilhados com sementes de gergelim, feitos numa panela no formato de cúpula que colocam no centro da mesa, com um fogareirinho a gás embaixo; *mi cahn ca*, uma sopa de peixe doce-azeda, macarrão, tomate, cebola, coentro, abacaxi e cebolinha verde, alguns imensos caranguejos verdes arrebentando de ovas. É o cenário correto para a bendita da refeição quase perfeita. Estou completamente convertido à experiência da comida vietnamita sem formalidades. Adoro o jeito de você próprio escolher os acompanhamentos e temperos: a pimenta-do-reino moída e as rodelas de limão que você transforma em pasta para mergulhar pedaços de comida dentro; os molhos; o tempero de peixe com pasta de pimenta; os pratos pequenos de pimentinhas verdes e vermelhas; as garrafas de molho de soja, os pratos de coentro e cebolinha picados.

Dongh se delegara a missão especial de me fazer curtir cada bocado da fartura de Nha Trang. Não me deixou tocar na lagosta enquanto ele não fez túneis através de cada garra e perna magra e removeu cada milímetro de carne. Quando ele retirou a carapaça do pantagruélico caranguejo verde, sorriu abertamente para mim, mostrando as ovas bonitas, fantasticamente gordas, a carne dorsal do caranguejo nadando em deliciosa gordura. Comemos com pauzinhos. Comemos com as mãos. Fumamos enquanto comemos. Tomamos vodca e cerveja, e, como todo mundo, sujamos a mesa inteira com nossos restos. Comida maravilhosa. Só víamos gente feliz, crianças e avós chupando gulosamente os restinhos de carne das pernas de caranguejo e das lagostas, pegando os pedaços melhores que ficam entre os ossos dos peixes.

Fiquei extaticamente feliz. Adorei aquilo. Amo o país. Pensei em desertar pela quinta ou sexta vez.

De que mais preciso? Comida ótima. As belíssimas praias do sul da China, um lugar exótico, um elemento de aventura no ar. Um povo tão confiante e simpático e tão generoso que preciso ter sempre uma desculpa à mão para agradecer se um motorista ou lojista me convida para jantar na sua casa (correndo o risco de ir à falência, como resultado). É o país das maravilhas em matéria de comida. Todo mundo tem uma opinião. É normal que Linh diga que a melhor comida do Vietnã venha de Hanói. Dongh ri — com ironia e desprezo — e dá argumentos seguros em prol de Nha Trang. Em Can Tho, as pessoas têm opiniões formadíssimas. E Saigon fala por si mesma. Para os de Saigon, o Vietnã do Norte é uma piada — inamistoso e chato, cheio de ideólogos convencidos e arrogantes que não sabem temperar a comida direito. Em qualquer lugar onde as pessoas se ligam tanto à sua própria comunidade, sua *cuisine* e seus cozinheiros, pode saber que você vai comer bem. Eu podia morar aqui fácil. Cheira bem. Já comecei a gostar até do cheiro do durião e do molho fermentado de peixe, que prometem e cumprem delícias desconhecidas, lembretes constantes de que sim, sim, estou no Vietnã! Estou no Vietnã, mesmo!

Mas a TV dita suas próprias regras. Quando volto, ainda cambaleando da festa, para Bao Dai Villas, estão preparando algo para mim na cozinha. Chris ainda está fora do jogo por um tempo (nas semanas seguintes continuará emagrecendo e empalidecendo, incapaz de comer, sentindo-se mal o tempo todo). Mas Lydia arranjou para mim uma refeição da temida sopa de ninho de andorinha. Eu sabia!

"Você anda sonhando em tomar sopa de ninho de andorinha", ela começa.

"Não ando sonhando nada", digo eu, interrompendo. "Estou pouco me fodendo para essa sopa. Achei que já estava claro. Estou entupido, entende? Entupido. E um pouco enjoado com a viagem de volta. Por favor, não me peça para engolir sopa de ninho de andorinha. Acabei de ter um dos grandes almoços de minha vida. Não estrague tudo, por favor…"

Mas Lydia não larga o osso quando enfia um negócio na cabeça. Já filmou coisas estranhas, closes e vertiginosas cenas em aproximação progressiva, semelhantes às de *Apocalipse Now* — tomadas em que apareço deitado na cama, visto através do vagaroso ventilador de teto —, com as quais, bem-editadas, espera matar de rir os telespectadores.

"Você sonhou com sopa de andorinha", ela começa de novo, sem hesitar. "É a sequência do sonho."

Longe de mim me interpor no caminho da arte. Gosto de Lydia. No fim acabo fazendo tudo o que ela quer. Parece que vou mesmo tomar a sopa. E não é qualquer sopa de ninho de andorinha. É sopa de ninho de andorinha feita pela mesma cozinha que botou o Chris em coma nas últimas 24 horas.

Que porcaria entra nessa tal sopa? Ninhos de andorinha, para começar. Depois de cozidos têm gosto, consistência e aspecto de macarrão cabelo de anjo passado do ponto, ou macarrão de arroz japonês, levemente transparente e, pensando bem, inofensivo. O problema é que tem pedaços. A sopa é feita cortando-se uma andorinha-do-mar inteira, colocando a carne e tudo dentro de um coco esvaziado da água, cozinhando o coco com o ninho encharcado, um monte de ervas medicinais chinesas, tâmaras, cebolinha verde, gengibre e os ovos da ave. A água do coco é posta de volta na panela e a coisa toda fica no vapor durante quatro horas.

É horrível. O ninho é gostoso. O caldo tem um sabor agridoce que não é de todo mau. Só não estou a fim dos pedaços. Não depois do enorme almoço de frutos do mar. Talvez não estivesse preparado para enfrentar a sopa, nunca. Luto com os pauzinhos para fazer caminho através do ovo cozido duro, aspiro fios de ninho obedientemente, mas sem entusiasmo, tentando mastigar a carne fibrosa do peito e da coxa. Mas quando surgem — de súbito, entre os ovos e as tâmaras e ossos e as raspas borrachentas que se soltaram do coco — a cabeça da andorinha, o bico, olhos e tudo o mais... Dou um basta. Linh e Dongh estão tomando a sopa deles, como se não tivessem acabado de almoçar a maior refeição de suas vidas. Tomo o máximo que consigo, corro para o meu quarto, me escondo debaixo do cortinado e gemo, virando na cama e me sentindo à morte.

Duas horas antes eu estava no melhor dos mundos. E agora? O horror. O horror.

A Costa Oeste

San Francisco, seus moradores gostam de lembrar, não se parece em nada com Los Angeles. Toda vez que um sacana de Nova York, tipo espertinho, como eu, começa a fuçar a Califórnia, logo aparece alguém para alertar: "San Francisco é diferente". É linda. Tem montanhas e, ao contrário de LA, pode-se eventualmente até pegar um táxi só abanando a mão na calçada. E só perde para Nova York em quantidade de chefs talentosos e cena culinária vibrante, dentre todas as cidades americanas. Um ponto a favor é que toda a renascença da cozinha de restaurantes, acontecida nos Estados Unidos, saiu da região de San Francisco, a partir de Alice Waters e Jeremiah Towers. Todo aquele charme desleixado, boêmio, a longa tradição de contestação e excelentes ingredientes regionais. "Você vai adorar", meus amigos sempre prometeram.

Então que porra é essa de não poder fumar? Estava num lugar indefinido, no norte de San Francisco, um simples e vagabundo boteco de beira de estrada, o tipo de ambiente que adoro. A garçonete, com um apelido do tipo "Peituda", uma mulher cinquentona de voz rascante, pigarro e dois dentes faltando, com uma tatuagem de um pênis alado sob o peito esquerdo caído. Numa vitrola automática estão tocando Charlie Daniels, enquanto velhos frequentadores bebem uísque de milho e de centeio, com umas cervejas para temperar, isso às dez da manhã... Uma Harley bem derrubada está estacionada na porta — deve pertencer ao cara de colete jeans esgarçado que está do meu lado esquerdo e que me ofereceu um papelote para comprar, logo que nos cruzamos na entrada do banheiro fétido. Tive a impressão de que bastava girar para o outro lado e poderia comprar também umas duas armas ilegais. Tipo do lugar em que eu poderia pôr para tocar Johnny Cash na vitrola e ninguém se incomodaria. Até mesmo seria apreciado. E quando o Johnny chegasse ao pedaço dos "Blues da Penitenciária Folsom" em que canta: "Matei um cara em Reno... só para vê-lo morrendo", todo mundo cantaria junto, com pensamentos saudosos de momentos dourados semelhantes no passado.

Na segunda cerveja já estava me sentindo em casa, o cheiro de décadas de cerveja cuspida fermentando, um pingo de Lysoform, asas de galinha fritas em gordura quente. Um cara na outra ponta do balcão, bem cheio de álcool, falando sozinho: "Mal encostei o dedo na desgraçada, foi um acidente de merda! Por que ela foi buscar aquela ordem de prisão?", antes de cair em prantos. Dei mais uma bicada na cerveja, levei automaticamente a mão até o bolso e acendi um cigarro. A garçonete, a Peituda, me olhou como se tivesse baixado as calças e começado a me empapar com gasolina.

"Amigo, não dá para fazer isso aqui!", sussurrou nervosa, os olhos girando de um lado para o outro. "Tem que ir lá fora."

Não se pode fumar em nenhum lugar da Califórnia. É Rob Reiner quem diz. É o que dizem também celebridades com bosta na cabeça, que vivem em condomínios cercados e usam palavras como *classe trabalhadora*, sem nunca terem se sentado, numa tarde ensolarada num bar, com esse bicho misterioso, para tomar uma cerveja e uns tragos. Para todos eles, os bares são os locais onde nós, o lúmpen imbecil e os proletários explorados, vamos ser vitimizados por malignas empresas de tabaco que nos enganaram com suas propagandas maravilhosas, induzindo-nos ao suicídio e ao assassinato dos outros. Para mim o bar era a última trincheira. "Questão de saúde e de segurança no trabalho", continuou Peituda. O Estado está protegendo a saúde do cozinheiro contra os efeitos perniciosos do fumo passivo (posso vê-lo na cozinha, atrás da frigideira, cutucando o abscesso numa cicatriz mal fechada). Puxa, entendo que não me deixem fumar num restaurante de luxo. Se estou saboreando uma delicada combinação de foie gras e chutney de pera também não quero alguém bafejando fumaça de cigarro de cravo na mesa ao lado. Tenho bom senso. Consigo dar um jeito de não fumar na sala de jantar de restaurantes decentes. Embora amargue um pouco já não poder tragar um cigarrinho junto com meu café, na maioria dos lugares, fui aprendendo a conviver com a limitação. Agora, no bar? No bar! O que esse bando de idiotas está dizendo é tudo bem, que você se mate com tequila ou bourbon no meio da manhã, só não tenha prazer ao fazê-lo. É só uma questão de tempo até que os nazis do saudável se metam dentro de seu quarto e arranquem da sua mão o cigarro pós-coito.

San Francisco se gaba de ser uma das cidades mais "liberais" e "tolerantes" onde viver nos Estados Unidos. Isso é positivo, não? Sou um entusiasta de "estilos alternativos", sou "tolerante". Mas alguma coisa deu errado. É uma cidade caríssima, mesmo ficando hospedado no Tenderloin, mais cara do que a maioria pode pagar. E a tolerância de San Francisco pelos desesperançados, pelo vício de drogas e pela prostituição, considerados "modos de vida alternativos", assegurou que seus bairros se enchessem de cafetões, drogados, desesperados e malucos. Não via drogados em tal quantidade fazia anos, desde os tempos de baixarias em Alphabet City, e nunca tão detonados.

Estão por todos os lados, imundos, diabéticos, membros flácidos, brancos como cera, cobertos de chagas e infecções. Os párias da Costa Oeste fazem minha velha guarda do clube da metadona parecerem a família Osmond. O grande mercado de trabalho de San Francisco parece ser, numa olhada superficial, os prostíbulos, casas de massagens, shows de sexo ao vivo, espeluncas de striptease e bocas de fumo, que estão pelo centro inteiro da cidade. Uma grande parte das mulheres em San Francisco parece estar no ramo do sexo como profissão, e, embora pela minha cartilha essa escolha seja aceitável, são tantas e um número tão desproporcional de asiáticas que parece mais o Camboja que uma cidade americana. Os aluguéis são muito caros, as empresas ponto-com já não empregam como antes e não há muito onde morar.

Com seus bons corações e as melhores intenções, os habitantes de San Francisco parecem dizer, lá nas suas casas de cartão-postal, encarapitadas no alto dos montes: "Venham, sim... mas estejam prontos a fazer uma dança do ventre para nós e depois durmam por aí, nas ruas".

Mas não fumem. Isso não faz bem.

Não quero dar a impressão de que não gosto de San Francisco. Gosto. É um alívio depois de Los Angeles. Alguns de meus filmes favoritos foram feitos aqui: *A selva de asfalto*, *Bullitt*, *Dirty Harry*. Quando era criança, lendo a revista *Life* no sul da França, tudo o que mais desejava era fugir para o Haight e viver com o Jefferson Airplane numa casa, desenhar quadrinhos underground e me encher de ácido. Cresci vendo os desenhos fabulosos de R. Crumb mostrando San Francisco, sonhando com todo o amor livre que ia fazer com umas moças hippies, logo que completasse treze anos. Mas quando percebi que viver numa comuna era ficar horas discutindo de quem seria o último iogurte e dormindo num sofá quebrado e coletivo, e quando descobri que os Grateful Dead eram na verdade uma péssima banda, independentemente do que diziam meus amigos mais "cabeça", e que a revolução nunca, nunca jamais, aconteceria — o que, pensando bem, até que não era ruim que não acontecesse mesmo... —, aí aquele sonho morreu. Os supostos líderes daquela revolução provavelmente estariam hoje me proibindo de fumar, do mesmo jeito. E é claro que em 1975, quando vi os Ramones pela primeira vez, qualquer pensamento de viver em outro lugar que não em Nova York se evaporou.

Meus primeiros dias em San Francisco foram ótimos. Comi ostras e caranguejo do mangue no Swan Oyster Depot, o tipo exato de lugar para comer que amo. Sorvete de durião na Polly Anne's, bem ao lado da praia. Uma refeição soberba no Gary Danko, um ambiente meio preciosista demais, mas de comida muito boa, boa de verdade, com um agradável grupo de hooligans na cozinha. Visitei alguns nova-iorquinos transplantados para lá, atraídos pela reputação da cidade de ter boa comida, restaurantes criativos e vasta seleção de ingredientes frescos, facilmente acessíveis. Comi uma dinossáurica comida cantonesa no Sam Wo, em Chinatown, bem gosmenta e cheia de maisena, um mergulho nas memórias da infância e nas escapadas até a Broadway e Mott Street, em Nova York. Uma garçonete encarquilhada trazia cada prato num carrinho. Pedi chop suey de propósito, sopa de *wonton* e *chow mei*, palavras que não escutava desde 1963, e me diverti bastante. Um pouco de nostalgia não faz mal a ninguém. Saí muito com cozinheiros locais, e há uma quantidade enorme deles. Uma coisa deve-se dizer de cozinheiros: seja em Nova York, Filadélfia, Glasgow,

Melbourne, Londres ou San Francisco, somos iguais em todo lugar (mesmo que eu não aceite inteiramente a mania de um drinque que misture *fernet* branco com ginger ale...).

Fiquei hospedado num hotel de roqueiros, na esquina do teatro O'Farrell. Tinha um clube e um bar ao lado da piscina, de onde vinha música a noite inteira; metaleiros barbados ficavam nas espreguiçadeiras, enquanto suas fãs lhes traziam bebidas. Traguei rapidamente uns cigarros e depois desci para o bar em busca de um gole. "Você não é Anthony Bourdain?", me perguntou um segurança na entrada. Sem inimigos conhecidos nessa parte do país, nem pendências complicadas por resolver, respondi que sim.

"Sabe, cara, tenho um amigo que é chef, e ele adora o seu livro. Ele teria um troço se você aparecesse no restaurante dele, fica aqui perto, no final da rua." Já tinham me falado do lugar. Vamos chamá-lo de restaurante X, bem pretensioso, a poucas quadras de distância. Sempre prefiro a companhia de cozinheiros e chefes de cozinha; assim pensei: "Tudo bem, uma boquinha-livre não vai fazer mal nenhum".

Quando apareci por lá, o chef veio para nossa mesa, em que estavam também os câmeras de folga. Ele estava a fim de me dar para provar umas *amuses-gueules* e umas bebidas. Um sujeito bem jovem, no seu segundo ou terceiro trabalho como chef, muito amigável mas bem estressado, nervoso com toda a pressão de abrir um local novo, lidando com a correria avassaladora de início de negócio e as responsabilidades de dirigir uma brigada numerosa. Nada de novo, afinal. Todos sofremos a mesma coisa, em graus diferentes. Quando me chamou para conhecer a cozinha, fui, bem contente. Gosto de ir conhecer as cozinhas dos restaurantes (estava afastado havia muito da minha e sentia saudade). Foi me mostrando toda uma série de novos equipamentos da linha Jade, balcões impecáveis, máquina de sorvete e de fazer massa, e depois a parte onde separara inteligentemente as carnes, os peixes, os laticínios e demais produtos. Apresentou-me aos cozinheiros, a turma tradicional de cafajestes tatuados e cheios de piercings, em variados estágios da fadiga de cozinha.

O chef abriu a porta do seu escritório e me convidou a entrar, como se fosse continuar a visita pelo local; a escrivaninha atulhada de convites, compromissos, velhos exemplares de *Food Arts*, *Restaurant Hospitality*, currículos recebidos por fax, manuais de equipamentos, pacotinhos de açafrão e vidrinhos de azeite trufado, e pediu que eu autografasse um exemplar do meu livro, todo pegajoso de gordura. Fiquei bem feliz. Quanto mais engordurado melhor. Alguém me dá um livro para autografar e está sujo de comida? Sei que é para a turma dos bastidores. Depois de assinar vi que o chef tinha fechado a porta do escritório e estava sentado na escrivaninha, as mãos no rosto, olhos molhados. "O que eu faço?... Não sei o que fazer..."

Fiquei lá sentado, perplexo, enquanto um estranho chorava na minha frente (nem mesmo sabia seu nome completo).

"Qual o problema, cara?", perguntei.

"Meu subchef", respondeu ele, enxugando as lágrimas. "É meu melhor amigo, mas... está falhando. Está sendo duro demais com os cozinheiros. Ontem dois deles foram embora, por causa dele. Por isso estou aqui na brigada hoje, era para estar de folga. Mas estou pilotando a droga da grelha porque dois caras saltaram fora, sem aviso prévio."

Senti o sangue começar a se mexer, esquentar e ameaçar ferver.

"Você disse ao filho da puta para dar uma maneirada?"

"Claro, pedi a ele." O cara estava bem perturbado pela situação. "Mas é meu amigo... meu melhor amigo. Estamos juntos na carreira... pedi a ele... pedi... mas ele me ignora... ele sabe mais que eu. E diz aos cozinheiros que sabe. Eu falo uma coisa, ele fala outra. Os cozinheiros já não aguentam mais, vou perder todos eles se a coisa não mudar."

"Você devia despedir o sacana", sugeri. Nem precisei pensar muito a respeito.

"Sei... eu sei... devia mesmo... mas não posso", respondeu esfregando a cara.

"Olha, vou ser sincero. Nós dois sabemos bem do que se trata. Você é o chef aqui, não é?"

"Sou."

"E seu subchef, seu lugar-tenente, está traindo você pelas costas, desobedecendo a suas ordens, criando problemas, reclamações e deserções, alimentando um motim entre a tropa, não é?"

"Bom... é... acho que sim. Quer dizer, talvez não seja a intenção dele. Ele só está tentando..."

"Esse cara é do tipo tubarão! Uma bomba-relógio! Tem que sumir!"

Vociferei, surpreso com minha própria reação e com o envolvimento imediato que senti na situação do chef. "Pouco importa se ele é seu melhor amigo, o mais querido desde que eram bebês. Tem que terminar. Qual é a principal função do subchef? Fazer o chef aparecer bem, em qualquer situação. Mas se ele não está lá quando necessário e, ao contrário, está jogando mais merda na situação... então acabou."

"É", admitiu. "Assim não vai, está tudo errado."

"Só isso já bastaria, mas ainda por cima ele fica falando mal de você na sua ausência. Resolva isso, extirpe o câncer antes que seja tarde demais."

"Eu sei", fungou.

"Sabe", tentei amenizar, "já mandei meu subchef embora três vezes. Era meu melhor amigo, ainda é. Só não é mais meu subchef. E sabe de uma coisa? Depois que você der o pé na bunda dele, o cara vai se virar e encontrar um emprego como chef. E vai procurar você para se desculpar por toda a confusão que armou. Vai aprender e descobrir tudo que um chef espera de um sub. É o negócio. É assim que funciona. Mas é um negócio sério. Foi o que ele não entendeu. Dê um beijo na boca dele e diga: 'Mano, você apunhalou meu coração'. E então chute o cara, mas sem demora."

"Tem razão... tem razão..."

"À próxima vez que for contratar um sub faça como eu. Vá com ele a um bar legal. Pague uns tragos para ele, antes de fechar o contrato. E então aplique o Discurso. Para que ele fique sabendo logo de saída. 'Sou o cara mais justo do mundo, sou um doce. Precisa de grana para sair de uma fria no meio da madrugada? Pode pedir. Não vou pentelhar você como outros chefs. Não vou humilhar você na frente da turma, como costumam fazer. Nem precisa me chamar de chef o tempo todo. Tenho bastante senso de humor. E na minha folga viro um animal degenerado e depravado, igualzinho a você. Vamos nos divertir muito... Mas se você me trair, falar merda nas minhas costas, deixar a peteca cair, não cumprir o combinado ou der qualquer sinal de deslealdade, então não vai fazer diferença se somos amigos, nem se te devo a vida: vou te mandar embora com a mesma facilidade com que assoo o nariz. Estamos entendidos? Ficou tudo claro? Quer que escreva?"

É o que chamo de "advertência elegante". As linhas estão definidas, ele as cruza e tchauzinho. O cara já fica sabendo de antemão que você pode ser muito escroto e implacável quando necessário. Assim não haverá surpresas.

O chef pareceu bem aliviado, animado pela minha aulinha. "Obrigado. Desculpe ter despejado tudo isso sobre você, sabia que tinha que tomar essa atitude, mas precisava ouvir de alguém que era esse o caminho." Levou a mão ao bolso e tirou um saco gordo e me ofereceu uma cafungada de pó branco.

Talvez o subchef não fosse seu único problema...

MOTIVOS PARA NÃO FAZER TELEVISÃO:
NÚMERO CINCO DE UMA SÉRIE

"Puxa, Tony, você foi ao Camboja! Não pode ser pior do que aquilo!", o produtor do programa implorou. "Um programa inteiro feito num restaurante só, vai ser legal! Eles estão a fim de cozinhar para você!"

Na verdade o que ele tinha planejado era um mergulho nas trevas, no mais fundo delas, no meio do território inimigo, em Berkeley, para um jantar de vegetarianos saudáveis.

Já opinei da pior maneira sobre vegês, disse coisas terríveis sobre eles. Mesmo assim me encontrei com alguns muito amáveis no ano passado. Embora os tenha chamado de "cabeças de Hezbollah" e de "inimigos de tudo o que é bom e agradável na existência humana", continuam a aparecer nas minhas palestras e a me escrever cartas simpáticas. Adoro minha editora na Inglaterra, e ela é uma vegê; até consegui fazer com que comesse peixe, quase com uma arma apontada para ela. Alguns dos câmeras com que trabalhei também eram naturebas e aguentavam com bom humor todas as minhas opiniões sobre suas preferências. Encontrei-me com montes de "cabeças verdes" nestes tempos, gente boa e generosa, mesmo sabendo que, dada a oportunidade, eles estando frágeis ou bêbados, enfiaria um cheeseburger com bacon pela goela deles abaixo. O que não quer dizer que quero me sentar num templo no alto da montanha, comendo uma cumbuca de lentilhas, cercado por mamães adeptas do naturalismo com pernas cabeludas e xiitas da defesa do consumidor. Não queria visitá-los no seu campo. Mesmo porque, nesses lugares, fumar deve estar fora de questão.

Prometi que ia tentar — realmente ia tentar — ser benevolente.

Embarquei nos planos do produtor. Justo é ser justo. Dar à

300

oposição a oportunidade de apresentar seus argumentos, ou pelo menos tentar que façam sentido. O pessoal que ia cozinhar para mim era um grupo sério de naturebas. Autores de livros de cozinha. Professores de cozinha vegetariana. Gente que passa um tempo enorme frequentando seminários, aulas, partilhando experiências sobre sua mania — tanto on-line quanto ao vivo — em encontros informais ou em convenções, até em *chatrooms*. Talvez — apenas talvez — tivessem algo realmente importante a me dizer. Talvez fosse possível preparar algo que prestasse sem carne, sem caldo, sem manteiga, queijo ou qualquer laticínio. Por que fugir? O mundo é um lugar muito grande e estranho, maravilhoso, é o que venho descobrindo. Comi lagartas de árvores, vermes dos mais variados e testículos de carneiro. Não podia ser pior.

Pois podia.

Os vegês que fui visitar não moravam no topo de uma montanha, nem numa *ashram* adaptada, cuidando das plantações descalços ou com sandálias Birkenstock. Ninguém se chamava Girassol ou Arco-Íris, e só uma estava de sári. Meus anfitriões moravam numa mansão moderna e luxuosa, num condomínio fechado, cercado de gramados verdinhos e BMWs e utilitários esportivos brilhantes. Todos eram profissionais de aparência bem-sucedida e executivos. Com idades que iam dos trinta aos cinquenta, muito bem-vestidos, impecavelmente educados, prontos a contra-argumentar com precisão.

E nenhum deles sabia cozinhar uma porra de um vegetal.

Fergus Henderson, o grande mestre das tripas e do sangue na cozinha, tem mais respeito pela simplicidade de um espinafre precoce salteado, usado como guarnição numa de suas receitas, do que aquele que os tais vegetarianos desiludidos me exibiram, em dez refeições completas. Saladas verdes eram temperadas horas antes de serem servidas, assegurando-lhes a perda de nutrientes e sua transformação numa gororoba murcha. O uso da faca, mesmo entre os professores presentes, era desajeitado e sem talento, mais parecendo os jovens Flintstones aprendendo a usar aqueles apetrechos. Os vegetais sempre eram cozidos de maneira uniforme, mal temperados, quase sem cor, e violentados: qualquer sabor, textura ou vitamina remanescente tinha sido expurgado com vigor. Recriações apavorantes de "queijo", "iogurte" e "creme", feitas de derivados insossos de soja, tinham gosto, sem exceção, de giz. Os anfitriões, muito amáveis e atenciosos com o convidado cético, alimentavam, assim mesmo, um sentimento terrível ou hostil em relação aos próprios e nebulosos acontecimentos de seu passado. Sempre que eu perguntava quando ou por que tinham abandonado o consumo de produtos de origem animal, aflorava uma tragédia pessoal ou um desapontamento, que nada tinha a ver com comida.

"Eu me divorciei", disse um. "Perdi o emprego", outro. "Ataque cardíaco", um terceiro. "Quando me mudei para LA comecei a pensar sobre uma série de coisas..." "Quando rompi com..."

Em todo caso, me parecia (na minha forma deformada de pensar) que algo lhes amargara a vida e o mundo a que pertenciam — que agora procuravam novas regras para viver, outra ortodoxia, alguma coisa em que acreditar. "Você já leu sobre resíduos de herbicida no pargo listrado?", um confidenciava horrorizado, como se fosse uma notícia-bomba. "Vi na internet que estão enchendo o gado de esteroides", outro anunciava, quase sem respirar, cada uma dessas notícias do mundo da saúde parecendo uma vitória para sua causa. Dava a impressão de que passavam o tempo todo verificando e confirmando suas suspeitas e seus temores sobre o mundo exterior, peneirando a rede atrás de histórias sobre laticínios radioativos, beterrabas alteradas geneticamente, peixes contaminados, salsichas cancerígenas, carne infestada de espongiformes e a sala de horrores explícitos: os abatedouros e matadouros.

Curiosamente pareciam pouco preocupados com o fato de que uma parte do mundo vai para a cama, todas as noites, com fome, e que uma das características mais persistentes da nossa condição humana, desde o começo da evolução, é a de perseguir animais, caçá-los, capturar os mais lentos e estúpidos, abatê-los e comê-los. "Vocês nunca acordam no meio da noite com um desejo de comer bacon?", perguntei.

"Nunca, nunca!", responderam em uníssono. "Nunca me senti tão saudável em toda a minha vida", veio a resposta de cada um.

Foi bem complicado manter a educação (apesar de em franca minoria). Tinha voltado do Camboja recentemente, onde uma galinha pode significar o que separa a morte da sobrevivência.

Essa gente, nas suas trincheiras de luxo confortável, fica choramingando sobre crueldade com os animais e sugerindo que o mundo inteiro, de yuppies suburbanos a ciclistas cambojanos famintos, comece a procurar verduras orgânicas e substitutos de soja para a carne. Menosprezar culturas inteiras, que se baseiam na pesca e no plantio de arroz, é de uma arrogância sem tamanho. Já soube de vegês que dão ração vegetariana para seus cães. Isso é crueldade com os animais! Toda a hipocrisia da situação me deixou puto. Até falar sobre esse assunto, em lógica gramaticalmente bem engendrada, já é um privilégio, discurso construído — numa espécie de relação yin-yang — sobre alguém que está levando ferro em algum lugar. Conseguir ler estas palavras, por mais equivocadas, idiotas ou ofensivas, é um privilégio. Sua capacidade de leitura é consequência de longa tradição educacional de que a maioria não desfruta. Nossas vidas inteiras — nossas casas, os sapatos que calçamos, os carros que guiamos, a comida que ingerimos — são sustentadas sobre pilhas de esqueletos. Os caras da Peta, que pregam a ética no trato com animais, consideram carne um "assassinato". É claro que o negócio de carne tem uma carga considerável de maldade. Mas que carne seja "assassinato"? Puta merda...

Assassinato é o que um amigo do Khmer me contou sobre o que um vizinho fez com sua família, nos anos 1970. Assassinato é o que está acontecendo o tempo todo na África, no Camboja, em partes da América Central e do Sul, e nalgumas das ex-repúblicas soviéticas, quando um imbecil, filho do chefe da polícia, resolve transformar sua filha em puta, e você discorda. O que os hútus fizeram com os tutsis; os sérvios aos croatas; os russos aos habitantes do Uzbequistão; *crips* aos *bloods*, e vice-versa. Carros pretos modelo Chevy parando na porta de sua casa de madrugada e levando seu filho (coisa que pagamos, nós, os contribuintes americanos), só porque ele tem opiniões definidas e não parece ser tão patriota quanto eles gostariam. Assassinato é o que o cara em frente de você, em Phnom Penh, faz para viver. E com a grana que ganha pode ter TV por satélite para assistir à repetição de velhas séries como *Comando aéreo*, a MTV asiática e Pam Anderson correndo em câmera lenta, numa praia do sul da Califórnia.

Escondam-se nas suas casas mastigando seus vegetais!, fiquei pensando. Coloque um plástico do Greenpeace ou da Associação Nacional contra a Discriminação no seu BMW para se sentir bem (enquanto leva seus filhos para uma escola exclusiva para brancos). Salve a floresta tropical, de qualquer maneira, e talvez possa visitá-la um dia, numa *ecotour*, usando tênis confortáveis, feitos por semiescravos de doze anos de idade. Proteja uma baleia, enquanto milhares vivem em regime análogo à escravidão, esquecidos, torturados, massacrados e famintos. E não se esqueça de mandar um punhadinho de dólares para aqueles meninos metidos no lixo e chorando, ao lado de Sally Struthers.

Merda! Eu queria ser simpático.

Mas eu não havia viajado até San Francisco para ser simpático, nem para investigar, experimentar ou explicar toda a onda da cultura e da cozinha de baixas calorias, trazer iluminação ou novas perspectivas para assunto tão complexo e interessante... Estava naquela região por uma única e singular razão: comer no French Laundry.

Estava preocupado com essa parte do plano. Até uma simples reserva para o French Laundry costuma ser um processo lento e complicado; as chances de que o chef e proprietário Thomas Keller deixasse que eu — o Onipresente-Senhor-Não-Coma-Peixe-às-Segundas — comesse em seu salão, com um pedido quase sem antecedência, ainda por cima com uma equipe de filmagem entrando pela cozinha e pelo restaurante durante o serviço, tudo isso parecia duvidoso. Keller, provavelmente o maior de todos os chefs nativos dos Estados Unidos, não tinha nada a ganhar com essas presenças molestas por suas portas adentro, coisa que eu mesmo admiti num e-mail que mandei para ele. Um viajante de miolo mole, como eu, dificilmente causaria impressão ou charme especiais. Então me coloquei inteiramente submisso a ele, pedindo qualquer consideração que pudesse ter. Cortesia profissional? Curiosidade? Piedade? Qualquer uma serviria e eu aguentaria, desde que pudesse ter a autorização para a visita.

Sendo um sujeito tão paranoico, complexado e cheio de suspeitas conspiratórias como sou, tinha certeza de que Keller levaria em consideração o meu pedido, pois agregara dentre meus convidados o máximo de costas quentes que conhecia, um grande número de amigos que tínhamos em comum. Mesmo que ele me considerasse um palerma oportunista e completamente desprezível, levaria em conta meus companheiros de jantar.

A tarefa de conseguir comer no French Laundry era, para mim, quase uma operação de guerra. Com promessas, viagens totalmente grátis e sem despesa alguma, até chantagens e ameaças, consegui reunir todos os convidados que queria, para uma refeição memorável. Eles todos conheciam Thomas Keller, que por sua vez também os conhecia intimamente.

De Miami, arrancado de seu jantar de Páscoa com a família, veio Michael Ruhlman, coautor (com Keller) do *Livro de cozinha do French Laundry*. Só tínhamos nos conhecido recentemente, numa noite de indulgências e exageros desmedidos no Siberia Bar em Nova York. Ele tinha escrito dois outros livros, *Como se faz um chef* e *O espírito do chef*, que adorei. Percebi que Michael, como nenhum outro escritor que não cozinha, entendia perfeitamente as glórias do caldo de vitelo, as realidades complicadas da gordura, as razões cruciais que fazem as pessoas irem cozinhar profissionalmente. Ele aceitou, generosamente, reunir-se à estranha e descarada aventura.

Scott Bryan veio voando de Nova York. Já éramos velhos amigos. Nós nos conhecemos por causa de sua comida, sou um freguês assíduo de seu três-estrelas, o Veritas, e a amizade foi crescendo com o tempo. Se você já leu sobre um incidente horrível num bar do centro, publicado nos jornais, envolvendo um vegetariano, um objeto pontiagudo e eu, há grandes possibilidades de que Scott estivesse no recinto no momento em que fecharam as algemas. Escrevi despudorada e sinceramente sobre ele no meu livro anterior. Assegurei que, mesmo havendo gente com câmeras voejando ao nosso redor como moscas, não havia roteiro nem nada planejado, e tudo o que ele tinha a fazer era aparecer em San Francisco, meter-se num carro e aproveitar o que prometia ser uma fabulosa refeição.

Eric Ripert, chef do quatro-estrelas de Manhattan, o Le Bernardin, estava em Los Angeles. Eis um cara que é tudo que não sou: tem quatro estrelas, um currículo só de cozinhas de primeira classe, um talento natural inacreditável, habilidades de tirar o fôlego e aparência de galã de cinema. Nem mesmo americano ele é: veio ao mundo em Andorra, um minipaís nos Pireneus. Que ele tenha entrado na minha vida por ter lido meu livro só pude atribuir a alguma perversão secreta no seu aprendizado, quando deve ter experimentado algo em comum com minhas arruaças ou se identificado com algum dos sacanas e desordeiros que descrevo (embora seja difícil imaginar o Eric repetindo por anos a fio receitas idiotas, tipo ovos *benedict*, como eu fiz). E ele tem o melhor serviço de informações independente em Nova York, talvez no país inteiro. A Agência Nacional de Segurança perde feio para ele. Qualquer coisa que aconteça numa cozinha, em qualquer lugar, ele já saberá em dez minutos. É também o chef "francês" menos fresco que conheço.

Foram chegando, um a um, à minha pousada. Todos, por coincidência, vestidos da mesma maneira, ternos escuros, gravatas pretas e óculos escuros. Mas qualquer aspiração a um aspecto sofisticado desapareceu em segundos, quando vi o carro que a equipe de TV tinha alugado para nos levar ao restaurante. Uma limusine enorme, brilhante e branca, o carro mais brega possível, que quase exigia que mudássemos de roupa e saíssemos de ternos de cor laranja-pastel e camisas azul-marinho rendadas. Fiquei mortificado. Já bastante ansioso para saber como seríamos recebidos e cheio de expectativa pela comida, lá estávamos, prontos a chegar a um local rústico no Napa Valley, na pequena localidade de Yountville, num carro mais adequado a um jeca que tivesse ganhado sozinho na loteria, indo para a feira exibir seus porcos campeões.

Quando se conversa com chefs "estrelas", talentosos de verdade, as palavras *eu* e *meu* tendem a aparecer com muita frequência. Não que haja alguma coisa de errado nisso, um grande ego é instrumento necessário para fazer um grande chef, para segurá-los de pé diante de problemas enormes, resultados incertos e muitas horas passadas em lugarezinhos fumegantes.

"Minha cozinha…" "Minha culinária…" "Minha *cuisine*…" "Meus cozinheiros…" "Meu ponto de vista sobre a comida…" Eu já ouvi muito isso. Você também. Por isso é desconcertante conversar com Thomas Keller, um homem surpreendentemente modesto, e escutá-lo com seus modos calmos, descrevendo seu restaurante como uma instituição, não como um projeto pessoal ou a materialização de sua própria genialidade. O sujeito cujo livro de cozinha é considerado excitante. Cujo simples nome, ao ser mencionado, faz com que outros chefs se calem, não importa quem sejam, e fiquem estranhamente desconcertados, até mesmo um pouco assustados. Num ambiente em que todos adoramos dar estocadas nos outros, o tempo todo, ninguém — nem mesmo a turma dos franceses — fala bobagens sobre Keller (um francês chegou a chamá-lo de "o maior chef francês do mundo").

O que é notável em toda a entusiasmada apologia de Keller, de seus cozinheiros, seu livro e seu restaurante, é como tudo isso é diferente dos demais. Não dá para usar termos como "melhor", "o melhor" e nem mesmo "perfeito" em relação a Thomas Keller, porque simplesmente ele não compete com ninguém. O jogo dele tem regras que só ele conhece e pratica. Faz coisas que outros chefs jamais tentariam, de formas impensáveis para muitos. Tudo, no French Laundry, difere das melhores experiências possíveis em outros lugares, e o próprio Keller é uma figura à parte, um cara de ambições distintas daquelas da maioria dos seus pares, cujos objetivos são de outra natureza. Só ao acompanhá-lo — enquanto caminha por um sítio que lhe fornece vegetais frescos, enquanto seu *chef de cuisine* retira diretamente do solo alhos-porós precoces e alho para o jantar daquela noite, e bem mais tarde, quando ele nos mostra a cozinha do French Laundry e nos sentamos no jardim escuro, tarde da noite, tomando uma última taça de vinho após o trabalho — é que começa a fazer sentido o singular de suas prioridades e até onde ele está disposto a chegar para obtê-las. O próprio lugar tem um aspecto de casa rústica de campo, sem pretensão alguma, de madeira e pedra, cercada de gramados, plantações e vinhedos. São dois andares, uma varanda com uma balaustrada simples de madeira e um jardim lindo. A decoração, como o atendimento, é de total discrição, um conforto espontâneo, em que tudo — o salão, a equipe, a vista das montanhas lá fora e as portas francesas — contribui para dar leveza ao jantar. O serviço, embora eficiente e incansável, não é intrometido nem intimidatório. Os garçons não são distantes demais, mas tampouco excessivamente servis.

"Parece a França", Eric comentou, contemplando a paisagem. Para Keller, o French Laundry é uma causa. O ponto culminante de uma teoria compartilhada com todos que lá trabalham. Cada detalhe é inseparável do conjunto, seja uma nova escada para a entrada, seja um novo prato no cardápio. Ele dá o exemplo do famoso Taillevent em Paris como modelo a ser seguido e do que espera deixar como legado, um dia.

"Você sabe o nome do chef do Taillevent? Claro que não. É o restaurante que é lembrado, a instituição. A tradição."

Mesmo sendo um perfeccionista notório, que mora ao lado da cozinha e que zela pelos mínimos detalhes, o que criou em Yountville está ligado de forma inseparável à comunidade e aos fornecedores, por quem os mais perfeitos ingredientes são tratados com um nível de respeito absoluto.

Acham que exagero? Estarei puxando o saco de um chef para que ele me dê um empurrão no meu próximo livro? Ou para descolar uma boca-livre? Nada disso. Basta ver como lida com um peixe fresco e verá que tenho razão: ele o pega com cuidado, respeitosamente, como se fossem velhos amigos.

Algumas das histórias são bem conhecidas. Tem a de que

ele exige que seus cozinheiros escalem diariamente até os cantinhos da coifa do fogão para limpar cuidadosamente cada gordurinha. Que seus peixes são estocados com a barriga para baixo, na posição em que nadam. Que cada uma das favas de feijão é descascada crua na cozinha, nunca posta de molho. Como sua mise-en-place é mínima, o absolutamente necessário para uma preparação, e tudo totalmente feito na hora. Seus menus de degustação incríveis, lindos, de quinze pratos em sequência, elaboradíssimos, aquelas fotos que você deve ter visto de pratos tão bem-montados, num equilíbrio audacioso, que não dá para acreditar que de fato cheguem até a mesa daquela forma. São servidas cerca de 85 pessoas por noite no French Laundry. E se empregam ao todo cerca de 85 pessoas... Um exército de fornecedores dedicados vasculha, toda noite, cantos solitários no noroeste da costa do Pacífico, alguns munidos apenas de lanternas, procurando a evidência fosforescente de um raro cogumelo selvagem. Tem gente produzindo coisas sob sua estrita especificação. Uma guarnição singela de alho frito em rodelas finas, no French Laundry, já terá exigido o talento de um microcirurgião no seu preparo. Você já deve ter ouvido falar de tudo isso.

Houve uma pausa entre os pratos, uma espécie de intervalo entre os rounds de uma luta, e lá estávamos, quatro homens crescidos, três chefs e um escritor, de narizes colados no vidro, do lado de fora da cozinha, espiando o homem, sussurrando...

"*Psss*... ele vai nos escutar", alguém advertiu.

"Olha só...", apontou o Michael, "repare como ele tem cara de contente!"

"Puxa! Praticamente não há *mise*!", foi outro comentário.

Ficar de pé no escuro, do lado de fora do French Laundry, fez de nós crianças numa noite de Dia das Bruxas.

"Eis um sujeito feliz", Eric concordou.

"Quantos chefs conseguem isso que temos? Temos muita

sorte, não podemos nos esquecer disso nunca", foi uma fala de Keller, dita mais cedo, naquele mesmo dia.

Uma degustação de vinte pratos em sequência é um desafio para qualquer chef. Um cardápio de degustação (com *amuse--gueules*) para um grupo de outros chefs já é razão para um colapso nervoso, para a maioria de nós. Mas imagine — tente pelo menos imaginar — produzir quatro diferentes grupos de vinte pratos, com apenas dois ou três repetidos, para serem degustados numa mesa de chefs, cerca de sessenta diferentes pratos chegando a uma mesa de quatro pessoas, ao mesmo tempo que se mantém o serviço normal do restaurante, lotado, e em que muitos clientes também estão fazendo degustações com combinações variadas... daí se percebe o que eu queria dizer, ao afirmar que Thomas Keller é diferente.

A refeição inteira levou seis horas e meia, com pouquíssima espera entre pratos. Quatro diferentes tipos de ostras chegaram à mesa. Todos olharam primeiro seus próprios pratos e depois espiaram os dos outros. Primeiramente, provávamos um bocadinho da nossa ostra individual e depois rodávamos os pratinhos para que os outros experimentassem. Depois de muitas garrafas de vinho e muitas porções, fomos parando com o movimento de circulação de pratinhos. Como dividir uma ostra pequena em quatro? Difícil: sempre um pedaço sai maior que outro e alguém é prejudicado. A atmosfera foi ficando pesada, todo mundo querendo provar de tudo; começou uma certa disputa, quase tendendo à violência. Quando passaram a servir as aves e carnes, simplesmente me agarrei ao meu prato e desafiei: "Nem pensem em tocá-lo. Da próxima vez vocês experimentam isso".

Houve pranto e ranger de dentes. Quem de nós ousaria algo parecido? Foi a mais impressionante refeição que já fiz num restaurante. Vou dar uns detalhes. Vou fazer uma lista do que foi servido, só o meu cardápio, naquela noite. Lembrem-se de que

Scott, Eric e Michael iam sendo servidos simultaneamente, com uma variedade semelhante e diferente de pratos elaborados.

O jantar começou com o *amuse* mais famoso do French Laundry, diminutos *coronets de tartare* de salmão servidos numa pequena casquinha de sorvete, como no Baskin-Robbins (de onde saiu a inspiração para o prato). Todos já os esperávamos, tínhamos visto a receita no livro e meus companheiros de mesa já os tinham experimentado. Além de deliciosos, são uma chantagem emocional da melhor qualidade, pois não há jeito de evitar ser seduzido por aqueles cones tão bonitinhos, enrolados em guardanapos de papel, que apertam botões no cérebro de remotas regiões da memória. Voltamos a ser crianças, o apetite desperta e vem uma sensação gostosa de expectativa. Cria uma vontade, uma necessidade, de saber o que vem depois. E para mim o que veio depois foi: sopa cremosa de chalotas do rancho Robinson, com chalotas carameladas; sorbet de pepinos ingleses com pepinos em conserva e endro fresco em *tuile*; *blinis* de batatas Yukon douradas, com manteiga de cebolinha e cogumelos shiitake; *pannacotta* de couve-flor com ostras Malpeque glaceadas e caviar Osetra; *côte de saumon*, uma costeleta de salmão do Atlântico com *gnocchi* de batata avermelhada e trufas do Périgord. Costeleta de salmão? Isso não existe! Existe, sim. Perto da cabeça há um triângulo de carne, que em geral se despreza, mas é deliciosa. Um pedaço complicado de carne, que os chefs desdenham ao cortar porções uniformes de filés do peixe porque tem um formato estranho e é cheio de pequenas espinhas desagradáveis. No Laundry uma coisa problemática foi transformada numa preciosidade. Ei-la na minha frente, uma perfeita *côte de saumon*, igual a uma costeleta de cordeiro mamão, um osso protuberante brotando de um minúsculo medalhão de carne de peixe. Parece lindo, não? E estava lindo. Muitas das criações de Keller exibem uma sacada genial, como essa.

As sacadas geniais e sua odiosa prima, a ironia, aparecem com frequência nos cardápios atuais, com mais insucesso que o esperado. É comum encontrar menus com inversões espertinhas de termos, tipo "tournedos de peixe-sapo", que significam apenas que o chef está de saco cheio da palavra *medaillons* ou está inseguro quanto a batizar sua criação de "pedacinhos de peixe-sapo". Raramente o produto final tem qualquer semelhança com os termos no seu uso original. E se o tal medalhão de peixe for servido com bacon, enfeitado com uma fatia de foie gras e regado com *demiglacé* trufado, poderá ser chamado de "tournedos de peixe-sapo à Rossini", uma referência direta ao velho clássico de filé. Mas para quê? É um jogo perigoso com a comida, em que a linha entre o bom e o horrível (ou, pior, o pretensioso) é muito tênue.

Mas Keller, como sempre, é outro nível. Nem imagina elevar uma receita medíocre a uma posição melhor ao associá-la a um clássico consagrado. O que faz com frequência é pegar algo refinado e aplicar-lhe um nome banal, até mesmo clichê, como sua famosa sobremesa "café com bolinhos", sua "salada César" e seu "sanduíche de queijo quente". "O maior elogio que posso receber é quando me dizem: 'Isto me lembra algo' e descrevem uma experiência maravilhosa que tiveram antes noutro lugar", explica Keller. "Espero que digam em outros lugares: 'Isto me faz lembrar do French Laundry'." A memória é um dos instrumentos mais poderosos no repertório de um chef. Seu uso eficiente pode ter um efeito invencível. E não conheço nenhum outro chef que a manipule melhor. Quando se come uma refeição de quatro estrelas num restaurante afamado e pequenas coisas ficam puxando você de volta para os sanduíches de queijo da mamãe em dias de chuva, ou para sua primeira ida à sorveteria, ou sua primeira vez numa brasserie francesa, então não há como escapar de um estado de submissão serena e deliciosa. Nada resta senão a entrega, sob sedução total, e mesmo os mais cínicos dentre nós acabam se rendendo. O prato perfeito faz você recuperar bons momentos, um sabor guardado com carinho por anos e anos. Quando tais expectativas e acúmulos são ultrapassados é um estado de surpresa muito intenso e feliz. Pois Keller tinha uma dessas surpresas para mim.

Ele tinha feito o dever de casa com cuidado, descobrindo no meu livro que sou um fumante irrecuperável. Não se pode fumar no French Laundry — provavelmente o único lugar na Terra em que não me importo com a restrição. Mas preciso ser sincero e dizer que na altura do prato de número cinco já estava sentindo uma certa necessidade. Com embaraço, mas deliciado, descobri que na cozinha tinham antecipado a possibilidade. Quando vieram os pratos seguintes, o meu era chamado "café e cigarros": *custard* de café com infusão de Marlboro (com foie gras). Meus colegas de mesa vaiaram. Fiquei vermelho até a raiz dos cabelos, achando que era uma brincadeira cruel, mas muito engraçada, à minha custa. O que não esperava é que a coisa fosse saborosa. O homem é um monstro, pois estava ótimo. Depois ele confessou ter usado o tabaco extraído de um charuto de primeira. E o melhor foi que, depois de ter rapado o prato, senti a satisfação agradável e necessária de ter consumido nicotina.

Depois?

Une salade fraîche au truffe noire com folhas de aipo e vinagrete de bulbo de aipo. *Tagliatelle* cortado à mão com trufas do Périgord e queijo ralado Parmigiano-Reggiano (as lâminas finas de trufas extraídas ali na mesa mesmo, de uma trufa enorme, do tamanho de um punho fechado). "Costela" de bacalhau da baía de Chatham, grelhado em ervas, e com um fricassé de batatas novinhas e emulsão de bacon defumado em madeira de macieira (outra vez a transformação de um defeito em virtude: a cauda do peixe, imprestável, fora cortada ao longo do osso e servida como costeleta de cordeiro). "Lagosta Navarin" — lagosta do Maine po-

314

cheada em manteiga sem sal e servida com cebolas miúdas glaceadas, legumes da estação e molho "Navarin" (outra referência inter-
cultural, pois o termo "Navarin" sempre se associa a um pernil de
cordeiro grelhado, à maneira clássica e pesadona da velha escola
francesa). Foie gras de pato *Moulard* da América do Norte, servido
em confit e envolto em uma capa de brioche, junto com erva-doce
grelhada, salada de erva-doce e pimenta Tellicherry. *Poularde au
lait* da Hills Farm, montado em quatro seções, com *gastrique* de
leite, bolinhos de *crème fraîche* e *bouquetière* de vegetais frescos.
Cordeiro de leite da fazenda Bellwether, grelhado, com cassoulet
de feijões-verdes e óleo de oliva extravirgem, em infusão de tomi-
lho (as mais tenras e tentadoras costeletas de cordeiro que já vi na
vida). Nhoques de ricota de queijo roquefort, com uma emulsão
de azeite de nozes e chá Darjeeling, lascas de nozes e queijo roquefort ralado. Sopa de manga *Haden "et son brunoise"* (adorei esse
negócio de *"et son brunoise"*... muito divertido). Salada de abacate Haas com sorbet de lima-da-pérsia (de todos os pratos que nos
serviram naquela noite, esse foi o único que chegou à mesa com
uma pancada seca). O comentário de Scott foi "Isto está *muuuui-
to* à frente da minha cabeça. Mas eu nem sou muito inteligente...".
"Café com bolinhos", sonhos com açúcar e canela com um *semi-
freddo* de café (igualzinho, na aparência, a um sonho de padaria ao
lado de uma casquinha de sorvete, cheia de cappuccino, mas tudo delicioso). *Mille-feuille à la crème de vanille et son confit d'ana-
nas mignardise.*

Foi uma refeição absolutamente inspiradora, toda acompanhada pelos vinhos certos, num desenrolar sensacional. Infelizmente não sou o cara certo para falar de vinhos. Só posso afirmar
que Scott, que sabe dessas coisas, usou a palavra "Nossa!" várias
vezes. Lembro-me de um tinto bem encorpado, numa taça do tamanho de um balde, que quase me fez gemer de prazer. Cozinhar, àquela altura, já estava no domínio da magia.

Keller é um sujeito tranquilo, contido, com um senso de humor gentil e meio sardônico e aquele olhar atento do chef no controle absoluto de si, que sabe o que quer — e faz acontecer — todos os dias.

Parece pouco à vontade com a pergunta sobre por que busca tanta perfeição. "O perfeito é algo que não se atinge nunca, só se busca o tempo todo. E quando encontrado foi-se. Perdeu-se." Dispare a falar sobre "criatividade" e vai ouvir dele: "Há pouca criatividade, em tudo".

E em lugar de *eu*, *meu* e *me*, usa sempre palavras como *respeito*, *esperança*, *instituição* e *futuro*. Grandes sentimentos e palavras nobres num negócio em que a maioria só quer mais uma estrela e um contrato para o próximo livro, para um grande investimento ou para a casa cheia no sábado seguinte.

Pretendia continuar, elaborando sobre o tema da integração harmônica entre o restaurante e seu local; ia ruminar sobre a perfeição para um chef, depois de anos errando e pegando caminhos sem saída, em achar finalmente o seu lugar. Que a habilidade ímpar de Keller, junto a seus planos ambiciosos, achasse espaço numa cidadezinha provinciana da região dos vinhos na Califórnia parecia um fascinante paradoxo, em que se juntaram o lugar, a equipe, os fornecedores e uma visão personalística de um retiro idílico e pastoral, afastado do ambiente destrutivo da cidade grande. Tudo isso me atraía enormemente. A realização de um ideal, se não por mim, pelo menos por alguém que estimo e admiro.

Nisso estava quando abri o *New York Times* e vi que Keller planeja abrir um French Laundry em Nova York, que vai se mudar para a frente de Jean-Georges e na vizinhança de Ducasse, e então percebi que não tinha sacado nada.

"Coisas por terminar em Nova York", comentaram meus colegas, quando nos encontramos numa espelunca do Lower East Side para um papo.

"O cordeirinho não deu conta do recado", um amigo acrescentou em relação ao fracasso de Keller na cidade, há muitos anos. "Era bárbaro, mas o pessoal não estava preparado ainda para aquilo."

"Putz!", explodi, "o Keller vir para Nova York... é uma declaração de guerra! Como se Wyatt Earp chegasse à cidade. Todas as armas serão apontadas para ele. Quem se decide por esse tipo de confronto? O cara já tem tudo na mão, todos os nova-iorquinos vão até ele. Para que vir se meter neste troço absurdo?"

Mas é bobagem pensar assim. Quando o novo restaurante for inaugurado, todo chef, crítico gastronômico, gente que leva a sério a comida, *foodies* eventuais, todo mundo na cidade ficará a mil por semanas. Dizer que o lugar está sendo "esperado com ansiedade" é menosprezar a expectativa. Nem consigo imaginar o que vai acontecer. Tenho medo, medo de que não dê certo (e se isso acontecer, não será por razão alguma relacionada com comida, óbvio). Mas, mais que isso, talvez esteja com medo de que dê certo. Gosto da ideia de precisar viajar para conseguir uma refeição do French Laundry. A jornada faz parte da sensação — para mim, ao menos —, um aspecto da seriedade do projeto e da diferença que tudo em Keller inspira. Gosto de olhar pela janela e ver só campos e montanhas. Não sei se vou gostar de pegar o telefone, fazer uma reserva e na hora tomar um táxi e rumar para Columbus Circle, tudo assim tão fácil. Não dá para ir a Meca tomando o metrô da linha A. Tal experiência tem de ser, como a do French Laundry, uma peregrinação. O que não quer dizer que vou ficar enrolando quando ele abrir. A gente se vê lá.

O reino do Haggis

"Estamos no segundo lugar — depois de Tonga", disse Simon, dando a posição da Escócia nas estatísticas mundiais de incidência de doenças cardíacas. "Precisamos reagir! E onde diabos é Tonga, por falar nisso? Vou ter que ir lá..."

Os escoceses, explicou Simon, fritam tudo e em muita gordura. Como prova estava me levando a um restaurante de peixe e fritas para umas "beliscadas", comidinhas, tira-gostos, porções, provas. É claro que não estávamos em Edimburgo. "Muito europeia, muito inglesa...", ridicularizou. Lá, eles botam molho ferrugem ou sei lá o quê no peixe e na batata, revelou ele escandalizado, só de se lembrar de Kitchen Bouquet ou Gravy Master.

"Molho marrom no peixe com fritas? Não, não, não e não", disse Simon.

Para ele, um cara orgulhoso de Glasgow, com típico e sardônico senso de humor, é vinagre maltado e muito sal, do começo ao fim. Ele vinha me nutrindo na base de cerveja Guinness o dia inteiro e me mostrando Glasgow, e agora anunciava que chegara a hora de visitar um antro adequado de peixe frito.

Comemos o prato tradicional primeiro, *fish and chips*, um filé de bacalhau passado numa massinha líquida de farinha e água e frito, mas que a cada dia, com o sumiço do bacalhau dos mares, vai sendo trocado pelo filé de hadoque — e é servido num cone de papel ou numa embalagem de plástico para viagem. "Ponha uma boa pitada de sal", recomendou Simon, e ele mesmo fez o que recomendou, seguindo-se ao sal um longo jorro do vinagre de malte.

"Eu comeria até o desgraçado do Elvis, se pusessem bastante vinagre nele. Delícia…"

O peixe estava ótimo, e as batatas, como em todos os lugares do Reino Unido, desnecessariamente abaixo do padrão, moles e encharcadas. Poucos donos de restaurantes assim se lembram ou se dão ao trabalho de branquear as batatas no óleo não muito quente antes de fritá-las, de modo que nunca, jamais, estão crocantes. A bebida apropriada para essa espécie de comida rápida de Glasgow, disse Simon, muito sério, é Irn-Bru, o popular refrigerante alaranjado com bastante cafeína.

Na verdade, não estávamos ali por causa do peixe com batatas. A verdadeira maravilha, o potencial real do boteco de fritas escocês, é mais radical: é o *haggis*, frito e ao molho curry. O crocante charuto de vísceras de carneiro com aveia (depois explico) estava maravilhoso, a comidinha perfeita para um fim de noite depois de um longo período à base de Red Bull com vodca, canecas de cerveja forte ou Buckfast (um vinho barato de tampa de rosca: o Chapinha da Escócia).

A "costela real" — seja lá o que isso signifique — estava deliciosa, apesar de seu remoto parentesco com costelas. Porções de *haggis* já prontas, fritas de antemão, tortas de carne, salsichas e filés de peixe se espremiam no balcão, dentro de um mostrador de vidro iluminado, esperando para serem devorados pelos beberrões esfomeados.

Tudo, tudo no pequeno restaurante de batatas e peixe ia para dentro da mesma panela de óleo. Carlo, o cara do balcão, desembrulhou uma barra de Mars, mergulhou-a na massinha universal de farinha com água e deixou cair no óleo. Quando flutuou, marrom e dourada na superfície, ele a removeu, polvilhou com um pouco de açúcar de confeiteiro e nos serviu.

"Cuidado", disse Simon, "por dentro é puro napalm."

Hummm. Gosto de gordura. Gosto de chocolate. E gosto de açúcar. Depois de prevenir os possíveis problemas de danos faciais, como estragos na bochecha ou no maxilar, deixando que a coisa esfriasse um pouco, Simon serrou a barra ao meio e me deu metade. Ainda estava quente de chiar a língua — e não era ruim. Simon sorriu diabolicamente para mim e curtiu anunciar o que vinha em seguida. "Pizza frita?", considerei... "Ah, não sei... talvez... me parece um pouco esquisito." Foi difícil acreditar que alguém pudesse, realmente, pedir uma atrocidade dessas. Mas podia. Carlo buscou um pedaço de pizza pronta, congelada, passou na massa, mergulhou no panelão onde se fritava todo o resto, com a parte do queijo virada para baixo.

"Nada mau", tive de admitir.

"Espere um pouco só", disse Simon, quando me viu levantando. "Ainda tem uma coisinha que você precisa experimentar." Pediu a um Carlo de cara cética para fritar um ovo em picles. Estávamos quebrando barreiras no mundo da culinária.

"Ah, não sei se quero provar, não sei..."

"Se fosse minha avó era a hora de começar a rezar. 'Santa Maria, mãe de Deus'", riu Simon, dando uma mordida e me passando o resto. Era comível. Acho que um dos prazeres mais esotéricos da comida desses botequins está estreitamente ligado à quantidade de álcool que se ingeriu antes de comer. Quente, salgado, crocante e pronto para consumo, essa coleção anunciada de terríveis prazeres gordurosos pode se tornar o Jardim do Éden dos prazeres entupidores de artérias quando se está num estupor alcoólico, morto de vontade de comer tira-gostos fritos. Nesse preciso momento, nada poderia ter um sabor melhor.

Glasgow tem a eletricidade de uma cidade operária e o jeito familiar de partes do Brooklyn e do Bronx. De algum modo é o antídoto a qualquer outro lugar do mundo, uma cidade cheia de gente direta, sem frescura, engraçada, com sotaques impenetráveis, mas bonitos. Ao ir à cidade de trem, peguei no sono, no meio de um grupo grande de torcedores de futebol. Quando acordei, ouvi as vozes gritando ao meu lado e por alguns momentos desconcertantes pensei que talvez tivesse cruzado os mares, pulado muitas estações, e chegara à Lituânia, à Lapônia ou à Finlândia. Só os repetidos "é foda" e "merda" me trouxeram de volta ao tempo e lugar corretos. (Aviso aos navegantes: para que time de futebol você torce é algo muito importante em Glasgow. Na realidade, acho que é uma coisa de protestantes contra católicos. Fazer parte de um clube ou de outro é um compromisso eterno, sem retorno. Levam o futebolzinho muito a sério naquele lugar. É uma boa ideia sondar os amigos, cuidadosamente, antes de dizer a coisa errada.)

Edimburgo, na minha opinião, é um dos lugares mais fantasticamente belos do mundo. Tem um castelo encarapitado no topo de um grande promontório de rocha, bem no meio da cidade. O lugar transborda história, um emaranhado de ruas calçadas de pedra, prédios antigos, monumentos belíssimos, nenhum dos quais oprime a cidade. Bons pubs, gente inteligente, antenada, bastante sofisticada e muitas vezes extremamente bem-educada. Gosto de lá, apesar de me sentir mais em casa em Glasgow.

Sei que é ruindade minha, mas não vou dar o nome nem dizer onde fica, senão, da próxima vez que eu for lá, vai ter um monte de "malditos ianques" no bar. Foi um amigo que me levou a esse lugar, há algum tempo, numa ruazinha estreita e calçada de pedras de Edimburgo. É escritor de ótimos romances que se passam ali, e seu herói fictício, um funcionário público levemente alcoólatra (se é que isso existe), passa o tempo nesse bar — entre um assassinato e outro. Um lugar perfeito para tomar uma cerveja, acreditem. Um pub de esquina, despretensioso, com uma pequena placa e janelas esfumaçadas. Da rua não se pode ver nada lá dentro. Bem perto da porta tem um pequeno e velho bar, com as tábuas do chão polidas pelo tempo, cervejas tiradas à mão, alguns velhotes bebendo e conversando com o barman. A salinha de trás tem algumas mesas, uma lareira elétrica e pôsteres de futebol nas paredes. É a calma perfeita, e o primeiro gole de cerveja inspira sentimentos de serenidade quase transcendental. O refúgio ideal, longe do mundo moderno, longe de todos os seus problemas. Imediatamente depois de dependurar meu casaco num velho cabide, virei para meu amigo e comuniquei: "Vou ficar morando aqui". Sei que é sacanagem eu não contar onde é, mas não se chateiem. A Escócia está cheia de grandes pubs — e tenho certeza de que não estou romantizando a coisa. Costumo ser exagerado, mas juro que não desta vez.

Para Simon, Edimburgo é amor ou ódio, sem meio-termo. Ele detestou a ideia de que eu comesse *haggis* pela primeira vez lá. Mas arranjou um lugar decente na High Street, bem perto do castelo, e me assegurou de que, mesmo sendo Edimburgo (na cabeça dele) uma segunda escolha, o chef sabia o que estava fazendo.

O que é *haggis*, afinal? Para começar é o bordão de mil piadas americanas. A coisa que não deve ser comida sob circunstância alguma... comida do faxineiro Willie, dos Simpsons... E soa como um horror para os não iniciados: uma mistura gosmenta dos miúdos de um carneiro (todo o esôfago, os pulmões, o fígado e o coração, extraídos numa peça só, e depois finamente moídos), aveia, cebola e pimenta-do-reino. Esse recheio é cozido dentro do estômago (que não se come) do bicho, bem lentamente no vapor, tampado, no forno, e servido com *neeps and tatties* — purê de nabo e batata. Como muitos outros pratos, ele se originou dos restos dos ricos latifundiários, que a plebe necessitada e criativa transformou, com orgulho, numa receita clássica.

Antes do jantar houve a apresentação de um gaiteiro escocês, de saiote. Com seus bigodes de pontas viradas para cima parecia muito com o "Tarado por Couro" da formação original do Village People. Mais alguns segundos de gaita estridente e eu enfiaria a mão no bolso para livrar-me dela com uma nota de cem libras. Gosto da Escócia, mas o som das gaitas me emociona tanto quanto um motorzinho de dentista encostando no nervo.

Felizmente nosso *haggis* chegou, um balão inflado, cor de carne, fumegante, amarrado dos dois lados, a mistura de carne moída e aveia se arrebentando levemente no meio e caindo para fora como um vulcão em mansa erupção. Enquanto eu cuidadosamente escolhia palavras para descrever sua aparência meio brutal, o gaiteiro inteiramente a caráter me fez uma boa ação. Puxou um punhal ameaçador da bainha, aproximando-se da membrana prestes a estourar, e começou a declamar o poema de Robert Burns, "Ode ao *haggis*". Não consegui pegar todas as palavras, apesar de ter apanhado no ar as frases "jorro de vísceras" e "um generoso e glorioso invólucro", e daí o gaiteiro rasgou o estômago inteiro com sua lâmina e retirou-se, nos deixando em paz para apreciarmos nossos miúdos.

Depois de uma garfada, não consegui ir contra a opinião do maior poeta da Escócia. Era glorioso. O *haggis* reina! Apimentado, quente, carnudo — não tinha o gosto de nada que se esperaria de um prato cozido dentro de um estômago. Um sabor nada parecido com órgãos afinal; nenhum gosto amargo de fígado, nem pedacinhos borrachudos e misteriosos, nenhuma presença daquele sabor de cachorro molhado das tripas. Não tinha, de jeito nenhum, um gosto excessivamente forte que agredisse as sensibilidades americanas mais sem imaginação, e sim um sabor sutil e rico, meio parecido com um *boudin noir*. Se você enfrenta *boudin noir*, *black pudding* ou fígado salteado de vitela, vai adorar *haggis*. O purê de nabo e batata era o contraponto perfeito ao sabor reconfortante, picante, acebolado, da carne com aveia. O "pastelão camponês" de purê de batata recheado com carne que eu comia na escola era um desafio muito maior ao paladar. Se o *haggis*, ao sair do forno, não tivesse a cara que tem, todo mundo nos Estados Unidos o estaria comendo. Seria servido nas barraquinhas de rua em Nova York, frito e envolto em molho de curry. Os restaurantes estrelados estariam fazendo *haggis sauce*, molho de *haggis* e *feuilleté* de *bok choy* precoce, batatas douradas do Yukon e *haggis* com molho de uísque, tudo montado com anéis de metal e decorado com fios de *coulis* coloridos.

A Escócia tem mais a oferecer ao esfaimado peregrino do que gordura e vísceras, por mais maravilhosos que sejam esses pratos. Os escoceses estão passando pela corrida do ouro gastronômica como todos os lugares do Reino Unido, Irlanda (e Austrália) — e descobrindo o que sempre foi bom nas suas terras. Os frutos do mar são inacreditáveis. Em Leith, na velha zona portuária no braço de mar fora de Edimburgo, há um bom número de botecos de aparência modesta, despretensiosa, servindo uma variedade de estonteantes vieiras, salmões, mexilhões, trutas, ostras e outros peixes do mar do Norte, do Atlântico, dos muitos rios escoceses, lagos e riachos. No mais turístico celeiro em ruínas, onde você esperaria, no máximo, um pedaço decente de peixe grelhado ou frito, estão empilhando saborosos filezinhos de peixe fresco sobre montes de legumes nativos, artisticamente arranjados — a técnica quase tão boa quanto em qualquer lugar de Nova York ou Londres, sendo que os ingredientes crus são frequentemente melhores.

A carne escocesa tem justa fama. E a caça da Escócia — veado, galo silvestre, faisão, lebre silvestre e coelho — é talvez a melhor do mundo. Coroei meu passeio escocês me hospedando fora de Inverness, nas Highlands, na propriedade de 25 mil acres da família Cawdor. Para um cara como eu, é difícil compreender como vivem de verdade os ricos e aristocráticos — especialmente quando se fala do Reino Unido. Para os americanos, aristocrata é qualquer picareta talentoso que tenha mais de quatro carros e um casarão de praia nos Hamptons.

Na Escócia, descobri que é muito, muito diferente. Os ricos falam diferente. Todos parecem se conhecer. E no caso dos Cawdors, e Colin, o sétimo conde de Cawdor, temos de olhar bem para trás, viajarmos na história. Sua família vive naquela extensão de charnecas do tamanho de Rhode Island, cheia de galos silvestres, de corredeiras de salmão, terras férteis e florestas, desde o fim do século XIII. Há um castelo no meio, ao qual se referem significativamente, mesmo que de forma inadequada, como a residência de "Macbeth, o próximo chefe do clã dos Cawdors". Os Cawdors foram muito simpáticos e me hospedaram no seu pavilhão chamado Drynachan, um refúgio de caça, tiro e pesca dentro da própria herdade aonde fui para comer o salmão nativo e para tentar matar, ainda que com o coração apertado, um ou dois indefesos e fofos coelhinhos.

As coisas ali eram mesmo diferentes. Não conheço nenhum ricaço americano que, além de cozinheiros, copeiros e governanta, tenha guarda-caças e guarda-bosques entre os empregados. Não sei de nenhuma família americana que possa apontar para uma magnífica floresta de árvores altas, desfiladeiros profundos e riachos sussurrantes e dizer "O pai do pai do pai do meu pai plantou esta floresta". Era de uma beleza de tirar o fôlego. Da minha grande cama blasonada, eu podia ver quilômetros e quilômetros de úmidos campos organizados em padrão xadrez, como num tabuleiro, onde estavam galos silvestres, a vegetação cuidadosamente queimada em largos quadrados de terreno, de modo a alternar o capim bem baixo com os arbustos, para dar condições ótimas de vida à ave nativa, tão preciosa. Os faisões andavam despreocupados, bem na minha porta. Os veados comiam quase que toda a vegetação rasteira na floresta fechada. Os salmões literalmente pulavam para fora dos regatos cristalinos. Por toda a extensão da propriedade, chegando até o mar, muitos quilômetros distante, na terra esparramada que parecia não ter fim, mantinha-se um ecossistema entrelaçado de centenas de anos, atentamente conservado. Roddy, o guarda-caças, me levou para pescar e me mostrou o melhor que pôde como lançar o anzol à água. Enrolei a linha, recolhendo-a por meio metro de água veloz, espumante, esperando que a isca seduzisse algum salmão. Os salmões saltavam da água, me olhando direto no olho, de pertinho, mas se mostraram imunes à tentação. Nada como perceber — mais de uma vez — que se é mais idiota que um peixe. Mas eu nem liguei. Ficar na beirada de uma corredeira das Highlands, jogando o anzol, puxando a linha, e descer água abaixo numa manhã clara e intensa de fim de primavera tinha para mim um efeito hipnótico. Não me importava se pescasse ou não. Felizmente, Ruth, a chef do pavilhão de caça, tinha um bom estoque de salmão, de modo que eu comeria o bicho, de qualquer jeito.

Eu havia combinado — mais uma vez, em benefício do divertimento televisivo — ir caçar coelhos com Roddy. O plano era juntar na sacola alguns coelhos, levá-los para Ruth, no pavilhão, e pedir que ela fizesse um ensopado tradicional de coelho, veado e repolho, cozidos em caldo e vinho tinto. Apesar de que então já dominasse com certa facilidade armas automáticas, semiautomáticas, rifles, revólveres e lançadores de granadas, devido às minhas aventuras no Camboja, eu jamais havia usado uma espingarda. Nem feito mira nalgum ser vivo que andasse rápido. Não apoio de jeito nenhum a caça como esporte — nunca faria isso e não gosto que outros o façam. Mas se você mata e come, então, tudo bem. E só concordei em tomar parte naquela caçada sem sentido porque tinha certeza de que seria totalmente incapaz de acertar qualquer coelho e que a sacola de caça permaneceria vazia. Contava com Roddy, profissional habituado, experiente, para arranjar coelhinhos bastantes para o almoço do dia seguinte.

Não sei o que aconteceu. Com minha espingarda desarmada e com trava de segurança, para não atirar no pessoal da TV nem no guarda-caças se eu tropeçasse, vi um coelho correndo para se esconder, a uns vinte metros de mim. Tive de rearmar a espingarda, muni-la, destravá-la, mirar e atirar — tudo isso contra uma criatura rápida, quase invisível, que corria e pulava no seu próprio campo. Bam! Muito pouco coice. Para meu susto e consternação, eu havia estourado a espinha de alguém muito parecido com o Pernalonga.

"Bom tiro, senhor", disse um auxiliar de guarda-caças, recolhendo o corpo mole e ainda quente. Ao segurar minha presa, não resisti à vontade de acariciá-la, tão macia e adorável, minha voz se embargou um pouco quando me dirigi à câmera.

Depois de cada tiro eu desarmava a espingarda, ainda soltando fumaça; um assistente tirava a cápsula detonada e a substituía. Vi um movimento à minha esquerda, virei o cano, batendo na câmera de Chris, e matei outro coelho, que corria a toda a velocidade por um muro lá longe. Jesus, eu estava me transformando numa máquina mortífera! Agora já tinha duas doces carinhas de coelhos me pesando na consciência... Não era justo. Mas, Deus me perdoe... eu estava adorando. Mais algumas horas e me inscreveria para a temporada do galo silvestre.

De volta ao pavilhão, Ruth preparou um maravilhoso almoço de ensopado de galo silvestre e coelho, sopa de urtigas, fatias de carne-seca, queijos escoceses e pães caseiros. Aí, todos nós, a chef Ruth, Gloria — a louca e maravilhosa caseira vinda de Glasgow —, o auxiliar de guarda-caças e a turma da TV, nos mandamos através das charnecas para uma casinha de pesca perto do rio. Ruth arrumou um bufê numa mesa de piquenique, e nós mesmos nos servimos, depois nos sentamos e devoramos o — nem tão grande — saque à natureza feito pelo Grande Caçador Branco.

Foi sensacional. Sentados lá, vendo o gado pastar ao lado de uma montanha, depois o rio, escutando Gloria contar anedotas de Glasgow, bebendo vinho tinto, olhando o capim alto e os arbustos ondulados ao vento, impossível imaginar melhor cenário para uma refeição à tarde. Comecei, no entanto, a temer por minha segurança. Quando isso batesse nas ondas da TV, quando os vegetarianos radicais dessem uma olhada, eu estaria em maus lençóis. Não queria nenhum vegetariano terrorista jogando sangue em mim, principalmente se estivesse usando um casaco caro. Graças a Deus, meus inimigos em potencial não consomem proteína animal suficiente para se constituírem em ameaça séria a minha saúde ou guarda-roupa. Mas não tenho certeza absoluta. Talvez eu deva comprar uma pistola de ar comprimido...

Forte, fortíssimo

Estou de volta à minha rotina de Saigon; manhãs no mercado, cigarros marca 555 e cervejas 333. Estou enfiado no Continental (onde sempre deveria ter me hospedado), bem na frente da confeitaria Givral e do velho *Théâtre* Municipal. Nas paredes velhas, no pátio, em volta do bar Jardim das Orquídeas, fotos emolduradas do hotel. São de 1880, mostram generais franceses de chapéu de palha, colonizadores de terno branco, sátrapas e riquixás. Uma foto bem maior, de 1975, tem soldados do exército do Vietnã do Norte descansando em frente ao hotel. Do outro lado da praça está o Caravelle, onde jornalistas, espiões e altas patentes militares assistiam do bar do último andar do hotel às investidas dos b-52s enquanto as metralhadoras aéreas detonavam as cidades do interior, logo ali, depois da cidade. Graham Greene hospedou-se ali. Seu personagem Fowler costumava beber no café lá embaixo, o Continental Shelf, onde *tout* Saigon se encontrava no começo da noite, para drinques e fofocas.

Acho que virei bambu, como costumavam dizer sobre os conselheiros militares britânicos que ficavam muito tempo nessa parte do mundo. Fico bobo só de falar no Vietnã, me apaixonei completamente, sem remédio. Eu me acostumei a tigelas de *pho* apimentado no café da manhã, xícaras fortes de café expresso sobre gelo moído com leite condensado em Trung Nguyen (versão vietnamita do Starbucks, só que muito melhor), almoço de tigelas de arroz com peixe, galinha ou carne nos *coms*, botequins baratos. Habituei-me ao cheiro de jasmim, da jaca, do durião, do molho de peixe nos mercados, aos roncos e à barulheira das motos. Preciso me segurar para não comprar nada das *don gah* que passam por mim — mulheres carregando cozinhas portáteis em cangas atravessadas nas costas, servindo tigelas de sopa ou macarrão, sempre frescos. Tudo é bonito. Todo mundo é legal. Tudo é gostoso.

Linh mudou muito, depois que me apresentou a madame Ngoc. Poucas semanas atrás, era todo neura e paranoia. Quando eu lhe disse, antes de sair para Nha Trang, que Phillipe poderia dar uma passada pela cidade e talvez se encontrasse conosco em Can Tho, ele travou todo, só de pensar em alguém inesperado. Teria de conversar com o Comitê do Povo, explicou. Todo mundo estava nos observando, fazendo relatórios independentes sobre nossas atividades, insistiu ele. Uma pessoa a mais na comitiva seria um acontecimento potencialmente complicado. Quem era esse tal de Phillipe? Quais eram suas intenções? Jornalista, também? Americano ou francês? Tomávamos uns drinques no bar brega, no topo do hotel Rex, e, quando fui ao banheiro, Linh me seguiu, fingindo lavar as mãos, enquanto me olhava pelo espelho para se certificar de que eu não estava esvaziando um papelote ou sussurrando num comunicador de satélite.

Mas depois de Nha Trang ele relaxou e, quando me apresentou madame Ngoc, tornou-se um gatinho manso.

Madame Ngoc é uma força da natureza. A relação entre a digna dona do restaurante, de meia-idade, coalhada de jade e joias, cheirando a perfume francês, sempre muito bem-vestida com roupas ocidentais bem-cortadas, e Linh, o jovem funcionário e tradutor comunista, é misteriosa. Quando ele me levou ao restaurante dela — Com Nieu Saigon — pela primeira vez, não consegui entender por que a tratava tão bem. À primeira vista, não poderiam ser mais diferentes: o jovem e frio tradutor de Hanói, funcionário comunista, e a calorosa mas imprevisível mulher de Saigon. Linh não acende um cigarro sem primeiro acender um para ela. Puxa a cadeira para ela. Fica dependurado em cada palavra que a mulher diz e antecipa suas vontades. Quando ela aperta os olhos, olha pela sala, claramente desejando alguma coisa, Linh entra em alerta total. Aliás, todo mundo entra. Madame pode ser uma versão vietnamita pequenininha de uma *yenta*, mas, sob suas feições suaves e sua natureza quase puramente generosa, existe aço puro. Ela o provoca sem dó. Passa pito, cutuca, é louca por ele, chama-o de irmãozinho. Afinal, depois de algumas poucas visitas, cheguei à simples conclusão de que é amor.

"Da próxima vez você traz biscoitos, chocolate", pede madame Ngoc, feliz com as flores que eu trouxe mas preferindo outras coisas. "Chris! Lydia! Vocês bem? Eu adoro vocês…", diz ela dando um beijo e um abraço nos dois. "Você muito magro!", comenta com Chris, que nunca mais foi o mesmo depois que comeu o tal caranguejo em Nha Trang. "Magro demais! Acho que doente!", estala os dedos, e um gerente e um garçom do outro lado da sala correm para ela, que esbraveja em vietnamita, e poucos momentos depois o gerente volta com pacotes de vitaminas, Maalox e chá de ervas. "Tony, Chris, Lydia", preocupa-se ela, "vocês precisam tomar muito cuidado." Cada um de nós recebe um pacote igual e uma admoestação para comermos com mais atenção e cautela quando fora de Saigon. Alguns dias antes, havia nos mandado quilos de café (pois sabia que eu adorava o café dali). Uma vez, Lydia comentou sobre os cachorrinhos de brinquedo que sacodem a cabeça, presos no painel do carro, guiado pelo motorista de madame Ngoc. Ela presenteou cada um de nós, na mesma noite, com os bichinhos. Nós todos adoramos madame Ngoc e achamos que ela também gosta de nós.

"Eu entrego meu coração. Faço as pessoas felizes", diz ela carinhosamente, antes de virar a cabeça para a esquerda e secar um garçom com um olhar de escárnio absoluto. As cervejas chegam à nossa mesa. Esvaziam os cinzeiros. No restaurante de madame Ngoc todo mundo se sente bem. A sala branca e limpa vive cheia de famílias vietnamitas. Mesas de oito, dez, doze, quinze pessoas que comem muito à vontade, à nossa volta, com gente nova chegando a cada minuto. Atravessam a sala de bicicleta motorizada até chegarem ao estacionamento, que é no quintal dos fundos. Os pacotes de guardanapos estouram a toda hora ao serem abertos. O barulho contínuo é o de potes de cerâmica se estilhaçando no chão e bolos de arroz quentíssimos voando pelo ar. As cores da comida nos pratos são indescritíveis, elétricas, psicodélicas, irradiando vivos vermelhos, verdes, amarelos e marrons; e o cheiro é ótimo: erva-doce, lagosta, molho de peixe, manjericão e hortelã frescos.

Com Nieu Saigon é a empresa mais interessante e eficaz de que tenho notícia. Madame Ngoc, pequenininha e de meia--idade, divorciada, vivendo sozinha — coisa que ela menciona a toda hora, para quem quiser ouvir —, toma conta de seu restaurante como um navio de guerra bem treinado. Na sala ao ar livre, cada mesa, cada buraquinho das treliças é limpo e bem cuidado. Debaixo da cerâmica quebrada, até o chão é imaculado. Os cozinheiros, os garçons e os gerentes se movem como um balé de dançarinos muito bem orientados — pode-se dizer que mortos de medo. Não vale a pena, já percebi há tempos, desapontar madame Ngoc.

Ela descobriu como tomar conta de um restaurante de sucesso num país comunista. Com Nieu é um espaço familiar, confortável, ruidoso, informal, com um charme peculiar. Madame Ngoc, lendo sobre a história culinária do Vietnã, descobriu um modo tradicional de preparar o arroz em panelas de cerâmica. O interessante é que, quando você encomenda um acompanhamento de arroz, um garçom pega na cozinha, bate na panela com um martelo, os pedaços voam pelo chão e ele atira o bolo de arroz pelando pela sala, por sobre a cabeça dos fregueses, para outro garçom, que pega o arroz num prato e por sua vez joga o bolo para cima, como se faz com uma panqueca, em malabarismos incríveis. Depois corta em porções individuais ao lado da mesa, temperando com molho de peixe, pimentas, gergelim e cebolinha verde. A sala estremece com o barulho dos potes se quebrando. A cada minuto discos quentíssimos de arroz voam pelo ar, passam rente à minha orelha. É um caos de comida rigorosamente controlado, gente e risos, crianças em pé nas suas cadeiras, mães alimentando filhos, os velhos e os moços abrindo com as mãos as lagostas, os caranguejos, os camarões gigantes e fumando enquanto esperam o próximo prato, todo mundo conversando, comendo e se divertindo ao máximo.

Quem é madame Ngoc? Segundo ela, uma mulher solitária e trabalhadeira, infeliz no amor, que gosta de biscoitinhos, chocolate, bichinhos de pelúcia (que coleciona) e dos bufês de cardápio internacional dos grandes hotéis ocidentais. (Ela nos levou a um dos maiores e mais novos — completamente tonta em volta dos réchauds de comidas italianas e francesas, os pratos com pés altos para bolos e doces austríacos e petits-fours franceses.) Vai de carro com motorista, um novo e luxuoso sedã. Quando chove, alguém espera por ela na calçada com um guarda-chuva. Quando resolve, às dez e meia da noite, que quer tirar uma foto conosco, estala os dedos, dá umas poucas ordens e em minutos aparece um fotógrafo, cara de assustado, suando, com uma velha Nikon e o equipamento de flashes dependurado no pescoço. Com Nieu está sempre cheio — como seu outro restaurante, um temático chinês ali perto. E madame Ngoc está em um ou no outro, ou nos dois, enquanto aguenta ficar em pé, reinando sobre sua equipe fiel e o público que a adora.

"Eu tão cansada, às vezes quero ficar em casa, quero ficar na cama. Dormir, mas não pode. Precisa prestar atenção...", finge uma inspeção desconfiadíssima de sua equipe apressada. "Vou mercados de peixe para dar susto. Alguém pode roubar de mim. Preciso descobrir. Quanto custa caranguejo hoje? E ontem? Quanto vendeu para mim, ontem? Precisa olhar, muito cuidado." Aponta para seu próprio olho, mostrando vigilância eterna. À chegada de um grande grupo, ela se levanta imediatamente e vai cumprimentá-lo, desmanchando-se em sorrisos.

"Gosto de todo mundo. É preciso dar amor. Dar de si para ser sucesso. Você gosta das pessoas, elas gostam de você", diz ela. A comida chega à nossa mesa nova, envernizada e brilhante. *Canh ngheu*, uma sopa de tofu e endro. Pratos de *bong bi don thit*, flores de abóbora deliciosas e crocantes, recheadas com porco moído e temperos, mergulhadas em massa e fritas. *Cha goi*, rolinhos primavera, e *rau muong sao toi*, espinafre salteado muito de leve com molho de alho, de um verde que não é deste mundo, brilhante, brilhante. *Thit kho tau*, um ensopado de porco e ovos em leite de coco, os ovos cozidos partidos ao meio e pintados de cor-de-rosa em volta da borda branca das extremidades. *Tom kho tau*, lagosta com leite de coco e pimenta, de um vermelho extremo, a cauda gorda de um amarelo fosforescente de açafrão. *Ca bong trung kho to*, um peixe inteiro frito e com molho de pimenta. *Dua gia muoi chau*, *bokchoy* novinho, frito rapidamente na frigideira. E, é claro, muito *com nieu*, os pedaços de bolo de arroz crocantes que dão o nome ao restaurante. Tudo muito fresco, como em todos os bons lugares do mundo — mais fresco ainda, talvez. Os sabores explodem no paladar, as cores brilham. No fim da refeição, chegam pratos de frutas-do-conde maduras sobre gelo, acompanhados de mangas maduras fatiadas, pitaia e abacaxi. Já fui convidado de madame umas três ou quatro vezes, e não tenho a menor dúvida de que a comida dela é a melhor do Vietnã (o que não é pouca coisa num lugar onde tudo é fabulosamente bom).

Como qualquer pessoa que vive no mundo dos restaurantes, o sistema nervoso de madame está ligado a cada movimento, tanto na cozinha quanto na sala. Tem o poder de sentir um cinzeiro sujo do outro lado do restaurante, mesmo que esteja completamente fora de seu raio de visão. Pode estar arrulhando em cima da Lydia, ou implicando com o Linh porque chegou tarde ao aeroporto da última vez em que ela esteve em Hanói, ou insistindo que eu prove do siri, ou se preocupando com o estômago de Chris — mas no segundo seguinte está dando ordens para um garçom muito competente mas trêmulo, que fez alguma coisa errada, repreendendo-o ferozmente.

E volta, como se nada tivesse acontecido, para "Eu adoro vocês, Chris, Lydia… Tony, você está feliz?", põe a mão dela sobre a minha, carinhosamente. Quando sorri é um sorriso grande, aberto, amistoso, e me dá vontade de abraçá-la como a uma tia querida. É uma mistura de mãe judia e matriarca de uma família mafiosa genovesa, voluntariosa, obsessiva, uma ternura desmesurada, perigosa, carinhosa, complicada e atenta. Apesar de muito ligada a dinheiro — e a objetos —, quase nunca nos deixou pagar alguma coisa.

É forte, pode ser dura, mas ao irmos embora, depois do jantar, depois de me dizer adeus, emociona-se, fica triste e começa a chorar. Nosso carro vai saindo e ela permanece lá, soluçando, passando a mão no vidro, numa mistura de despedida e carícia.

A noite de Ano-Novo em Saigon é uma versão aumentada do *song tu do*, o ritual de fim de semana, em que todos andam na praça em volta da fonte e no cruzamento dos boulevards Le Noi e Nguyen Hue. É o equivalente vietnamita de passear por Sunset Strip. Nessa noite, centenas de milhares de jovens, vestidos com suas melhores roupas de domingo, de camisa social, calças recém-chegadas da lavanderia, vestidos e *ao dais*, dirigem seus carros em círculos sem fim pelas ruas do centro da cidade. Não estão indo a nenhum lugar em particular. Não param. Não há lugar para parar, mesmo que quisessem. Cada centímetro de Saigon está ocupado, pneu com pneu, cheio de motos e motonetas. São vinte minutos só para atravessar uma rua.

Meu plano era comemorar a passagem do ano no Apocalypse Now, um bar de nome promissor, de gringos, a uns poucos quarteirões do Continental. Que lugar melhor para se estar, à meia-noite, do que num bar de expatriados em Saigon? Esperava ex-mercenários viciados em ópio, prostitutas agressivas de minissaia, "vietcongues brancos" dados como desaparecidos há tempos, cafetões do mercado negro, mochileiros australianos, enrugados barões da borracha franceses, as caras marcadas pela corrupção e pela malária; esperava a ralé internacional, traficantes de armas, desertores e cães de aluguel. Ah, tinha grandes esperanças. Mas, no minuto em que entrei, me desapontei. Apocalypse Now é um cenário para turistas! Tem comida! Um grupo de turistas bem-vestidos dos Estados Unidos, do Canadá e de Taiwan senta-se numa sala dos fundos, entre vasos de palmeirinhas e luzes de Natal, perto de um bufê de entradas quentes e do que parece, visto de longe, um bolo Floresta Negra. Estão vendendo camisetas com o logo do restaurante. Há um telão com uma partida de futebol, perto de um palco pequeno. Louras queimadas de sol, com sotaque do Meio-Oeste e cabelos de Tammy Fayes, bebem coquetéis coloridos, num bar de fórmica.

Odeio o lugar e fujo para a rua, encontrando refúgio perto de um palco grande, armado atrás do *Théâtre* Municipal. Reconheço meu motorista de alguns dias antes — por causa do seu boné dos Yankees — e nos cumprimentamos com um aceno. No palco, algumas crianças estão dançando e apresentando uma espécie de peça: canções patrióticas, histórias. Ninguém na multidão está assistindo àquilo, todo mundo com a cabeça noutro lugar. O ronco constante das motos e motonetas cobre tudo. De vez em quando uma música tecno bem alta toca nos alto-falantes, enquanto os atores, vestidos tradicionalmente, saem do palco para um recreio. Todo mundo parece esperar por alguma coisa, ir para algum lugar, mas nada acontece. A hora vai chegando, vejo alguns olharem o relógio. A um minuto da meia-noite o tráfego ainda não diminuiu. Nenhuma bola parece pronta a cair, como em Times Square. Nada de fogos de artifício. A meia-noite passa — indistinta dos cinco minutos anteriores ou posteriores. Ninguém grita nem se beija, não vejo um punho levantado, um grito de Feliz Ano-Novo, ou nenhum reconhecimento de que outro ano acabou no Ocidente. É verdade que os vietnamitas celebram o ano chinês (*tet*), mas durante semanas vi sinais por toda parte anunciando o Ano-Novo, e as pessoas gritavam a saudação, toda vez que viam um ocidental ou americano. Todos pareciam esperar a hora, a multidão correndo de lá para cá em círculos, o tráfego muito pior, mas não vejo ninguém com a menor intenção de fazer algo além de dirigir ou ficar em pé. Saíram de casa para a ocasião, a juventude em peso compareceu e vejo gente até onde o olho alcança. Eles se agrupam, se acotovelam junto de um painel de laser, do lado de fora de um clube noturno, como se não tivessem nada melhor para fazer. A música para dançar arrebenta os tímpanos vinda de lá de dentro, mas ninguém dança nem mexe o corpo, ou bate o pé ou tamborila os dedos no ritmo.

Parece o meu primeiro baile na escola, meninos de um lado, meninas do outro, os dois lados com medo de se mexer. Ou será que estou enganado? Estarão as centenas de milhares de jovens dirigindo em círculos, vestidos sem ter aonde ir — como diz a música —, ou são mesmo completamente indiferentes aos prazeres de três acordes e uma batida? O Vietnã parece que se livrou do pior da nossa cultura sem olhar para trás. Será que viver a vida livremente, *song tu du*, é só dirigir? Ou esperar? E esperar o quê?

É hora de *tim ran*. Dessa vez, vou comer alguma coisa que me faça muito, muito forte. O mais forte. O restaurante Huong Rung (Sabores da Floresta) parece uma dessas cervejarias avarandadas, todo fechado com treliças, o foyer cheio de tanques de peixes. Entro, sento e imediatamente peço uma cerveja, para me dar um pouco de segurança para o que vai ser com certeza... a mais estranha comida de toda a minha vida... até aqui, pelo menos.

Um garçom sorridente se aproxima, segurando um saco de aniagem que se contorce vivamente. Ele o abre, põe a mão lá dentro e tira uma cobra furiosa, silvando, com aparência maligna, de quase um metro e meio de comprimento. Como pedi a especialidade da casa, imagino que a equipe esteja acostumada com o bicho, mas, quando ele põe a cobra no chão e a cutuca com uma vareta de ponta de gancho e ela levanta a cabeça e se crispa, toda a turma de garçons, meninos de recado e gerentes — todo mundo menos meu homem da cobra — dá uns passinhos para trás e sorri nervosamente. O garçom — um jovem simpático, de uniforme completo, calças pretas e jaqueta branca — tem uma bela atadura no dorso de sua mão direita, o que não me impressiona muito bem. Levanta a cobra sobre a mesa, o bicho pondo os olhos de contas sobre mim e tentando me atacar. Engulo o resto da minha cerveja e tento ficar calmo, enquanto deixam que a cobra deslize pelo chão, por certo tempo, dando botes na vareta. Um sujeito se junta ao garçom, com um prato de metal, uma xicarazinha branca e pequena, uma jarra de vinho branco e uma tesoura de jardim. Os dois pegam a cobra e a esticam completamente, o garçom a segura pelas mandíbulas, enquanto o assistente a mantém esticada, segurando um pouco antes da cauda. Com sua mão livre, o garçom pega a tesoura e enfia uma lâmina no peito da cobra, retirando o coração num gesto certeiro, enquanto o sangue vermelho escuro jorra no prato de metal. Todo mundo fica aliviado. Derrama o sangue num copo e o mistura com um pouco de vinho de arroz. O coração, um órgão do tamanho de um chiclete e com cara de ostra, ainda batendo, é colocado com delicadeza na pequena xícara branca para mim.

Ainda bate, um objeto pequeno, cor-de-rosa e branco, pulsando para cima e para baixo em ritmo regular numa pequena poça de sangue no fundo da xícara. Levo aos lábios, ponho a cabeça para trás e engulo. É como uma pequena ostra Olimpia — só que hiperativa. Dei uma mastigadinha, mas o coração bate ainda... e bate... e bate, descendo e batendo... O gosto? Nada digno de nota. Meu pulso dispara com tanta força que não tenho nem tempo de sentir gostos. Dou uma golada no *rou tiet ran*, a mistura de vinho e sangue, curtindo. Nada mau, como o suco de um rosbife malpassado, robusto, com um sabor distante de réptil. Até agora tudo bem, comi o coração vivo de uma cobra. Linh está todo orgulhoso de mim. Muitos, muitos filhos. O pessoal da copa ri, as moças sorriem timidamente. O garçom e o assistente estão ocupadíssimos trinchando o bicho. Uma massa branca enorme de intestinos de cobra sai da cavidade e cai num prato, seguida pelo destilar de uma bílis verde-escura.

"Muito bom para você", diz Linh, e o garçom mistura a bílis com vinho e me apresenta o copo de *ruou mat ran*. Ficou de uma cor verde violenta, tão apetitosa quanto o conteúdo de um penico. "Isso vai fazer você o mais forte. Muito especial, muito especial." Há tempos aprendi a odiar essas palavras. Dou uma chupada no líquido verde e engulo. Tem um gosto amargo, azedo e perverso, o gosto que se espera que bílis tenha.

Na hora seguinte vou comendo cada pedaço da cobra, um a um. Primeiro *ran bop goi*, uma salada de cobra desfiada, deliciosa, com muito limão e erva-doce, servida numa tigela fumegante. *Ham xa*, cobra de panela com citronela, que também é gostosa mas um pouco borrachenta. *Long ran xao*, a dobradinha salteada com cebola, que não dá para comer de jeito nenhum. Mastigo e mastigo, triturando inutilmente com todos os molares. É como mastigar um brinquedo de borracha, só que mais duro. A tripa, apesar de não ter gosto, também é impossível de comer. Finalmente desisto, seguro a respiração e engulo um pouco dela inteira e intacta. *Xuon (ran) chien gion*, os ossos da cobra muito bem fritos, são deliciosos, como batatas chips apimentadas — só que bem mais picantes. Coisa que se poderia comer num jogo de futebol, mas com muito cuidado. Se o osso descer do jeito errado, pode furar o esôfago com toda a facilidade, tirando as esperanças de assistir à final do campeonato. *Ran cuon ca lop*, a carne da cobra, moída e enrolada em folhas de hortelã, é também uma delícia — um ótimo salgadinho para festas, bom para qualquer ocasião.

O gerente vem me apresentar um prato com um verme gordo de árvore, branco com uma sarda preta no rabo. Está vivo, ondulante, do tamanho de um polegar. Nem pensar! Isso não... Felizmente cozinham a coisa antes, fritam em manteiga até ficar crocante. Quando chega de volta à mesa, empoleirado numa caminha de verdes, eu prudentemente dou só uma experimentada. Tem a consistência de um Twinkie frito em muita gordura. Crocante por fora, cremoso e mole por dentro. É bom. Mas preferiria não tê-lo visto vivo.

Contando os prós e os contras, foi uma refeição boa. E eu que comi o coração vivo de uma cobra! (Vou contar essa história por muito tempo.) Pela primeira vez, depois de comer uma coisa que iria me fazer ficar forte, estava mesmo sentindo alguma coisa. Não sei se era somente energia nervosa e adrenalina, mas, quando saí na rua, senti um zumbido, um barulho de sinos desafinados, um bem-estar vibrante. Pensei, puxa, estou mesmo mais... forte.

"Monsieur Fowlair. Monsieur Fow-lairr...", alguém murmura.

É o inspetor de Greene em *O americano tranquilo* assumindo o controle de meus sonhos. Acordo, esperando ver Phuong, a heroína do romance, preparando o cachimbo de ópio para mim e Pyle, o jovem agente da CIA. Estou no meu quarto, no hotel Continental, todo trabalhado em flores-de-lis na madeira, cadeiras enfeitadas, metros de estantes esculpidas labirinticamente. Escuto o *claque-claque* de sapatos no chão de mármore além da porta, o som ecoando pelos halls. Saigon. Só em Saigon. As portas francesas que levam ao terraço estão abertas, e, apesar de bem cedo, as ruas estão se enchendo de bicicletas, motos e motonetas. As mulheres se agacham nos umbrais, comendo tigelas de *pho*. Um homem conserta uma bicicleta na calçada. Ônibus engasgam, param e dão partida de novo. Na confeitaria Givral, em frente ao hotel, estão fazendo fila para o café e para as baguetes pequenas, gorduchas, frescas e cheirosas. Logo virão os vendedores de macarrão, batendo as matracas para anunciar a chegada iminente de outra cozinha portátil, cumbucas e cumbucas de macarrão fresco e soltando fumaça. Linh me contou de um café chamado "raposa", *ca-phe-chon*, feito dos grãos mais tenros, dados de comer a uma raposa (mas, depois, tenho ouvido várias referências a um café "fuinha") e recolhidos no seu excremento, presumivelmente lavados, assados e moídos. Pode ser bom.

Logo vou me mandar do Vietnã e já estou com saudade. Pego uma pilha de dongs úmidos da minha cabeceira, me visto e vou para o mercado. Ainda há muito que experimentar.

Ainda estou aqui, digo baixinho.

Ainda estou aqui.

A perfeição

O conceito de "prato perfeito" é ridículo.

A "perfeição", como a "felicidade", tende a escapulir. Quando se encontra, já era, como disse Thomas Keller. É algo escorregadio, e, se você for como eu, a "perfeição" é algo que se encontra só em rememorações. Quando se está batendo queixo debaixo de quatro cobertores, no Marrocos, o prato perfeito não é nada exótico, mas um café da manhã no Barney Greengrass, em Nova York. Algo que se teve quatro meses antes... Seu último cachorro-quente gigante no Papaya King, quando lembrado a distância, adquire tons dourados e proporções quase míticas.

Estou escrevendo isto, estas palavras, sentado numa cadeira de praia, num ponto qualquer das Antilhas Francesas. Minha mão borrando a tinta preta úmida com que escrevo sobre um bloco de folhas amarelas. Não vim para comer, vim para descansar e escrever, afastado da chateação de telefonemas, meias e sapatos, visitantes, e-mails ou qualquer outro tipo de obrigação. Estou aqui porque, depois de um ano na estrada, precisava me organizar, ficar parado num lugar e reatar meus laços com minha mulher.

Venho a esta praia faz muito tempo. Na primeira vez, ainda nos anos 1980, estava bem drogado e a água morna pareceu gelada na minha pele. Nossa lua de mel foi passada aqui, detonando cada centavo de nossas economias de recém-casados em férias camicases de duas semanas. O que nos deixou enamorados pelo lugar, bronzeados, felizes e totalmente falidos. Quando estou aqui gosto de pensar que não sou o chef Tony, obsessivo, brutal, controlador e manipulador. Nem o escritor Tony, neurótico, carente, ávido por agradar, que fala por meio de grunhidos ansiosos. Aqui me torno o marido Tony, um sujeito amigável, queimado de sol, bonachão e relativamente calmo. A melhor versão de mim para Nancy, num showzinho de quarenta dias.

Depois de umas horas preguiçosas boiando nas águas mornas e límpidas como gim, de cor azul-turquesa, e espreguiçando-me na praia, Nancy estava lendo a página policial do jornal para mim.

Um homem, "G", de Saint Peters, foi preso na noite passada em Pondfill Road. Um cavalheiro de Domenica deu queixa, tendo sido molestado por "G", que o ameaçara com um cortador de unhas, depois de uma briga a respeito de uma partida de dominó no bar Dinghy Dock. A polícia do setor holandês chegou prontamente e, depois de adverti-lo energicamente, deixou que partisse. Dois jovens de Back Street, "P" e "D", foram presos depois de roubarem uma corrente de ouro da joalheria Kun Shi, em Old Street. Os garotos pediram para ver uma correntinha e saíram correndo sem pagá-la. Foram detidos no ponto de ônibus, em Bush Road, quando tentavam tomar o coletivo para fugir.

"Nossa!", exclamou Nancy, "é uma onda de crimes."

Pouco depois fechei meu bloquinho e enxuguei o suor que caía nos meus olhos. Consultei meu relógio e perguntei a ela: "Com fome?". Ela respondeu que sim, como eu imaginava. Somos gente com hábitos fixos. Temos uma rotina. Isso significa uma caminhada pela areia quente até uma barraquinha de telhado de palha. Lá há uma churrasqueira, um bar rudimentar, com algumas bebidas e dois refrigeradores, com Caribs, Red Stripes e Heinekens pequenas, geladas. Gus, o proprietário, nos conhece desde 1984, sabe muito bem o que queremos. Quando nos protegemos do sol sob a sombra de sua barraca, ele já está abrindo duas Caribs.

Peço o churrasco de costeleta. Nancy fica com o cheeseburger. O atendimento do Gus nunca é rápido. Nossos pedidos levam meia hora para ficarem prontos, tempo normal de espera nestas ilhas. Mas, fugindo às minhas características, não estou nada impaciente. Não tamborilo nem fico olhando em volta, nervosamente. Nem presto atenção ao ruído da espátula que vira, na chapa, o hambúrguer. Nem escuto o sino que avisa quando um pedido está pronto. Conheço Keesha, a moça da grelha, e sei que ela trabalha no seu próprio ritmo. Nem me importo com quanto tempo leve. Estou feliz esperando e bebendo cerveja no abrigo improvisado do Gus, com areia nos dedos dos pés, o cabelo ainda úmido da água do mar. Nancy na minha frente, de pilequinho e com a fisionomia feliz e bronzeada.

A costeleta estava macia, levemente crocante na casca e temperada com os mesmos ingredientes que Gus usa para tudo. Se a costeleta foi marinada em alguma coisa, antes de ser grelhada, não sei em que terá sido. Nem me importa saber. Qualquer avaliação crítica eu deixei para trás. O cheeseburger de Nancy era pequeno, num ponto excessivamente passado, com uma fatia fina e única de queijo Kraft e um pão demasiado massudo. E também levou o mesmo tempero onipresente. Ela nunca termina sua comida; portanto eu sabia que teria minha mordida no final. Os pratinhos eram brancos, de plástico, e vinham com a mesma guarnição: batatas fritas encharcadas. Do jeito exato que esperava que fossem. No aparelho de som do Gus estava tocando o novo CD do Shaggy, pela quarta vez naquele dia. Claro que essa vai ficar sendo a nossa trilha sonora desta temporada nas ilhas. Daqui para a frente esse CD vai me transportar para cá, sempre de novo. Com os sabores de costeleta de porco e do tempero-padrão, o bar praieiro do Gus, a cara de Nancy, suspirando distraidamente, bocejando, espreguiçando-se e jogando um dos ossos de minha costeleta para um vira-lata que rondava nossa mesa. O cachorro também sabia da rotina.

Algo aprendi no caminho: que não se deve desperdiçar nada. Até aqui — uso tudo.

Agosto de 2001

ESTA OBRA FOI COMPOSTA PELA PÁGINA VIVA EM MINION E IMPRESSA EM OFSETE PELA GRÁFICA PAYM SOBRE PAPEL PÓLEN NATURAL DA SUZANO S.A. PARA A EDITORA SCHWARCZ EM SETEMBRO DE 2023

A marca FSC® é a garantia de que a madeira utilizada na fabricação do papel deste livro provém de florestas que foram gerenciadas de maneira ambientalmente correta, socialmente justa e economicamente viável, além de outras fontes de origem controlada.